当代大学生道德素质教育理论与实践研究

齐爱花 著

北 京
冶 金 工 业 出 版 社
2020

内 容 提 要

本书以马克思列宁主义、毛泽东思想、邓小平理论、“三个代表”重要思想、科学发展观、习近平新时代中国特色社会主义思想为指导，紧密联系改革开放和现代化的实践发展，紧密结合大学生的思想实际，综合运用马克思主义的基本观点和方法，分别从大学生道德素质教育的原则、价值及创新路径，大学生正确人生观、价值观的培养，道德品质的培养，大学生责任意识、爱国主义精神、民族团结观的养成，提高大学生素养对思想政治理论课教师的要求，以及服务社会实践等方面做了详尽的阐述。

本书可供从事大学思政教育的教师阅读参考。

图书在版编目（CIP）数据

当代大学生道德素质教育理论与实践研究 / 齐爱花著 .—北京：冶金工业出版社，2020.6

ISBN 978-7-5024-8587-0

Ⅰ . ①当…　Ⅱ . ①齐…　Ⅲ . ①大学生—道德修养—素质教育—研究—中国　Ⅳ . ① G641.6

中国版本图书馆 CIP 数据核字（2020）第 138712 号

出 版 人　陈玉千

地　　址　北京市东城区嵩祝院北巷 39 号　邮编　100009　电话　(010) 64027926

网　　址　www.cnmip.com.cn　电子信箱　yjcbs@cnmip.com.cn

责任编辑　曾　媛　美术编辑　郑小利　版式设计　彭子赫　孙跃红

责任校对　李　娜　责任印制　李玉山

ISBN 978-7-5024-8587-0

冶金工业出版社出版发行；各地新华书店经销；三河市双峰印刷装订有限公司印刷

2020 年 6 月第 1 版，2020 年 6 月第 1 次印刷

169mm × 239mm；13.5 印张；264 千字；208 页

79.00 元

冶金工业出版社　投稿电话　（010）64027932　投稿信箱　tougao@cnmip.com.cn

冶金工业出版社营销中心　电话　（010）64044283　传真　（010）64027893

冶金工业出版社天猫旗舰店　yjgycbs.tmall.com

前　言

当代大学生是祖国的未来和希望，是21世纪社会主义建设者和接班人，他们的道德素质如何，他们的理想信念如何，直接关系着21世纪中国的发展和前途。道德素质教育是高校大学生素质教育的重要组成部分，大学教育的主要目的是要提高人的素质，而德育素质是形成综合素质的基础，大学生作为伟大社会主义事业的建设者和接班人，他们的德育素养、价值观念等决定着他们的世界观和人生观，影响着他们的行为方向和价值选择。对他们进行道德素质教育，使他们树立科学的理想和信念，是当前思想政治教育的重要内容之一。

近年来，在各种媒体上的负面消息频频见到“大学生”的字眼。这些消息，或是涉及性开放，或是涉及拜金主义，更有甚者涉及各种刑事犯罪等。在大学生群体中出现诸如此类的问题，不能不引起社会各界人士对大学生的思想道德问题的关注与讨论。

虽然当代大学生容易受各种错误价值观的冲击，但总体层面是积极稳定、健康向上的。在新时期市场经济条件下，引起大学生价值观的偏离也是容易理解的。作为培养人的高等院校，培养、引导大学生树立正确的社会主义核心价值观，对大学生进行思想政治和道德教育任重而道远。大学的第一使命是培养有灵魂的人才，这是实现“中国梦”的重要因素。我们要以立德树人为根本任务，把一切办学优势转化为育人优势，着力培养学生的社会责任感、创新精神和实践能力，实现“中国梦”，高校大有可为。进行坚定共产主义理想和中国特色社会主义信念教育，使大学生理想信念始终有着明晰的目标导向和科学的社会主义理论指导，引导帮助青年大学生正确认识各种社会思潮，对建设有中国特色社会主义和构建和谐社会至关重要。所以，为使大学生能够与时代同步伐、与祖国共命运、与人民齐奋斗，我们要切实加强和改进大学生思想政治教育工作，培养造就千千万万具有高尚思想品质和良好道德修养、掌握现代化建设所需要的丰富知识和扎实本领的优秀人才。

加强和改进大学生思想道德素质教育工作，要在全面做好各项工作的基础上深入进行以下几个方面的教育：一是要以理想信念教育为核心，深入进行正确的世界观、人生观、价值观教育，培养社会责任意识；二是要以爱国主义教育为重点，深入进行民族精神教育，引导大学生增强民族自尊心、自信心、自豪感，做到以热爱祖国、贡献全部力量建设社会主义祖国为最大光荣；三是要以基本道德规范为基础，引导大学生自觉遵守爱国守法、参加社会实践，养成良好的道德品质和文明行为；四是要以大学生全面发展为目标，深入进行素质教育，促进大学生思想道德素质、科学文化素质和健康素质协调发展。本书以马克思列宁主义、毛泽东思想、邓小平理论、“三个代表”重要思想、科学发展观和习近平新时代中国特色社会主义思想为指导，紧密联系改革开放和现代化的实践发展，紧密联系大学生的思想实际，综合运用马克思主义的基本观点和方法，主要论述了大学生道德素质教育及创新路径、大学生人生观和价值观的培养以及品德观、民族观和社会责任感的培养等内容，以期能为当前大学生道德素质教育研究尽一份绵薄之力。

本书在撰写过程中，得到了宁波广播电视大学开放教育学院、科研处等部门的大力支持，在此表示衷心的感谢。由于作者理论水平和实践经验有限，书中难免有疏漏和不当之处，恳请专家和读者批评指正。本书在写作过程中参阅了大量国内外相关文献和书籍，在此对各位作者一并致谢。

齐爱花

2020 年 2 月

目　录

第一章　绪　论

道德素质教育是人类社会实践的一个重要方面。自阶级形成和国家产生以来，这项活动就是一种客观的存在。历史上依次更迭的各阶级社会都以各种形式从事道德素质教育活动，以争取或维护阶级统治。大学生是一个国家的未来和希望，在高校进行道德素质教育是一项重要的战略任务。

第一节　大学生道德素质教育概述

道德素质教育作为一种社会实践，贯穿于人类阶级社会的全部历史，在社会发展和人类文明进程中发挥着重要的作用。在我国，道德素质教育学作为一门独立的学科，经历了较长的应用和发展过程。改革开放以来，大学生道德素质教育的建设步入了一个新的台阶，在新世纪新阶段，面对新的形势与新的挑战，大学生道德素质教育有必要对原有经验、成果进行提炼和升华，对新的课题、新的领域进行开拓创新，只有这样，我国的大学生思想政治教育学科才能适应现代社会发展和现代人发展的需要。

一、大学生道德素质教育的基本内涵和特征

（一）道德素质教育的基本内涵和特征

道德素质教育是自人类社会产生政治后便有了的一种教育实践活动。在氏族社会向阶级社会转变的漫长过程中，在政治国家逐步产生的过程中，带有统治阶级利益的政治性的概念、思想和观点便开始产生，这些东西与教育相伴相生。统治阶级要维护自己的统治，必然要把符合本阶级利益的思想灌输到其社会成员的头脑中去，以使社会成员的思想、行为符合其阶级利益。道德素质教育指教育者根据一定的社会阶层或社会团体为实现一定的政治目标，按照一定的发展规律，有目的、有计划、有组织地对人们施加意识形态的影响。

道德素质教育具有以下特点：

第一，道德素质教育是阶级社会共有的社会活动，是阶级社会的一种客观存在，因而具有阶级性。

第二，道德素质教育目标、任务、内容和方法会随着时代的变化而相应地变化。道德素质教育只有紧跟时代的发展，才能发挥其作用，因而具有时代性。

第三，光谈道德素质教育的理论是不会有任何进展的。道德素质教育只有回到实践中去，才能完成其过程，才有取得实效的可能性。由此，道德素质教育表现出实践性。

第四，道德素质教育是人类社会为了自身的发展，在不同阶段，处于不同的阶级共有的一种社会活动，它又具有必然性。

总之，道德素质教育的根本问题是人的问题，道德素质教育实质上是一种精神生产活动，它要解决的是教育者如何按照社会发展的客观要求去教育人、引导人的问题，是受教育者如何按照社会发展的客观要求去进行自我教育、自我修养的问题。把人培养教育成为什么样的人和使自己成为什么样的人，是道德素质教育的核心问题。

（二）大学生道德素质教育的基本内涵和特征

大学生道德素质教育是高校按照一定的社会要求，有目的、有计划、有组织地对大学生的思想品德、政治素质和心理素质进行教育，把大学生培养成社会主义合格接班人和建设者的社会实践活动。大学生道德素质教育有以下几个特点：

第一，时代性。社会是不断发展的，大学生道德素质教育要紧跟社会发展要求，具有鲜明的时代性。这一特点主要体现在大学生道德素质教育的内容上。教育内容中包括当前党的路线、方针、政策等现实的教育内容，以及这些内容的理论来源和现实依据，这些构成一个具有内在联系的系统。这些内容的学习紧密联系当今理论发展，对大学生理解理想信念教育、爱国主义教育、人生观教育、道德理论教育等具有现实意义。道德素质教育也只有融入现时代的理论内容，理论教育才具有生命力，才更容易被大学生掌握。时代性特征体现在道德素质教育内容中，就是要使理论联系实际。这就要求思想政治教育者有高度驾驭理论与解决实际问题的能力，处理好实践中的热点与难点，使道德素质教育更具有说服力。

第二，民族性。民族是一种自然的历史存在，是人类社会性存在的一种形式。中华民族在几千年的历史发展中形成了稳定的民族情感和丰富的民族文化，进而成为道德素质教育的重要内容。中华民族精神博大精深、源远流长，是中华民族生命力、凝聚力、创造力的不竭源泉，是大学生思想政治教育的重要组成部分。

第三，人文性。现代化的关键是人的现代化，社会主义的本质是人的全面发展。以人为本的科学发展观的提出，标志着我们党对人类社会发展规律的认识更加自觉，这对新时期各项工作都具有重要的指导意义。大学生道德素质教育要树立以学生为本的观念，把教育学生和关心学生结合起来，把塑造学生和服务学生结合起来，把校园文化建设和学生的健康成才结合起来，紧密围绕学生的成长和成才来进行，这充分反映出对学生的人文关怀，体现出人文性的特点。重视对大学生的人文关怀，必须从当代大学生的思想实际出发，树立民主、平等、沟通和协商的新观念，把大学生道德素质教育工作做细、做活、做实。要深入细致地研究当代青年思想中的热点、难点和疑点问题，提高他们的人文素质，培养他们的人文精神。

第四，综合性。大学生道德素质教育内容是一个综合性的教育内容。综合运用马克思主义理论，对大学生进行理论教育。马克思主义是对社会发展和人的发展进行综合性研究的理论成果，其研究领域覆盖政治、经济、文化、社会和人的思维等多个层面。道德素质教育是做人的工作，要运用包括哲学、政治学、教育学、社会学、历史学和伦理学等多学科的教育内容，开展丰富多样的教育。同时，还要综合协调各方面的力量和综合利用各种教育途径和方法，实施道德素质教育。以上都体现出了道德素质教育的综合性。

二、大学生道德素质教育的任务

从根本目的来看，大学生道德素质教育是为了将学生培养成为德、智、体、美全面发展的社会主义建设人才。这个根本目的贯穿于学校教育过程的始终，也由此决定了大学生道德素质教育工作的基本任务。大学生道德素质教育工作的任务，也就是它所要解决的问题和所要担负的责任。概括地说，大学生道德素质教育工作的基本任务，就是用共产主义思想体系教育学生，启发和提高他们的无产阶级思想觉悟，使他们树立正确的立场、观点，掌握正确的思想方法和工作方法，并在实践中提高他们对世界的认识和改造能力，把他们培养成为德、智、体、美诸方面全面发展的社会主义建设人才。

（一）保证学校的社会主义办学方向和培养目标的实现

高等学校的根本任务是培养德、智、体、美诸方面全面发展的社会主义事业的建设者和接班人。我国教育事业是人民的事业，是党和国家伟大事业的有机组成部分。新中国成立以来我国教育事业有了很大的发展，我党制订了社会主义的教育方针，明确了学校教育的目的，为我国学校教育确立了社会主义方向。大学生道德素质教育工作的重要任务之一，就是保证党的教育方针的实施和学校教育目的的实现，保证学校的社会主义办学方向。完成这一任务，就要在学校的各项教育工作中，坚持进行共产主义思想体系教育，为大学生形成良好的思想政治品德奠定理论基础，并以此统一思想，协调行动，解决他们的各种思想问题和实际问题，调动大学生学习、生活、工作的积极性和创造性，促进他们成为有理想、有道德、有文化、有纪律的社会主义建设人才。

（二）共产主义理想教育——提高大学生的思想政治觉悟

我国高等学校教育的社会主义性质，要求高等学校培养的人才必须具有社会主义思想觉悟，自觉自愿地为社会主义事业服务。因此，大学生思想政治教育必须坚持用共产主义思想体系教育大学生，提高他们的社会主义、共产主义思想觉悟。系统的共产主义思想体系教育包括马克思主义基本理论教育，共产主义理想、信念、道德教育，社会主义主人翁思想和集体主义思想教育，社会主义权利义务观念和组织纪律观念教育，为人民服务的献身精神和共产主义劳动态度教育等。其中最基本的任务是用马克思列宁主义、毛泽东思想和新时代中国特色社会主义理论教育大学生，帮助他们树立科学的世界观和人生观，树立和践行社会主义核心价值观，学会运用马克思主义的立场、观点、方法来认识问题、处理问题。正是从这个意义上说，大学生道德素质教育是一个塑造大学生灵魂的伟大工程。

对大学生进行共产主义思想体系的教育，主要是由社会主义、共产主义事业的需要和大学生健康发展的自身需要两方面来决定的。共产主义思想体系是人类历史上最进步、最科学的精神财富和理论瑰宝，我们党用它培养人、教育人是有着光荣传统的。坚持用共产主义思想体系教育大学生，才能使他们在现阶段的共产主义实践中认清历史发展的规律，提高对无产阶级的历史地位和历史责任的正确认识，逐步用共产主义世界观认识问题和处理问题；才能增强他们识别和抵制非无产阶级思想侵袭腐蚀的能力，使他们在两种思想体系的斗争中通过比较和鉴别，经受锻炼，获得政治上、思想上的进步；才能教育大学生用共产主义精神对待学习、工作和生活，把革命理想和奉献精神结合起来，努力使自己成为全面发展的社会主义建设人才。

（三）思想教育——促进大学生健康成长

大学生身心发展尚未成熟，思想活跃，但辨别能力差，观察事物常常有片面性和表面性；他们不满足现状，渴望变革，急于施展才华，但往往又感情用事，以至动机和效果不能统一，遇到挫折后又感情脆弱、意志消沉。因此，针对大学生普遍关心和迫切要求解决的思想认识问题，从理论和实践的结合上做出有说服力的回答；针对大学生在日常学习、工作、生活中出现的思想问题，通过个别教育加以解决。对大学生进行针对性教育，主要有以下几个方面：一是解决不同时期学生中的倾向性思想问题，为完成党的任务铺平道路；二是解决通过一人一事反映出来的思想问题，“防患于未然”，把问题解决在局部，调动每一个学生的积极性；三是注意做好后进学生的转化工作和失足学生的帮教工作，使后进向先进转化，失足者得到挽救和苏醒；四是及时协调学生之间，学生与教师、学校之间的关系，妥善处理各种矛盾，保持学校安定团结的政治局面等。通过及时的针对性思想教育，解答大学生的思想疑问，抵制错误思想的影响，培养他们正确认识、处理问题的能力，提高他们正确选择行为方式的能力，帮助他们战胜各种困难，激发他们学习、工作、生活的积极性和创造性，促进他们思想觉悟的提高。

三、大学生道德素质教育的作用

（一）激励作用

大学生道德素质教育旨在发展学生、提升学生、完善学生。通过大学生道德素质教育可以充分发挥大学生的主动性、积极性和创造性，为理想而奋斗，向着期望的理想与目标努力，让大学生的目标更为明确，信念更加坚定，不断产生新的物质需要和精神追求；让大学生更加自觉地努力学习，更加奋发向上，取得更大的成绩。通过大学生道德素质教育，通过影响和改变大学生的思想意识，即主要是影响和改变大学生的人格判断力，通过智慧力量、道德力量、意志力量来促进大学生对自身的行为进行反省，引导改变大学生的行为，使大学生具有健康、正确、强大的人格判断力，大学生就可以经常地比较稳定地产生正确的动机和行为。此外，大学生道德素质教育通过对榜样和道德楷模的颂扬，产生示范与影响力，对大学生施加正面与积极向上的影响，通过这种形式影响和改变大学生的错误思想行为。在一定外界环境刺激下，通过大学生道德素质教育推动大学生的各种人格判断力达到恰当的消长，并做正确的运转，引导大学生产生相应的正确的动机和行为，避免不正确的动机和行为。因此，大学生道德素质教育通过影响和改变大学生的思想意识，引导大学生产生正确的行为，自觉抵制不正确行为。

（二）完善作用

大学生道德素质教育有助于完善大学生的人格，稳定地提高大学生的人格行为水平。人格有自我完善的能力。人在一定外界环境刺激下，经过人格需要力和人格判断力的运作，产生了一定的动机和行为。这种行为在社会生活中引起经验或教训，反馈到人格判断力之中，必然引起人格判断力的反思、升华或提高，同时也会调整人格需要力，推动人格走向成熟，从而使人的行为趋向更高的层次和水平。但是，人格的成熟仅仅靠自我完善是不够的，在复杂的社会环境下，有必要通过积极的思想政治教育引导和推动人们完善自己的人格，稳定地提高人格行为水平。因此，大学生道德素质教育一方面要鼓励大学生进行积极的自我反省和完善，将自我教育、自我批评结合起来，另一方面要引导大学生提高和增强人格判断力，在复杂的环境下做出正确的行为选择，稳定地提高动机和行为水平。

（三）行为预测作用

大学生道德素质教育能够对大学生的行为进行预测。大学生思想政治教育通过道德教育，形成自觉的道德认知，对大学生的行为可以进行好与坏的预测，依据大学生的思想变化的规律，进行个体的行为选择。人的行为是在接受社会潜移默化的影响下形成的，依据人格行为规律，人的行为是由外界环境刺激、人格动力结构、行为这三项要素构成的。进行人的行为分析预测，就是通过对已掌握的环境刺激和人格动力结构的分析，预测人格行为。人的行为基本是在外界环境刺激下人格结构所做出的反应，既有消极被动的，又有主动积极的。大学生道德素质教育应该而且能够通过对已掌握的环境刺激和人格结构的分析来预测大学生的人格行为，分析其中不好的因素，抛弃不好的行为，防止行为的堕落。

四、大学生道德素质教育的意义

大学生道德素质教育对促进大学生全面和谐发展，培养社会主义合格接班人和大学生健康成长具有重要意义，主要表现为以下几个方面。

（一）大学生道德素质教育属于我党道德素质教育的重要组成部分

我们党各个时期的领导人都认为道德素质教育有很重要的作用。毛泽东把人的全面发展概括为德育、智育、体育三个方面，强调这三个方面互相促进，缺一不可，同时他也十分明确地要求把德育摆在学校一切工作的首位。党的十一届三中全会确立了改革开放的方针政策和解放思想、实事求是的思想路线。以邓小平同志为核心的党的第二代中央领导集体，对“什么是社会主义，怎样建设社会主义”卓有成效的探索和思考，使大学生对社会主义有了更深层次的体会，进而充分认识到马克思主义的科学性，自觉地坚持马克思主义思想的指导，坚定社会主义现代化的信心。邓小平提出了人的全面发展的“四有”要求，即有理想、有道德、有文化、有纪律。他强调，无论是学校教育还是社会教育都要以“四有”为标准，为我国高校规定了明确的培养目标。习近平总书记强调，办好思想政治理论课，最根本的是要全面贯彻党的教育方针，解决好培养什么人、怎样培养人、为谁培养人这个根本问题。习近平总书记的重要讲话为办好思想政治理论课提出了新的重要要求，是办好思想政治理论课的重要遵循。在新世纪新阶段，大学生是我国教育制度培养的高层次人才，将责无旁贷地承担起建设中国特色社会主义和全面建成小康社会的历史重任。

（二）大学生道德素质教育符合我国社会主义现代化建设的需要

社会主义现代化的进程在很大程度上取决于国民素质的提高和人才资源的开发。大学生道德素质教育工作是实现社会主义现代化建设的必然要求。人才是建设中国特色社会主义事业的保障。改革开放以来，我们党在高度关注经济建设的同时，更高度关注人的发展，关注人的道德素质和科学文化素质、心理素质的全面提升。邓小平明确指出:“中国的事情能不能办好，社会主义和改革开放能不能坚持，经济能不能快一点发展起来，国家能不能长治久安，从一定意义上说，关键在人。”人才问题是关系党和国家事业发展的关键问题，高素质人才在党和国家工作全局中具有重要的地位。而高校是培育高素质人才的重要基地。高等学校是培养高等人才和高素质劳动者的地方，是科技创新的源泉。大学生是我国人才队伍的重要组成部分，是高素质人才的重要力量。中国社会主义建设的合格人才是有理想、有道德、有文化、有纪律，面向世界、面向未来、面向现代化的,因而除了给学生以知识教育外,还必须对学生进行道德素质教育。在大学生的成长过程中，道德素质教育对大学生健康成长成才起着主导性作用。思想政治教育是启迪人的思想、塑造人的灵魂的工作，是保证人才良好道德素质的有效途径。要让大学生认识并深刻理解自己所肩负的实现中华民族伟大复兴的历史使命。道德素质教育能促使大学生精神需求的满足和精神生活质量的不断提升，从而实现大学生的全面发展。大学生道德素质教育工作就是用建设中国特色社会主义理论武装学生头脑，用爱国主义、集体主义、社会主义的精神培养大学生，使之具有民族自豪感和时代使命感。只有这样，才能为祖国现代化事业的发展增添动力。

（三）大学生道德素质教育是大学生全面发展、成长成才的内在需要

改革开放以来，中国社会主义现代化建设取得了举世瞩目的巨大成就，但也面临着不少发展问题，并不同程度上影响着大学生的思想状况。国家大力发展高等教育，全国普通高校大学生招收数量成倍增长，这种量的快速增长带来了不少问题。当前，大学生的就业问题比较突出，学生把专业课学习以及将来的就业看作重要的目标，弱化了对道德素质教育的重视。学生数量的快速增加和专业设置以及教学改革不能很好地随着时代的要求而变化，直接影响了在校学生的思想情绪。同时，高校学生数量的增多加大了道德素质教育的工作任务，负责道德素质教育工作的人员相对较少，以致难以将工作做细。大学生道德素质教育工作的主要任务，是要通过思想政治教育工作，使学生踏踏实实地安心学习，积极参与各种活动来提高自身的理论素质和专业知识。

大学生道德素质教育是大学生成才的内在需要。第一，道德素质教育帮助大学生形成正确的三观。道德素质教育可以使大学生正确处理德与才的关系，自觉坚持加强道德素质修养与学习科学文化知识的统一，把道德素质修养与学习科学文化知识结合起来，进而促使综合素质的全面提高。第二，道德素质教育能促进大学生早日确立成才目标。思想政治教育能够帮助大学生正确认识自身肩负的责任和使命，促使大学生立志成才。大学生有了方向和要求，就有了对自己的明确要求，从而努力学习，不断提高和发展自己。

第二节 大学生道德素质教育的必要性

大学生的道德素质教育是在一定的社会环境中形成与发展的。改革开放以来，我国社会发生了深刻而巨大的变化。从国际上看，经济全球化使我国同国际交流和国际竞争日益激烈，社会信息化使我国的经济增长方式和信息沟通方式发生了深刻变革。从国内看，市场经济体制改革进入矛盾凸显期。全面考察这些新变化以及它们对大学生道德素质教育带来的机遇和挑战，对于认识当代大学生道德素质教育的必要性有重要作用。

一、社会形势变化的主要表现

（一）文化多样化

文化是在社会历史发展过程和社会交往中，人们集体创造、共同享有、后天习得的生产方式、生活方式特别是精神生产方式和精神生活方式的总和。文化现象是丰富多彩、千姿百态的，进入 21 世纪后，人类文化交往的空间将更进一步扩大，速度也将空前加快，文化交往全球化将成为人类历史的必然趋势。在全球化时代，尊重各民族的文化权利，加强不同文化之间的相互尊重、相互理解、相互学习，求同存异，形成一种世界范围内的文化多样性格局，正成为当今世界各国人民的共同心声。联合国教科文组织发表的《世界文化多样性宣言》就提出，要把文化多样性作为一种鲜活的不断更新的宝藏予以保存，而不是作为没有生命的、一成不变的文化遗产加以继承。文化多样性是交流、革新和创造的源泉，对人类来讲就像生物多样性对维持生态平衡那样必不可少。

文化的多样化，反映了最广大人民多方面的文化需求，反映了人民精神世界和个性特点的多样性，体现了社会历史的本来面目和生机活力，是文化繁荣的重要标志。随着中国对外开放程度的日益加深，我国社会文化领域的多样化发展趋势也日益明显。科技的迅速发展，为多样文化的发展提供了强大而先进的载体。生产力的发展，成为文化多样化发展的重要推动力。而社会经济成分等的变化为文化多样化提供了直接的条件。我国经济和社会的发展，使我国的文化风格出现了一种“多样文化共存”的局面。主要表现在以下方面：

第一，主文化、亚文化、负面文化共存。主文化，即在社会中占统治地位或主导地位的文化，这是我们国家的根本价值观之所在。亚文化，是相对于主文化而言的，只为某些特定群体所接受的独特文化。亚文化的发展反映了社会转型加速期社会价值观日益分化的特点。一方面，亚文化的发展如果引导得当，会对主文化的发展起到很好的补充作用；另一方面，如果不进行有效引导，就有可能模糊甚至湮没主文化。负面文化就是否定、背离主流文化的文化，并且试图取代主流文化。

第二，传统文化、西方文化和当代马克思主义文化的共同发展。当代中国的先进文化，是继承和发扬中华民族优良文化传统，是以马克思主义为指导的，代表最广大人民群众根本利益，反映先进生产力发展要求的文化。继承和发扬中华民族的优良传统文化是每一个中国人的历史责任，也是中国共产党人所担负的文化使命。在继承和学习的过程中，传统文化中反映封建主义腐朽没落的文化、西方文化中反映资产阶级消极颓废的文化难免会沉渣泛起，对主流文化产生冲击。这就需要我们进行甄别、取舍和引导。

总的来说，文化多样化是经济全球化、社会信息化、体制市场化带来的必然结果。在当今的环境下，文化多样性既丰富了社会主义文化的内容，满足了人们精神生活的多样化需求，又给人们的思想观念和价值取向带来了巨大的冲击，给人们形成正确的思想观念和价值观带来了一定的困难，给大学生道德素质教育带来了严峻的挑战。

（二）经济全球化

“经济全球化”最早是在20世纪80年代中期由西方学者特·莱维提出的，在20世纪90年代得到认可。2000年江泽民同志在会见出席“二十一世纪论坛”的外方人士时指出，经济全球化已经成为世界经济发展的必然趋势，也是各国经济未采发展依赖的外部环境。经济全球化给人类带来前所未有的繁荣和发展机遇，同时也带来了巨大的风险和严峻的挑战。党的十七大报告指出，要立足社会主义初级阶段这个最大实际，科学分析并清醒认识我国全面参与经济全球化的新机遇新挑战，对于不断推进中国特色社会主义事业具有重要意义。党的十九大报告指出，“全党要牢牢把握社会主义初级阶段这个基本国情，牢牢立足社会主义初级阶段这个最大实际，牢牢坚持党的基本路线这个党和国家的生命线、人民的幸福线”。这充分体现了我们党对新时代中国特色社会主义建设规律的深刻认识。由此可见，经济全球化已成为当今世界经济发展的重要特征，它将中国与世界紧密地联系在一起。

从本质上看，经济全球化是指以市场经济为基础，以先进科技和生产力为手段，以民族国家为主体，以最大利润和经济效益为目标，是各要素相互融合的过程。从现象上看，经济全球化是指世界经济活动超越国界，通过对外贸易、资本流动、技术转移、提供服务等而形成的各国经济在全球范围的相互依赖性增强。经济全球化主要特点有：一是高度的流动性和高度的开放性。这主要体现为人才流、物流、信息流、资本流和知识流等生产要素在世界范围的流动日益广泛和频繁。二是高度的集约性和高度的垄断性。这主要体现为经济全球化的基本单元和行为主体——跨国公司及国际金融机构对全球经济所产生的巨大而广泛的影响。跨国公司及国际金融机构的经营活动几乎涉及世界经济生产活动的所有领域，而且大约控制了世界上80%的新技术、新工艺专利，70%的国际直接投资，60%的世界贸易，30%的国际技术转移。三是高度的渗透性和高度的互补性。这主要体现为人才流、物流、信息流、资本流和知识流的时空约束减少、成本降低及资源互补，发达国家的资本、技术、管理、文化等迅速向发展中国家渗透，发展中国家的能源资源和劳动力等也向发达国家渗透，资本、知识、资源等在全球市场流动并趋向合理配置，使世界经济呈现出一体化特征。四是高度的风险性。这主要体现为资本、技术、管理的快速流动和思想、文化的渗透，给发展中国家带来程度不一的经济安全、信息安全、科技安全、政治安全等问题。五是高度的依赖性和高度的异步性。这主要体现为世界上不同国家和地区之间的经济、技术、资源的依赖性增强。六是科技、服务、生产的全球化。主要表现为科技活动的全球化、科技传播的全球化、科技成果的全球化和科技影响的全球化。

总之，经济全球化是现代经济、科技高速发展的必然产物，也是不以人们意志为转移的客观趋势。对世界而言，经济全球化已不是一种选择问题，而是一种现实问题；是如何实现平等、公正、互惠、共赢、共存、共同繁荣的问题。对中国而言，加入WTO后，我们更要正视经济全球化这一现实，主动利用经济全球化带来的巨大机遇。尤其要看到，经济全球化呈现出新特点，对大学生思想行为变化带来双重影响，既要因势利导，又要避免带来的消极影响。

（三）体制市场化

市场化，是解放和发展生产力，实现经济体制转变，建立社会主义市场经济体制的重要途径。社会主义市场经济就是使市场在社会主义宏观调控下对资源配置起基础性作用，适应供求关系的变化；通过价格杠杆和竞争机制，实现资源的优化配置和优胜劣汰。在党中央、国务院领导下，我国市场化改革有计划有步骤地推进，我国的经济得到快速发展，经济实力和综合国力显著增强，在全球的影响力得到了大大提升。

我国经济的市场化进程给社会带来的主要变化包括：

第一，促进了社会结构的多样化。市场化导致了经济成分和经济利益的多样化。经济成分和经济利益的多样化导致了社会阶层的多样化。社会阶层的多样化带来了生活方式、行为方式和思想观念的多样化。

第二，经济管理体制和方式有了重大改革。政府逐步取消了生产方面的指令性计划，让市场导向生产，让企业决定产量。全面放开了对价格的管制，市场价格成为基本价格形式。中介组织的发展弱化或取代了政府的行政干预。

第三，中国经济市场化成果丰硕。我国经济市场化改革取得的重大成果体现在各个方面。市场在资源配置中发挥了基础性作用。多种所有制经济共同发展的格局基本形成。国有企业市场化程度大大提高，非国有经济发展迅速，成为国民经济的重要力量。新世纪，我国社会主义市场经济发展处于关键时期，社会主义市场经济的发展，一方面，由于市场经济自身的缺陷和我国经济体制改革中所存在的问题，又出现了一些与市场经济相伴而生的不良现象；另一方面极大地解放和发展了生产力，给经济领域注入了活力和动力，使竞争、效率、平等、开放等这些现代意识深入人心。

（四）社会信息化

现代社会科学技术获得了迅猛的发展，其重要标志之一是现代信息科学技术特别是互联网技术的发展。社会信息化是通过现代信息技术和网络设施把社会最基础的资源——信息资源充分应用到社会各个领域的过程。由联合国发起在巴西里约热内卢召开的"互联网管理论坛第二次会议"公布的调查数据显示，在全球信息化进程中，中国正处于从被动应对向自主发展转变的关键时期，中国经济建设和社会发展的环境已经进入一个快速变化的信息时代。社会信息化使得人们社会生活的方式有了很大的改变。大学生是一个对信息异常敏感和渴求的群体，是社会信息化的主动参与者和有力推动者。因此，社会信息化对大学生的思维方式和行为方式产生着深刻的影响，对传统的道德素质教育模式也提出了严峻的挑战。

二、社会形势变化给大学生道德素质教育带来的机遇

（一）更加显示了大学生道德素质教育在社会主义建设中的重要地位

当今世界，伴随着经济全球化和社会信息化浪潮的兴起，世界范围内综合国力的竞争更加激烈，而人才的竞争在综合国力的竞争中又居于主导地位。在人力资源的开发过程中，我们又要处理好科学文化素质和道德素质两者的关系。知识经济和信息技术的发展必然会更加凸显出社会道德及人的情感等精神因素构建的重要性。经济一体化的发展和知识经济的勃兴，在世界范围内综合国力竞争日益激烈的条件下，塑造一大批德才兼备，具有高度社会责任感、爱国主义精神和创新精神的高科技人才显得更加迫切和更加重要。因此，必须从科教兴国的战略高度，从人的素质全面发展的高度，来认识道德素质教育在培养新时期具有国际视野、道德素质过硬的高素质人才中的重要作用，切实加强大学生道德素质教育。

（二）拓展了大学生道德素质教育视野

经济全球化、社会信息化的发展使大学生道德素质教育的时空得到了拓展，

客观上要求我们具备一种宏大、开放的国际视野，来重新审视大学生道德素质教育的理论和实践。经济全球化唤醒了他们的国际意识、竞争意识和进取意识。伴随着经济全球化的发展进程，西方国家的一些势力想从中国获利，以便长期保持自己的经济优势，延缓中国上升为世界强国的步伐，这些现象都强烈地影响着大学生的思想，这也为新时期加强对大学生的国际意识教育和爱国主义教育提供了很好的契机。大学生道德素质教育时空视阈的世界性拓展，不仅开阔了大学生的国际视野，而且为我们充分利用这种新境遇做好大学生道德素质教育提供了新的思维方式和理念。在新形势下，大学生道德素质教育必须以宽阔的国际视野汲取人类文明的一切优秀成果和先进经验，在世界视野中推进大学生道德素质教育的改革与发展。

（三）为大学生道德素质教育提供了新的载体

以网络技术为核心的现代信息技术的迅速普及，不仅推动了全球化，而且给大学生道德素质教育提供了新的载体。网络作为大众媒介，与传统的报纸、广播、电视相比，显示了自己的许多特点和优势，主要有以下五个表现：

一是传播方式的交互性。在网络上，传播者和受众可以通过各种软件和方式及时沟通，使信息的反馈得以及时实现，从而在全新的意义上实现了受众对信息传播过程的参与。

二是信息传播的高效性。在现代信息化条件下，信息能随时更新，甚至实时传播。

三是传播空间的全球化。目前，网络已经延伸到了全球 200 多个国家和地区，在任何角落进入网络，瞬间就可以传遍整个世界。网络使家庭与学校对学生的思想教育连为一体。通过网络，家长可随时与学校保持联系，做到家校结合，共同做好学生的道德素质教育。

四是传播手段的多媒体化。网络作为一种新的传播方式，同时具备文字、图像、视频、音频等人类现有的一切传播手段。网络可以发挥多媒体技术手段的优势，使传播效果最优化。

五是开辟了大学生道德素质教育的新阵地。学生利用网络来了解国内外、校内外发生的事件，日益成为大学生道德素质教育的新阵地。

（四）为大学生道德素质教育资源和内容的开发拓展提供了有利条件

主要表现在以下两点：

第一，社会新形势为大学生道德素质教育资源的开发提供了有利条件。信息技术的发展使得道德素质教育者也获得了更加便利地调用各种教育资源的条件，大学生面临着一个开放的信息世界，他们可以在丰富多彩的信息世界尽情地漫游。

道德素质教育者还可以在网络互动，更为准确地把握教育对象的心理状态、思想动向等。教育者对这些资源的掌握与开发越多，大学生道德素质教育就越有针对性，越富有成效。

第二，社会新形势为大学生道德素质教育内容的拓展也提供了有利条件。在新形势下，大学生道德素质教育要求具有开放性和国际性，其被赋予了更多的时代内容。与此同时，关注人的社会生存环境、生活质量以及人类的尊严、道德完善和全面发展问题，尊重人类的共同规范，保护生态环境，维护世界和平，促进人类发展，也是大学生道德素质教育需要解决的新课题。

在社会信息化条件下，培养大学生的信息素养，增强大学生的信息意识和信息观念，也成为当前社会信息化条件下大学生道德素质教育的新内容。在文化多样化的条件下，要进一步加强和改进以马克思主义为指导的主流文化的教育，而且要在大学生的通识教育中，将中华民族传统文化和世界其他国家和民族文化结合起来。在社会主义市场经济条件下，要将市场意识、竞争意识、效率意识、平等意识、民主意识、规则意识等这些适应市场经济发展的观念和素质纳入大学生道德素质教育的内容体系中，增强其时代感和现实性。

三、社会形势变化给大学生道德素质教育带来的挑战

（一）文化多样化的挑战

在新世纪，大学生道德素质教育所面临的新境遇的突出特点之一就在于它的开放性、多元复杂性，文化多样化给大学生道德素质教育带来的挑战主要表现在：

第一，对价值观念的挑战。我国改革开放的实践使人们的思想观念、价值观念日益多样化。一方面市场经济的发展导致了社会流动性的增强和社会阶层的分化，产生了不同的利益群体，这些不同的利益群体都有各自不同的价值观念。大学生接受着来自这些不同利益群体的不同价值观念的影响，必然会导致价值取向上的矛盾、迷茫甚至混乱，增加价值选择的难度。另一方面大众传媒的发展又为这些不同的价值观念提供了表达的载体和渠道。在大众文化领域，各种五花八门的亚文化，以电视、网络为载体粉墨登场，难免鱼龙混杂、泥沙俱下，而大学生又缺乏对这些亚文化的鉴别能力，逐渐疏离甚至背离了社会中积极、正面、健康向上的价值观。如何帮助大学生学会在不同价值观中进行鉴别、选择，这是文化多样化给大学生道德素质教育提出的又一个挑战。

第二，对我国主流文化主导地位的挑战。经济全球化浪潮的不断高涨，加上信息化的发展，必然带来国际范围内不同思想文化更加激烈的碰撞。在任何文化的交流、碰撞中，总是高势位文化掌握着交流的主控权。这种文化交流的一般规律决定了现实文化交流的不平等性。在当前世界范围内文化大交汇的态势下，我

国也客观地处于文化交流的劣势地位。在文化激荡的条件下，如果不警惕这一点，帮助大学生树立起中华民族的文化自信，用社会主义核心价值体系构筑起一道坚固的文化防线，文化多样化就必然带来主流文化边缘化。

（二）经济全球化的挑战

无论从客观现实的层面，还是主观意图的层面，经济全球化进程都对我国的大学生道德素质教育构成了严峻的挑战。

第一，从客观现实的层面看，经济全球化以美国等西方发达国家为主导，成为它们极力向全球强制推行西方国家的意识形态及其制定的国际经济法则的过程；从主观意图的层面看，西方发达国家借助全球化、倚仗其科技与经济实力进行“西化”“分化”中国的图谋。在经济全球化背景下，西方的意识形态渗透获得了新的表现形式，手法不断翻新，而且越来越隐蔽，越来越具有欺骗性。

第二，从我国的高等教育来看，高校不仅面临着西方发达国家先进的科学技术和现代化教育水平的挑战，而且也面临着西方文化意识形态渗透的挑战。因此，在经济全球化进程中，我们必须引导、帮助大学生增强对各种西方社会思潮辨析、甄别和抵御的能力。

（三）体制市场化的挑战

改革开放以来，随着社会主义市场经济体制的建立和完善，市场经济的发展同时也给大学生的思想发展和大学生道德素质教育提出了一些新的挑战：

第一，随着社会主义市场经济体制的进一步确立和完善，国内社会的政治、经济领域发生了广泛而深刻的变革。当前，各种社会思潮应时而生，正确与错误相互交织，积极与消极相互激荡。我国意识形态领域呈现出多元格局：既有占统治地位的马克思主义，也有各种非马克思主义思想意识，还有反马克思主义的错误思想。帮助大学生树立正确的价值观，是现阶段我国道德素质教育要解决的重要问题。

第二，市场经济发展过程中所暴露出来的一些弊端，对大学生的思想发展产生了消极影响。市场经济自身的自发性、趋利性、盲目性，诱发了一部分大学生的投机心理、功利主义倾向。在行为方式上，一小部分大学生也出现了诚信缺失、恶性竞争等现象。这些新的动向，也需要加以重视并进行正确引导。

第三，市场经济的发展给传统的道德素质教育模式带来了挑战；传统的道德素质教育运行方式主要是与计划经济相适应的行政主导方式，这就使道德素质教育带有十分浓厚的行政色彩和等级观念。而市场经济作为一种全新的经济运行方式，对道德素质教育运行模式提出了新的要求。思想政治教育的领导体制和运行机制必须进行改革。必须建立一套与市场经济体制相适应的大学生道德素质教育运行机制，整合社会各方面的教育力量和资源，形成道德素质教育的社会合力。

（四）社会信息化的挑战

社会信息化使人们获取信息的条件发生了根本的变化，但由于西方发达国家在信息技术和信息传播制定方面处于主导地位，对信息技术相对落后的国家力图使网络成为其实现政治图谋的新工具。因此，如果任凭西方资产阶级的价值观念和有害信息经由互联网在中国自由地传播与泛滥，就会给大学生对本民族文化和价值观念的认同带来一定冲击，并侵蚀我国的传统文化和先进文化。

第一，对道德素质教育者的话语权和主导权的影响。信息化的进程，是人们获取信息的手段愈益先进、信源愈益广泛、信道愈益多样的进程。信息传播愈益多元多样，教育对象接触不同倾向思想意识的机会越来越多，其信息摄取行为也愈益个体化、隐蔽化。当前，各种信息媒体特别是网络空前普及，那种思维活跃、目光敏锐、善于独立思考、富有创新精神的大学生网民，已经远远超过了道德素质教育者。这无疑大大影响了道德素质教育者的话语权和主导权。

第二，网络行为失范现象突出。网络是一把“双刃剑”。由于互联网本身的隐匿性及相关制度规范、教育引导措施的滞后，出现了很多大学生网络行为失范和心理健康问题。网络信息管理的乏力意味着网络行为得不到有效制约，助长和纵容了某些大学生网民自我意识的膨胀和道德责任心的淡化，导致了网络行为的失范。

近年来，一些大学生利用网络进行各种违法犯罪活动，更加令人担忧的是，由于沉迷网络造成的网络依赖综合征，已成为威胁大学生心理健康的重要心理障碍。所以，我们要对网络加大监管力度，做好大学生网络思想政治教育功能。

第三节　大学生道德素质教育的目标

什么才是适合的道德素质教育目标，是大学生道德素质教育首先必须明确的问题。合适的道德素质教育目标是经过教育者和受教育者的努力能够实现的、相对说来最理想的目标。教育目标是教育目的的具体化。大学生道德素质教育的目的，不应是为弥补中小学“应试教育”模式的不足，而必须全面贯彻党的教育方针，以提高大学生综合素质为根本宗旨，以培养大学生的创新精神、创造能力为重点，造就“有理想、有道德、有文化、有纪律”的，德、智、体、美等全面发展的社会主义事业建设者和接班人。在不同的历史时期，大学生道德素质教育的目标的具体内容有所不同。当代大学生道德素质教育应在继承的基础之上不断与时俱进，发扬创新。

一、我国大学生道德素质教育的总体目标

（一）毛泽东的“五爱”道德基本要求

1957年2月，针对当时思想政治工作减弱的现状，毛泽东同志在最高国务会议第十一次（扩大）会议上的讲话《关于正确处理人民内部矛盾的问题》中严肃地指出：“在知识分子和青年学生中间，最近一个时期，思想政治工作减弱了，出现了一些偏向。在一些人的眼中，好像什么政治，什么祖国的前途、人类的理想，都没有关心的必要。好像马克思主义行时了一阵，现在就不那么行时了。针对这种情况，现在需要加强思想政治工作。无论是知识分子，还是青年学生，都应该努力学习。除了学习专业以外，在思想上要有所进步，政治上也要有所进步，这就需要学习马克思主义，学习时事政治。没有正确的政治观点，就等于没有灵魂。”他同时指出：“我们的教育方针，应该使受教育者在德育、智育、体育几方面都得到发展，成为有社会主义觉悟的有文化的劳动者。”毛泽东同志首次明确地提出了要培养“德、智、体”全面发展的社会主义新人的思想，这给社会主义现代化的建设者提出了具体的素质要求。

毛泽东同志认为，坚定正确的政治方向与社会主义道德不可分割。坚持以马克思列宁主义、毛泽东思想为指导，始终坚持共产主义理想信念，是社会主义道德建设成功与否的关键。毛泽东同志在《永久奋斗》中指出：“有了坚定正确的政治方向，才能有坚定的道德。有些人嘴上道德、气节乱喊一气，但在政治上不坚定，中途会变节，这是无道无德的表现。”革命先烈之所以能够做到无私无畏、宁死不屈，就是因为他们有坚定正确的政治方向，对革命前途和共产主义理想充满信心。

毛泽东同志是社会主义道德建设内容体系的积极提出者、有效倡导者和勇敢推动者。毛泽东同志提出将“五爱”作为社会主义的道德规范和道德准则，对构建有中国特色的社会主义道德理论体系，推动社会主义道德建设实践，提出了独创性的见解。1949年9月，毛泽东同志在《新华月报》创刊号题词中写道：“爱祖国、爱人民、爱劳动、爱科学、爱护公共财物为中华人民共和国全体国民的公德。”后来，“五爱”作为社会主义道德规范的基本要求被写进了《中国人民政治协商会议共同纲领》和《中华人民共和国宪法》。

第一，热爱祖国，大力弘扬民族精神，强调必须“以民族精神教育新后代”。在毛泽东同志看来，强烈的民族自尊心、强大的民族自信心、热烈的民族自豪感是爱国情感的重要组成部分，只有在此感召下，亿万中国人民的意志和力量才能够凝聚起来，才能为无产阶级革命事业和社会主义建设事业提供不竭的精神动力。

第二，热爱人民，全心全意地为人民服务。这是毛泽东同志的人生志向和价值准则，也是他的道德思想的内核。为人民服务是中国共产党及其领导的革命队伍的宗旨所在，是进行革命和建设实践的起点和归宿。在他看来，“爱人民，至

少要做到三点：一要坚持走群众路线，力戒‘当官做老爷’；二要关心群众疾苦，维护人民利益；三要大公无私，克己奉公。”

第三，热爱劳动，把劳动价值贡献于社会。毛泽东同志指出，社会的财富是工人、农民和劳动知识分子自己创造的。毛泽东同志鼓励人们积极主动地参加各种劳动，自食其力，同时还要求党和人民群众保持艰苦奋斗的劳动本色。革命胜利前夕，他告诫全党，务必使同志们继续保持谦虚、谨慎、不骄、不躁的作风，务必使同志们继续保持艰苦奋斗的作风。

第四，热爱科学，反对封建迷信。毛泽东同志多次强调，“我们除了科学以外,什么都不要相信,也就是说,不要迷信”。这表明了毛泽东同志的鲜明主张——相信科学，依靠科学的力量，破除封建迷信，判断辨明一切非科学及伪科学的现象和行为。这也表明了毛泽东同志对科学的认识，科学不仅是认知问题，同时还是道德问题，体现了人们在认识世界、改造世界时的基本态度。认识科学、发展科学、运用科学、热爱科学不仅是每一位社会主义公民应具备的品质，还是推进社会主义建设伟大事业的重要先决条件。

第五，爱护公共财物，热爱社会主义。毛泽东同志旗帜鲜明地指出：物质利益也不能单讲个人利益、暂时利益、局部利益，还应当讲集体利益、长远利益、全局利益，应当讲个人利益服从集体利益、暂时利益服从长远利益、局部利益服从全局利益。他号召全体民众顾全大局，把国家利益和集体利益摆在首位，爱护公共财物，为公共利益的实现做出贡献。毛泽东同志博大的胸怀把集体主义原则作为基本的道德原则，并将其与“五爱”道德规范的基本要求一以贯通。

毛泽东同志关于道德素质教育工作的一系列论述奠定了我党确立各级各类学校培养有社会主义觉悟、有文化的劳动者目标的思想基础，也形成了关于道德素质教育的基本观点与理论。

（二）改革开放初期的“四有”新人和“三个面向”

1978年，在党的工作重点转移后，我国面临改革开放的新形势，面临苏联和东欧的巨变,面临国内坚持还是否定四项基本原则的严峻考验。在这种情况下，如何教育好下一代，如何培养好接班人，就成了摆在全党面前的重大而紧迫的教育课题。作为我党第二代领导的核心和改革开放的总设计师，邓小平同志紧紧抓住这一事关大局的关键问题，以极大的理论创新勇气，根据党和国家工作重点转移的新形势，从社会主义现代化建设全局和长远目标出发，创造性地运用马克思主义的基本原理，阐明现阶段重要的思想道德素质教育理论和实践问题，提出了一系列新时期道德素质教育理论观点和重大决策。

1.“四有”新人

新中国成立初期，中国共产党在培养人、教育人方面做了大量工作，收到了较好的效果，使全国人民在精神上表现出团结互助、奋发向上、追求进步的积极性。改革开放伊始，以邓小平同志为核心的党中央就强调要在抓好物质文明建设的同时抓好精神文明建设，并且在《关于社会主义精神文明建设指导方针的决议》中阐明了精神文明建设的战略地位、根本任务和重大方针，使民族精神获得了新的发展。但是，我国几千年来在小生产基础上形成的旧观念积习很深，因循守旧、故步自封等旧的观念与民族传统道德和社会习俗中消极的东西结合在一起，仍产生着广泛的影响，同时西方意识形态的渗透造成了人们的思想混乱。而要从这些旧思想、旧观念的束缚中解放出来并抵制西方意识形态的侵蚀，就要树立建设有中国特色社会主义的共同理想，树立坚持党的基本路线不动摇的坚定信念，树立有利于社会主义现代化建设的价值观念和道德规范。同时，从社会的发展来看，经济建设将越来越依赖科学技术的作用，我国的社会主义现代化建设亦是如此。所以，提高人的思想道德素质和文化、科学技术素质，已是时代发展的需要，否则就要拖我国社会主义现代化建设的后腿。在这样的社会实践面前，邓小平同志结合我国社会主义经济建设的经验与教训，高瞻远瞩地提出了要教育人民成为“四有”人民，教育干部成为“四有”干部，特别要教育好青年，培养后代的“四有”新人的思想，并将其在实践中逐步完善起来。

1979 年邓小平同志在《中国文学艺术工作第四次代表大会上的祝词》中说：“我们要在建设高度物质文明的同时，提高全民族的科学文化水平，发展高尚的丰富多彩的文化生活，建设高度的社会主义精神文明。”他接着在 1980 年底党中央召开的工作会议上提出：“要努力使我们的青少年成为有理想、有道德、有知识、有体力的人，使他们立志为人民做贡献，为祖国做贡献，为人类做贡献，从小养成守纪律、讲礼貌、维护公共利益的良好习惯。”时隔不久，在 1982 年 7 月的军委座谈会上的讲话中他又提出，要“使我们的各族人民都成为有理想、讲道德、有文化、守纪律的人民”。在 1985 年 3 月的全国科学工作会议上，邓小平同志就完整地提出要“教育全国人民做到有理想、有道德、有文化、有纪律”的“四有”新人的思想。而且提出，“四有”新人的培养，要在社会主义现代化建设的实践中进行。于是，邓小平同志要求各行各业在社会主义现代化建设中都要重视人的科学文化素质和思想道德素质的提高，使整个社会形成人人向上、奋发有为的良好的社会道德风尚。要求全党、工会、妇联、共青团、少先队、学校等党政、社会团体、群众组织齐努力，加强道德教育，恢复和发扬党和人民的革命传统，树立优良的社会主义道德风尚，培养社会主义新人。

2.“三个面向”

“三个面向”即“教育要面向现代化，面向世界，面向未来”，这是邓小平同志在 1983 年国庆节为景山学校的题词。这三个“面向”，是发展和改革我国教育的根本方针。教育要面向现代化，就是要求我们必须树立教育为社会主义现代化建设服务、社会主义现代化建设必须依靠教育的思想。要从我国社会主义现代化建设的全局出发，提高全党对教育工作的认识，调动广大教育工作者和社会各界的积极性。大力发展教育事业，积极推进教育体制改革，其根本目的是提高民族素质，为社会主义现代化建设多出人才、出好人才。教育要面向世界，就是教育必须运用马克思主义的世界观，使广大受教育者深入理解社会发展规律，理解当代世界的进步、矛盾和人类前途，理解我们中华民族如何自强不息自立于世界民族之林和如何为人类做出更大的贡献；在教育体制、教材内容、教学手段和方法上，要适应世界新技术革命的要求，吸收当代世界先进的科学技术和其他有益文化，使我们古老的民族焕发青春，以新的面貌重新站在世界文明的前列。教育要面向未来，就是教育作为“基本的基本建设”，不仅要与现实的经济发展相协调，而且要努力走在经济建设的前面，为经济的持续发展和巨大的进步创造条件，为21世纪末战略目标的实现和21世纪中叶基本实现现代化、达到世界中等发达国家水平的宏伟目标准备大批的各级各类合格人才，这些人才都应有理想、有道德、有文化、有纪律，热爱社会主义祖国和社会主义事业，具有艰苦奋斗的献身精神和实事求是、勇于创新的科学精神。

综上可见，通过培育“三个面向”和“四有”新人的途径来提高人们的思想道德素质和科学文化素质，并以此来提高全民族的思想道德素质和科学文化素质，可以形成有利于社会主义现代化建设的共同理想、价值观念和道德规范；防止和遏制腐朽思想和丑恶现象的滋生蔓延；防止和消除文化垃圾的传播；抵御敌对势力对我国“西化”“分化”的图谋，使物质文明和精神文明建设相互促进、协调发展。把我国建设成为富强、民主、文明的社会主义现代化国家的思想，是邓小平同志对马克思主义有关人的理论的继承和发展，是中国当代马克思主义的重要组成部分，是中国人民的宝贵精神财富，我们一定要在社会主义事业的建设中认真地运用和实践它。

邓小平同志正是在这种特定的历史条件下，从建设有中国特色社会主义新时期的特点出发，提出了一整套在改革开放条件下进行道德素质教育工作的思想理论与方法，其内容涉及新时期道德素质教育的地位、作用、培养目标、原则内容、途径方法、领导管理等各个方面，形成了有中国特色社会主义道德素质教育科学体系的基本框架和理论基础。他不仅丰富了马克思主义的思想政治教育学说，而且也形成了具有时代特色的德育理论，这些无疑也是构成他的道德素质教育观的主要内容。

（三）21世纪的《公民道德建设实施纲要》

党的十一届三中全会特别是十四大以来，随着改革开放和现代化建设事业的深入发展，社会主义精神文明建设呈现积极健康向上的良好态势，公民道德建设迈出了新的步伐。爱国主义、集体主义、社会主义思想日益深入人心，为人民服务精神不断发扬光大，崇尚先进、学习先进蔚然成风，追求科学、文明、健康的生活方式已成为人民群众的自觉行动，社会道德风尚发生了可喜变化，中华民族的传统美德与体现时代要求的新的道德观念相融合，成为我国公民道德建设发展的主流。

加强公民道德建设是一项长期而紧迫的任务。面对社会经济成分、组织形式、就业方式、利益关系和分配方式多样化的趋势，面对全面建设小康社会，人民群众的精神文化需求的不断增长，面对世界范围各种思想文化的相互激荡，道德建设有许多新情况、新问题和新矛盾需要研究和解决。我们必须适应形势发展的要求，抓住有利时机，巩固已有成果，加强薄弱环节，积极探索新形势下道德建设的特点和规律，在内容、形式、方法、手段、机制等方面努力改进和创新，把公民道德建设提高到一个新的水平。

根据党在社会主义初级阶段的历史任务，江泽民同志多次强调要提高全民族的思想道德素质和科学文化素质，在他所做的历次党的代表大会的报告中都体现了这一重要思想。在 2001 年 10 月出台的《公民道德建设实施纲要》中，“爱国守法、明礼诚信、团结友善、勤俭自强、敬业奉献”作为全体公民应遵循的道德要求被提了出来，成为指导公民道德建设的重要指针。江泽民同志指出，当前和今后一个时期，我国公民道德建设的指导思想是：以马克思列宁主义、毛泽东思想、邓小平理论为指导，全面贯彻江泽民同志“三个代表”重要思想，坚持党的基本路线、基本纲领，重在建设、以人为本，在全民族牢固树立建设有中国特色社会主义的共同理想和正确的世界观、人生观、价值观，在全社会大力倡导“爱国守法、明礼诚信、团结友善、勤俭自强、敬业奉献”的基本道德规范，努力提高公民道德素质，促进人的全面发展，培养一代又一代有理想、有道德、有文化、有纪律的社会主义公民。

从我国历史和现实的国情出发，社会主义道德建设要坚持以为人民服务为核心，以集体主义为原则，以爱祖国、爱人民、爱劳动、爱科学、爱社会主义为基本要求，以社会公德、职业道德、家庭美德为着力点。在公民道德建设中，应当把这些主要内容具体化、规范化，使之成为全体公民普遍认同和自觉遵守的行为准则。

为人民服务作为公民道德建设的核心，是社会主义道德区别和优越于其他社会形态道德的显著标志。它不仅是对共产党员和领导干部的要求，也是对广大群众的要求。每个公民不论其社会分工、能力大小如何，都能够在本职岗位通过不同形式做到为人民服务。在新的形势下，必须继续大张旗鼓地倡导为人民服务的道德观，把为人民服务的思想贯穿于各种具体道德规范之中。

集体主义作为公民道德建设的原则，是社会主义经济、政治和文化建设的必然要求。在社会主义社会，人民当家做主，国家利益、集体利益和个人利益在根本上一致，集体主义成为调节三者利益关系的重要纽带。要把集体主义精神渗入社会生产和生活的各个层面，引导人们正确认识和处理国家、集体、个人的利益关系，提倡个人利益服从集体利益、局部利益服从整体利益、当前利益服从长远利益，反对小团体主义、本位主义和损公肥私、损人利己，把个人的理想与奋斗融入广大人民的共同理想和奋斗之中。

爱祖国、爱人民、爱劳动、爱科学、爱社会主义作为公民道德建设的基本要求，是每个公民都应当承担的法律义务和道德责任。必须把这些基本要求与具体道德规范融为一体，并贯穿公民道德建设的全过程。要引导人们发扬爱国主义精神，提高民族自尊心、自信心和自豪感，以热爱祖国、报效人民为最大光荣，以损害祖国利益、民族尊严为最大耻辱，提倡学习科学知识、科学思想、科学精神、科学方法，艰苦创业、勤奋工作，反对封建迷信、好逸恶劳，积极投身于建设有中国特色社会主义的伟大事业。

社会公德是全体公民在社会交往和公共生活中应该遵循的行为准则，它涵盖了人与人、人与社会、人与自然之间的关系。职业道德是所有从业人员在职业活动中应该遵循的行为准则，涵盖了从业人员与服务对象、职业与职工、职业与职业之间的关系。家庭美德是每个公民在家庭生活中应该遵循的行为准则，涵盖了夫妻、长幼、邻里之间的关系。家庭生活与社会生活有着密切的联系，正确对待和处理家庭问题，共同培养和发展夫妻爱情、长幼亲情、邻里友情，不仅关系到每个家庭的美满幸福，也有利于社会的安定和谐。要大力倡导以尊老爱幼、男女平等、夫妻和睦、勤俭持家、邻里团结为主要内容的家庭美德，鼓励人们在家庭里做一个好成员。

在北京大学100周年校庆的讲话中，江泽民同志号召新时期的广大青年要坚持学习科学文化与加强思想修养的统一，坚持学习书本知识与投身社会实践的统一，坚持实现自身价值与服务祖国人民的统一，坚持树立远大理想与进行艰苦奋斗的统一。这“四个统一”极大地丰富了毛泽东、邓小平关于坚持又红又专，走与实践、与工农相结合的成长道路，也丰富了培养“四有”新人的思想，是对青年知识分子成长的方向和道路的科学概括。江泽民同志对人才培养及学校素质教育的诸多论述，构成了他关于道德素质教育的基本观点和主要内容。

（四）科学发展观赋予大学生道德素质教育的使命

党的十六大以后，以胡锦涛同志为核心的党中央也十分关注公民的道德建设，以人为本的科学发展观和构建社会主义和谐社会等一系列思想的提出，都深刻体现了这一理念。科学发展观是以胡锦涛同志为总书记的新一届党中央领导集体提出的统领我国经济社会发展的重大战略指导思想，是马克思主义中国化的最新理论成果。科学发展观为新时期高校思想政治教育提出了新的使命和更高的要求，是新时期指引我国高校思想政治教育创新的指导思想。

当前，我国面临全面参与经济全球化的新形势，呈现工业化、信息化、城镇化、市场化、国际化五大发展趋向，经济增长、体制改革、人民生活、经济结构、政治建设、文化建设、社会建设、对外开放等出现了新的特征。我国当前的国情仍然是处于并且将长期处于社会主义初级阶段，社会主要矛盾仍然是人民日益增长的物质文化需要同落后的社会生产之间的矛盾。科学发展观是基于对现阶段基本国情和新发展要求的科学判断，是立足社会主义初级阶段基本国情，总结我国发展实践，借鉴国外发展经验，为了适应新的发展要求提出来的。

科学发展观的第一要义是发展，其核心是以人为本，基本要求是全面协调可持续，根本方法是统筹兼顾。坚持以人为本，就是要以实现人的全面发展为目标，从人民群众的根本利益出发谋发展、促发展，不断满足人民群众日益增长的物质文化需要，切实保障人民群众的经济、政治和文化权益，让发展的成果惠及全体人民。全面发展，就是要以经济建设为中心，全面推进经济、政治、文化建设，实现经济发展和社会全面进步。协调发展，就是要统筹城乡发展、统筹区域发展、统筹经济社会发展、统筹人与自然和谐发展、统筹国内发展和对外开放，推进生产力和生产关系、经济基础和上层建筑相协调，推进经济、政治、文化建设的各个环节、各个方面相协调。可持续发展，就是要促进人与自然的和谐，实现经济发展和人口、资源、环境相协调，坚持走生产发展、生活富裕、生态良好的文明发展道路，保证一代接一代地永续发展。

大学生道德素质教育是深入贯彻落实科学发展观的重要途径，是实践和发展科学发展观的重要媒介。高校要大力加强大学生道德素质教育，以科学发展观的理论指导素质教育工作，以大学生道德素质教育工作的绩效来推进科学发展观的实施。

“以人为本”是科学发展观的本质和核心，是大学生道德素质教育的出发点。坚持以人为本，是创新教育发展理念、转变教育发展方式、破解教育发展难题、提高教育发展质量的必然选择，也是促进人的全面发展、构建和谐校园的必由之路。大学生道德素质教育必须坚持以马克思主义、辩证唯物主义和历史唯物主义的科学方法论为指导，坚持以人为本的方针和原则，以大学生为本，以大学生为核心。

“全面发展”是科学发展观和党与国家的教育方针对高校的基本要求。中共中央、国务院颁布的《关于进一步加强和改进大学生思想政治教育的意见》指出，加强和改进大学生思想政治教育，要以大学生全面发展为目标，深入进行素质教育。要加强民主法制教育，增强遵纪守法观念。要加强人文素质和科学精神教育，加强集体主义和团结合作精神教育，引导大学生勤于学习、善于创造、甘于奉献，成为有理想、有道德、有文化、有纪律的社会主义新人。

“协调发展”是大学生道德素质教育的基本目标。高校思想政治教育要把协调发展作为重要考量，始终把握六项原则。要在充分发挥课堂教学主导作用的同时，协调拓展五条途径，即深入开展社会实践；大力建设校园文化；主动占领网络思想政治教育新阵地；开展深入细致的思想政治工作以及心理健康咨询和教育；努力解决大学生的实际问题。要协调发挥三个优势，即党的政治和组织优势；共青团在教育、团结和联系大学生方面的优势；学生会、班级、社团在实现大学生自我教育、自我管理、自我服务方面的优势。要协调构筑三个方面的保障，即大力加强大学生思想政治教育队伍的建设；努力营造大学生健康成长的良好社会环境；切实加强对大学生思想政治素质教育的领导。

“可持续发展”的大学生道德素质教育，必须以科学发展观为指导，重视大学生当前发展与长远发展的有机结合，重视思想政治教育本身的全面、协调和可持续发展，把以人为本和全面、协调、可持续发展的理念落实到素质教育工作的每一个环节。努力解决大学生道德素质教育与专业教育“两张皮”以及“一手软一手硬”问题；大力创新素质教育的机制、途径和方法，努力提高大学生道德素质教育的科学性和实效性；切实促进思想政治教育工作队伍本身的统筹与协调，努力创造以人为本、全面协调可持续发展的思想政治工作的新局面。

“统筹兼顾”是深入贯彻科学发展观的根本要求。在大学生道德素质教育的实践中既要坚持“重点论”，又要坚持“两点论”，既要抓住“一般”，又要兼顾“个别”，在兼顾整体性全面协调可持续发展的前提下掌握解决矛盾的科学思维和科学方法。同时，必须继承传统，弘扬民族优秀文化；要面向现代化、面向世界、面向未来，兼容并蓄，融通创新。通过对外来文化及其优秀科技成果的选择来实现中西文化的整合锻造、丰富发展，以构建具有鲜明中国特色和强烈时代特征的道德素质教育和谐发展的新体制。

（五）实现“中国梦”，教育是基础，科技是关键，人才是核心

党的十八大以来，以习近平同志为总书记的党中央把中国人民、中华民族百年以来的追求和梦想凝练为“中国梦”，并系统阐释了“中国梦”的具体内涵、奋斗目标、总体布局和实现路径，在全党、全国各族人民中凝聚了新的精神、新的热情、新的力量。“中国梦”是国家的梦、民族的梦。“中国梦”也是教育梦、教育强国梦。2012 年 12 月，习近平总书记在广东考察时强调，哪个国家拥有人才上的优势，哪个国家就会拥有实力上的优势。2013 年“五四”期间，习近平总书记在给北京大学考古文博学院学生的回信中、在同青年代表座谈时，勉励广大青年学生勇做走在时代前面的奋进者、开拓者、奉献者，努力使自己成为祖国

建设的有用之才、栋梁之材；勉励青年学生敢于有梦、勇于有梦、勤于圆梦，为实现“中国梦”奉献智慧和力量。习近平总书记在给中央民族大学附属中学全校学生的回信中，鼓励学校继承光荣传统，传承各民族优秀文化，承担好立德树人、教书育人的神圣职责，着力培养造就中国特色社会主义事业合格建设者和接班人；勉励学生珍惜美好时光，砥砺品德，陶冶情操，刻苦学习，全面发展，掌握真才实学，努力成为建设伟大祖国、建设美丽家乡的有用之才、栋梁之材，为促进民族团结进步、实现共同繁荣发展做出应有的贡献。

习近平同志关于人才工作、青年工作的重要论述，寄托了党和国家对青年一代的殷切期望，为广大青年在实现“中国梦”进程中成长发展、建功立业进一步指明了方向，也对当代大学生道德素质教育提出了更高要求。

二、我国大学生道德素质教育的具体目标

大学生道德素质教育的总目标是提高大学生综合素质的关键，大学生道德素质教育的具体目标对培养高素质的人才来说是重中之重。

（一）促使“他我”意识的觉醒

自古希腊的赫拉克利特首先提出“寻找自我”的思想开始，经普罗泰戈拉的“人是万物的尺度”、苏格拉底的“认识你自己”等，直至笛卡尔的“我思故我在”这一著名命题的提出，人类以自然哲学为中心的哲学研究便转向以自我为中心的哲学研究，“自我意识”即主体的人对自身的认识，便逐渐成为一个十分重要的哲学范畴。从总体上看，“自我意识”得到了广泛的认同。但是，人类过分注重自我、过分夸大自我在社会中的作用与地位，导致人类“中心主义”和“个体主义”等片面偏激思想的产生。其典型特征就是把自我看成唯一的主体，认为除自己之外没有可以利用的主体了，把外在于“我”的其他都归结于对象性的客体，从而对他人形成了完全的否定。

然而，他人同样也是从其自我出发进行思考和行动的主体的人，并不仅仅作为思考和行动的对象，他人和我同样是作为主体而存在的，因此，我们应该在树立正确的“自我意识”观念的同时，也应形成“他我”的意识观念，即将他人看作另一个“我”，消除人与人之间的不平等。胡塞尔对此讲道，“我把自身看作具有身体和灵魂的人，我这个人在被我意识的世界中与他人共存，并与他们一起在此世上延存”，“也就是说，一方面，我把他人经验为一个世界对象，而不只是自然物（尽管按照某一方面他人也是某个自然物）。他人的确也是作为在属于他们各自所属的自然身体中心地起支配作用的人而被经验到的。所以，作为‘心理物理学的’对象，特别是当他们与身体相结合时，他们就是‘在’世界‘中’的。另一方面，我同时又把他人经验为对这个世界来说的主体，他们同样能经验到这

个世界，以及那些单纯的自然物（尽管按照某一方面他人也是一个自然物）”。胡塞尔这段话的意思，也就是强调了“他人”就是与“我”相对应而言的，是“我”本人的一种“映现”，在“我”的“经验世界”里，并不单单将“他人”限定为存在于世界中的一个对象，而是将“他人”看作与“我”共同存在、共同生活并且共同构成这个世界的共同主体，并且是处于平等地位的，而且要从第三人称的角度出发来理解自己，换位体验。一言概之，就是“他人”在“我”的意识世界里被“我”看作与“我”一样平等地存在着的主体。“通过另一个主体，‘我’能够学会将自己领会为一个处在人群之中的个人……正是‘他人’教会了‘我’从一种第三人称的视角出发来理解自己……‘我’不仅是当下体验的主体，同时也是一个向各种方向发展着的人格结构之主体，并且根据胡塞尔的观点，‘我’的人格性是在交互主体间构成的。”哈贝马斯也强调指出，“自我”是在与“他人”的相互关系中凸显出来的，其核心意义是主体间性，即“我”与“他人”的社会关联。他主张在“自我”主体的基础上，尊重和重视“他人”的主体性，必须还“自我”以主体间性的意义。

交往理论视域下的大学生道德素质教育就是要消除单一的自我中心主义，促使人们形成“他我”意识，首先在主体自身的意识观念体系中确立“他人”就是另一个“我”，一个与“我”平等的、有着密切社会关系的主体；其次在大学生道德素质教育实践活动中，真正消除人与人之间的不平等状态，如同马克思、恩格斯所说的，把人的世界和人的关系还给自己。

（二）构筑成熟的心态结构

心态即心理状态，是人的观念、情感、意向等的综合体现，它对人的思维和行为具有支配和导向作用。一个具有完整道德素质的人，无论是在其思想道德观念上，还是在社会生活的实践行为中，都能够表现出良好的素质行为，其影响因素是多种多样的，但更为牢固的基础和深层的核心就在于其成熟的心态结构。健全的心理结构是由其道德认知、情感和意志三大因素构成的。

1. 对“知”的理解

“知”是指人在社会实践中能动地反映客观事物的心理活动，它包括感觉、知觉、表象、思维等形式，主要是指认知活动、认识能力。它是人在先天生理基础上通过后天的学习和实践而形成的认知方面的稳定心理特点的综合，包括观察力、记忆力、想象力、注意力、思维力这五个基本要素。作为一名大学生，要具有坚强无摧的意志的坚忍不拔的毅力；具有开阔的胸襟，开朗豁达，克服困难有恒心，遇到挫折不灰心；具备积极进取的心态，高昂激越的情绪和饱满振作的精神；有优秀的个性心理，具有良好的动机、高雅的气质、广泛的兴趣、稳定的性格、鲜明的个性和健全的人品。

2. 对“情”的体验

情感作为心理结构的一个因素，与人的智力是相互联系、相互制约的，认知产生情感，理智控制情感。反之，情感一旦形成，又会引诱观察，加深记忆，推动想象，强化注意和激励思维，并由此对人的实践活动产生影响，具有一种定向、调节和驱动的作用。马克思指出，激情、热情是人强烈追求自己的对象的本质力量。大学生对工作和学习一定要具有饱满的热情和激情，保持情绪处于积极稳定状态，只有这样才能成为有用之才。科学家巴甫洛夫也教导青年:“要有热情。你们要记住,科学需要一个人贡献出毕生的精力。假定你们有两次生命，那还是不够的。科学需要一个人有紧张的工作和伟大的热情。希望你们热情地工作，热情地探讨。”

3. 对“意”的认识

人的意志同情感一样属于心理结构中的非理性因素。它是人们自觉地确定的目标，并根据目的和目标支配和调节行为，从而克服各种障碍，达到预期目的、目标的心理过程。人的意志是始终与人的需要、意愿和目的联系在一起的。作为一名大学生，一定要明确自己的意向，只有目标明确，才会有用之不竭的动力去完成它。费尔巴哈曾说:“在没有追求幸福的愿望的地方也没有意志，而如果有的话，至多也只是任何东西也不希望的叔本华式的意志。”

总之，在大学生的成长中，知、情、意是始终不可分割地联系在一起的，从而形成完整的心理结构并发挥作用。马克斯·韦伯曾经说，有资格将手放在历史舵轮上的人，必须具备三种素质：一是对事业炽烈的热情；二是对实现目标的神圣使命感和现实责任感；三是冷静理智的判断力和洞察力。只有三者都具备的人，才有可能成为政治家。实际上，这也是对每一个大学生的要求。

（三）培育正确的价值取向

人的价值意识和价值取向是由其所生存和依赖的社会共同体的文化价值决定的。如今，尽管我们处在全球经济一体化的社会中，但是依然生活在政治多极化、文化多样化的世界里，由此也就形成了人的相互交织碰撞的多种价值观。而即使在同一社会文化影响下的不同个体，由于其各自利益和需要的不同，也会有自己的价值观念。大学生作为当今社会中的一大群体，他们的价值取向对当今社会的发展有着深刻的影响。因此，必须培育大学生树立正确的价值观念和价值取向。通过对大学生进行核心价值观教育，广大学生基本上都应该具有一定水平和能力的价值观修养。

首先，在当今价值观急剧变革的时代，青年学生具有较强的价值判断和选择能力对个人全面发展和社会进步都非常重要。对个人来讲，只要确立了科学的核心价值观，就会在纷繁复杂的价值取向中处变不乱，就会坚持正确科学的人生理想和事业，最终实现自己的人生价值。对社会来讲，更多民众的价值观愈加成熟，是社会越稳定、进步的一个重要条件。较强的价值判断和选择能力，表现在人的价值观方面，既不是不变也不是易变的，而是在变与不变中，主要依据正确的科学的判断。

其次，使大学生具有较强的价值判断和选择能力，有着重要的现实意义。随着我国社会主义市场经济体制的深入发展，人们对社会生活方式的自由选择性越来越强，主体性更突出，社会不同利益主体，即有着不同价值本位和价值诉求的主体逐步形成，社会价值观多元化且矛盾冲突将会长期存在。一方面，它促进了人们的思想解放并更好地发挥主体的能动性，有利于培养独立自主的观念和创新精神；另一方面，价值观念的多元化和冲突容易对人们的正确价值判断和选择产生干扰，特别是对正在求知成长、价值观形成重要期的大学生，价值观念多元化容易产生思想迷乱和错误的价值取向。大学生求知欲强，特别强调求新求异，对社会主导价值思想经常会逆向思维。同时，他们置身于充满各种诱惑的环境，个人主义、拜金主义、享乐主义的价值观对他们产生了强烈的冲击和腐化，这对大学生的价值判断和选择能力提出了更高的要求。

最后，培养大学生具有较强的价值判断和选择能力，帮助他们更加全面、准确、科学地把握客观事物的发展规律，提高他们的认识和实践能力，更加有利于他们实现自由而全面的发展。我国哲学家孙正聿认为，社会的价值导向是以其时代性的社会内容、普遍性的社会性质和可操作性的社会形式去表达社会的价值理想和价值规范,引导个体认同社会价值理想和践行社会价值规范。社会生活表明，个人价值取向的总趋势，总是取决于社会的基本价值导向，而个人价值取向的困惑，总是根源于社会价值坐标的震荡。因此，解决个人价值取向问题，最根本的是解决社会的价值导向问题。在这里，把认同社会主义核心价值体系作为高校大学生核心价值观教育的主要目标，其核心意义是通过价值观教育引导，达到使每个大学生都具有对社会主义核心价值体系认同的思想倾向。

（四）形成良好的行为模式

道德素质教育的目标不仅是大学生对道德理论知识的吸收、内化，它还包括在对大学生意识活动的基础上，进行对其道德认知的形成的实践行为，也就是大学生将内化的思想道德观念外化为自己的实践行为，并经过多次反复强化，养成一定的行为习惯。这个过程，正如马克思所说："把我的愿望从观念的东西，从他们想象的、表象的、期望的存在，转化成他们感性的、现实的存在，从观念转化成生活，从想象的存在转化为现实的存在。"这是素质的灵魂，包括正确的政治思想素质和优秀的伦理道德素质。通过素质教育，使大学生的思想道德素质达到以下标准：具有坚定正确的政治方向，坚持党的基本路线，坚定走有中国特色的社会主义道路的信念；树立正确的世界观和科学的人生观、价值观，能够正确处理个人与集体、个人与国家的关系，坚持爱国主义、社会主义、集体主义精神；讲究社会公德，注重个人品行，具有良好的道德修养。

一是扎实的业务素质。这是大学生综合素质的重点。扎实的业务素质，首先，应表现为具有系统化、理论化的知识体系，即基础知识扎实；其次，应具有较宽的知识面，即有一个合理的、优化的、比较全面的知识结构；最后，更重要的是具有学习的能力，即“学会学习”。

二是宽厚的文化素质。在人才的诸多素质中，文化素质是一种基础性的素质，它对于其他素质的形成和发展具有较大的影响力，没有较高的文化素质，很难想象一个人的业务水平和专业能力会有进一步的提高和充分发挥。大学生应具有的文化素质，包括以下几方面：具有哲学和科学素养，具备科学精神和理性思维能力，关心人类生活的重大问题；具有历史知识修养，对本国文化与历史传统有较多的了解；具有美与艺术的鉴赏力，有较高的文学艺术修养，善于吸收国外文化的精华；有较强的语言文字修养，能通过口头或文字条理清晰地表达思想与感受；具有文明礼仪修养等。

三是健康的身心素质。树立科学的身心健康观，不仅有强健的体魄，有良好的生活和卫生习惯，重视体育锻炼，更重要的是具有健康的心理素质，包括稳定乐观的情绪、和谐的人际关系、善于与人合作共事的态度、健康的人格、健全的个性心理品质、较强的社会适应能力等。

四是较强的创新能力。创新能力是人才综合素质的核心目标，是素质教育的关键，也是衡量人才综合素质实际质量的最主要标准。大学生的创新能力集中体现在具有强烈的创新意识、活跃的创新思维，能进行创造性学习和研究，形成创造性的成果等方面。

在交往理论视域下的大学生道德素质教育中，这些具体目标是一个完整的体系。其中，“‘他我’意识的觉醒”是前提，“成熟的心态结构”是基础，“正确的价值取向”是保障，“良好的行为模式”是关键。它们在整个大学生道德素质教育活动过程中相互依赖、相辅相成，共同促进主体道德素质的发展与完善。

第四节　当代大学生的思想政治基本状况

大学生作为一类特殊的人群，客观上有着自身的特殊性。他们既表现出同一般青年一致的“年龄特点”，又表现出与一般青年在思想品德和文化程度方面不同的“层次特点”。与不同时代的大学生相比较，当代大学生还有鲜明的“时代特点”。客观地认识大学生的特点，揭示大学生身心发展的矛盾特殊性，了解他们特殊的利益和要求，是做好大学生思想政治工作的必要前提。

一、当代大学生基本生理特点

（一）身体迅速发育

人的身高与体重，在生长发育过程中有两次高峰，第一次是从出生到一岁左右，在此期间体重可增一倍，从 3kg 左右增至 9~10kg；身高会从 50cm 生长到 70~75cm，身高增加比例为身体的 50%。第二次为青春期。在青春期之前，身高每年增长 3~6cm，到青春期，每年少则长 5~8cm，多的达到 10~13cm。相应地，体重每年可增 3~6kg。由于大学生在大学学习阶段，仍处于青春期后期，这使得大学生继续延续着增长的势头，主要表现为：精力充沛，好玩爱动，身强力壮，朝气蓬勃。男女学生随着体质增强而体形发生变化，表现出明显的性别差异，充分体现人体的健与美。

（二）发达的大脑和神经系统

青年时期，是智能高度发展时期，脑的重量女子在 20 岁左右最重，男子在 20~24 岁之间最重，30 岁以后呈递减趋势。大脑的神经纤维显著增加，神经系统的形态和机能基本完善。青年期大脑抽象逻辑思维能力大大提高，愈来愈善于运用概念,进行判断、推理。大学生正处于这个时期,已能从事比较复杂的脑力劳动，并能主动安排自己的学习，进行独立钻研。但是，他们的脑细胞还较脆弱，容易疲劳，因此要劳逸结合。他们的观察力、概括力、想象力、独立思考能力都因此而大为增加；他们对于自然界、社会现象和人的思想行为有了自己的看法；他们记忆力好、求知欲强，思想敏锐，接受新事物快，并逐渐奠定世界观的生理基础；他们开始认真考虑将来做什么人、干什么、走什么样的人生道路问题。

（三）性机能日渐成熟

大学生正处于性的成熟期。人的第二性征日渐明显，女生嗓音细润，乳房发育，月经规律；男生喉结突出，嗓音粗，胡须渐多。性激素还引起了性的生理冲动和欲望，产生了对异性的好奇和特殊好感，有了爱情的追求和向往。性激素广泛作用于整个机体的生理发育,促进骨骼的成长与成熟（骨化）,使体魄坚实有力，体态日益健壮、丰满、匀称。因此，对大学生要特别注意进行青春期生理、心理卫生教育，进行如何正确对待恋爱婚姻问题的教育，帮助他们较快、顺利地度过这一时期。

二、当代大学生基本心理特点

青年期是少年向成年人转变的过渡期，也是少年心理向成人心理过渡的关键期，大学阶段是青年期的最后时期。大学生随着身体的发育成长，在社会各种条件的相互作用下，心理面貌也发生巨大变化，对待人生也形成了一定的思想，也具有了一系列的心理特征。

（一）具有丰富强烈的情感

情感是人对客观事物态度的心理体验与感受。情感是脑的机能，是客观事物刺激的反应。大学生随着年龄的增长、智力的发展、社会实践的增多，情感愈来愈丰富，具体表现为：

第一，理智感、道德感和美感显著发展。理智感是智力活动过程中所产生的体验。理智感是大学生在学习、生活的实践中发展起来的，反过来，它又促进和推动大学生认识世界和改造世界的实践活动，更好地学习和生活。由于大学生的基本任务和主要生活内容就是学习，由此他们的理智感就发育的特别快。他们的求知欲、好奇心、探究心、幽默感都是理智感的种种体验和表现。

道德感是根据一定社会道德准则评价别人或自己言行的情感体验。由世界观决定的同志感、友谊感、爱国主义感、集体主义感、社会主义责任感都是大学生从多方面体验到的道德感。如对他人言行评价时体验到的崇敬和愤怒，对自己言行评价时体验到的不满或喜悦。同时，反感、睿智、疏远、尊敬、轻视、感激、歉意等，都是道德感的具体表现。美感是人的审美需要是否得到满足而产生的情感，美感的发展与一定的文化修养有关。大学生是青年中文化水平较高的群体，他们鉴别美的能力更高，欣赏美的范围更大，内容更深化。他们对美的欣赏，不限于服装的得体、音乐的动听、艺术的艳丽，还赞叹山河的壮丽、春光的明媚、建筑的宏伟、田野的生机。他们不仅欣赏外在美，而且欣赏内在美，对艺术美、社会美的欣赏能力也大大提高。

第二，友谊感在大学生的情感中十分突出。可以说青年时期是人生的一个分界点，青少年期由于个人的思想刚刚开始出现一些自主，这时候对家庭的依赖较大，友谊感不很强烈。当进入青年期，伴随着各方面的成长，思想的成熟，对友谊的要求渐趋强烈，并愈来愈注重于信念、志向、情趣、性格、爱好的交往，以互相交流思想、探讨问题、互相帮助。

第三，大学生的情感具有外露性。喜怒哀乐溢于言表，感情奔放，容易冲动。他们往往表现出为真理而奋斗的热情，向往如火如荼的生活，喜欢激动人心的场面；但也可能出现盲目的狂热和冲动，铸成大错。他们常因自己的需要和愿望得到满足而手舞足蹈，欣喜不已，也会因为一时得不到满足而怒气冲冠，悲观失望。大学生的情绪虽然较中学阶段稳定，但与成人相比还显得波动多变，容易从一个极端走向另一个极端。他们爱把事情想象得过于顺利、美好，缺少经受挫折的思想准备。一旦受挫，就陷入苦闷、烦恼、不满甚至绝望。

（二）认识能力得到迅速发展

大学生认识能力的发展，主要表现为观察力、记忆力、想象力和思维能力的发展。

第一，观察力的发展。观察是一种有计划、有目的、较持久的知觉活动；观察力是在事物的表象中察觉出它的属性和特征的能力。大学生在接受教育的过程中，观察力发展很快，观察的目的性、主动性、精确性和深刻性都有很大提高。

第二，记忆力的发展。记忆力是人脑对过去经验中所发生过的事物的反应能力。大学生正值记忆力发展的黄金时期。他们的记忆方式也大有改进，无意记忆和机械记忆还存在，但有意记忆、意义记忆和有目的记忆占据优势；他们的记性容量迅速扩大，源源不断的书本知识、生活知识和社会知识涌入他们的大脑，成为他们记忆库中的资料。

第三，想象力的发展。想象力是在过去知觉的基础上创造新的形象的能力。由于观察力、记忆力的发展，个人学习、生活资料的积累，为大学生想象力的发展准备了条件。这使得大学生充满幻想，富有理想，憧憬未来，向往明天。

第四，思维能力的发展。思维能力是大脑概括地、间接地反映客观现实的能力。大学生随着第二信号系统作用的增强、学习范围的扩大和接触社会范围的扩大，抽象思维在思维活动中占据了主要地位，并逐步从经验性抽象思维向理论性抽象思维发展，从形式逻辑思维向辩证逻辑思维发展，其思维的敏锐性、深刻性、批判性、独立性和创造性都有明显发展。

（三）自我意识得到发展

自我意识是指人对自己、自己与他人关系以及自己与周围世界关系的认识。自我意识包括自我观察、自我批评、自我监督、自我调节，自尊、自信、自立、自制和自豪感、责任感、义务感等。大学生身心的迅速发展，其自我意识也在逐渐增强。主要表现是：

第一，自尊心、自信心和好胜心明显增强。随着身心发展和知识扩展，大学生力量和才能逐渐显示出来，萌发出成人感，自尊心已明显提高，要求受到别人的尊重，总想显示自己的作用以引起别人注意。自信心的增强表现为他们对自己的知识、能力、情感、意识较有了解和信心，喜欢对自己做肯定性评价。这一时期的学生要强好胜，喜欢显示自己的力量和才华，处处要表现自己是生活的强者。对待大学生的自尊心、自信心和好胜心，我们应该合理健康的引导使之积极进取、不甘落后，珍视荣誉；防止处理不当使之脱离集体、追求虚荣、自傲自卑、铤而走险。因此，我们在做思想政治工作时一定要肯定和保护他们的自尊心和积极性，同时又要严格要求，善于引导，使二者有机地结合起来。

第二，独立意向迅速发展。随着体力和智力的逐渐增强，大学生的思想也变得逐渐成熟、自主，独立性和主动性显著发展。不再像中小学阶段对家庭有较大的依赖性和被动性。特别是当代大学生，他们不轻信他人结论，甚至会出现批判和“逆反心理”，不喜欢受到束缚，这种独立性不一定是缺点。当然，对大学生的独立性要加以引导，使其朝着正确的方向发展。

第三，自我评价和自我教育能力成熟。由于大学生自我意识的增强，因此他们不仅借助别人的评价认识自己，而且主要是按照自己的尺度，进行独立的自我评价。大学生自我评价能力的日趋成熟,使他们自觉地进行自我教育成为可能。并且，随着自我评价的准确性提高，他们自我教育的主动性、正确性和稳定性也相应提高。大学生思想政治工作应结合学生的这一特点，积极引导学生进行自我教育。

（四）社会心理逐渐成熟

随着大学生各方面的发育成长，其社会交往扩大，大学生们也愈来愈重视人际关系，以提高自己在社会关系中的地位。而随着独立性的增强，他们与家庭、同龄人以及教师的关系都发生了变化，主要表现如下：

第一，与家庭关系的变化。进入大学后，在他们与家庭的关系上也慢慢地有了质的变化。他们渴望独立，父母的榜样已不像童年时期那样绝对地、不加批判地被接受。随着知识、学历层次的提高和年龄的增长，他们在家庭中的独立性地位逐渐提高，行为的自主性越来越大，可以自主地支配自己的时间和朋友选择、交往方式等。

第二，与同龄人关系的变化。在与同龄人的交往上，其关系是获取信息、经验、友谊的很好形式，大学生希望自己可以像少年时期，有一种集体主义意识，有一种集体归属感。所以在大学中社团众多，各式各样，大学生参加社团活动和入团入党的要求强烈，以期求承担更多的社会义务和社会责任，渴望在一个团体中能体现自己的价值，体现自己在这个团体中的作用。

第三，与教师关系的变化。大学生不再把学习分数看为同龄人之间取得尊重、声望、名誉的途径，而把学习理解为生活的准备。他们把教师看作师长和朋友，而不再看作名誉的化身，对教师的尊敬多于崇敬，师生关系从少儿时的“亲密型”转为“疏远型”。

（五）形成自己的个性和意志，兴趣变得多样化

个性是指一个人各种心理特征的综合，也是一个人的基本精神面貌。由于身心的发展，阅历和经验的增加，大学生富于理想和追求，进取心强，充满希望和活力。大学生的个性向稳定发展但尚未完成，仍具有可塑性。尽管这种可塑性逐渐减弱以至定型，但仍保留着少年时期那种好模仿的特性，并达到较高级的程度。

因此，可以利用大学生的可塑性和模仿性，对大学生进行正确进行引导和影响，从而可以帮助大学生形成良好的个性。

意志是人自觉地支配行动，是人自觉地确定目的，并根据目的调节支配自身的行动，克服困难，实现预定目标的心理过程。大学生随着年龄、知识和自我意识的发展，意志的目的性、自觉性和坚持性越来越强，使之能够支配、调节自己的行动，去战胜内心的惰性和外部的困难，从而达到目的。但和成人相比来说，大学生的意志尚不稳定，缺乏耐心，容易冲动，不能理智驾驭情感而容易发生偏激等。

兴趣指的是积极探究某种事物或某种活动的意识倾向，它是推动人们去寻求知识和从事某种活动的一种精神力量；而爱好则是对一定事物所持的积极倾向体验。大学生的兴趣爱好与学习知识、发展智能、健全体魄、陶冶性情等日常生活的主要内容和未来的事业紧密相连。大学生意识到学习的社会意义，知道今天的学习就是明天的应用；他们对感兴趣的知识热情洋溢，坚持不懈，对不感兴趣的学科则轻视，甚至放弃。对此，我们应予以及时指导，使他们明确各学科之间的广泛联系。由于如今的大学都是寄宿制，少了家庭的牵挂与制约，多出了很多的自由时间，使之有了充沛的过剩精力和广泛的兴趣爱好，对此，应适应大学生的爱好，开展丰富多彩的文化体育活动，使他们的过剩精力得到释放，以利于他们身心的健康发展。

（六）性意识开始成熟，有了恋爱要求

大学生处于人生的青年期，性机能迅速成熟，因此引起他们生理和心理的一系列变化，并对异性有着非同一般的情感。由于大学生生理发育已趋成熟，性意识走向真实，性无知和性好奇被恋爱要求所代替，他们渴望在情感上与异性交流，关心异性对自己的评价，迫切想和异性接近。现在，大学生谈恋爱现象比较普遍，原因比较复杂，除青春期提前、性意识超前外，与外来文化影响、缺乏正确指导、大学生的相互模仿及家长的容许和鼓励也有很大关系。许多学生有“先成才后成家”和“可遇不可求”的观点，说明他们能比较理智地驾驭情感。正确处理学习和恋爱的关系，把主要精力用到学业上，是对新一代大学生的最主要的要求。

三、大学生的思想特点

（一）思想发展主流良好，思想活跃

当代大学生理想信念的主流是健康向上的，思想很活跃，主要表现在以下方面：

第一，性格爱憎分明，有强烈的爱国情怀。当代大学生是出生在改革开放后的一代，从小生活在和平的社会氛围下，充分享受着和平时代的美好生活。他们有着爱憎分明的性格特征，具有强烈的爱国情怀。在对待社会正义问题上，有着

正确的价值判断标准。在我国遭遇“98 抗洪”“汶川地震”“玉树地震”等自然灾害中，大学生做出了很好的表率作用，他们组成志愿者队伍，去帮助那些需要帮助的人。大学生志愿者已经成为了我们所处时代的一道亮丽的风景线，在北京奥运会、残奥会、上海世博会中到处可以看见大学生志愿者的身影。

第二，思想独立，容易接受新鲜事物。当代大学生是在社会变革的环境中成长起来的，他们的思想独立、个性张扬，易于接受新鲜事物，既喜欢中国风的事物，对传统文化情有独钟，又追逐时尚，对时代前沿的东西、对生活中的时尚热烈追逐。

第三，人生态度健康，有崇高的社会理想。当代大学生具有健康向上的人生态度，具有崇高的社会理想，对自己今后的人生道路能够有一个合理的规划，他们维护民族尊严、国家利益，爱憎分明，愿意在别人有困难的时候伸出援助之手，他们对父母的爱用更为显性的方式表达出来，他们关心国家大事，关心国际时政。总的来说，当代大学生的理想信念现状是好的。

第四，思想活跃，喜欢创新。当代大学生是在开放、民主的环境中成长起来的。全球化的深入发展，使得整个世界已经成为一个紧密联系的统一体，新兴大众媒体的发展，互联网的普及，使得大学生的眼界大为开阔。大学生处于青少年时期，心理发育未完全成熟，在开放的社会环境下，今天的大学生思想活跃，求新求异意识强，好奇心强，对“新奇”的事物具有强烈的接触欲望，其求新求异意识比较强，他们不再留恋传统的思维、做事方式，乐于、勇于接受新事物、新潮流、新看法、新挑战，善于运用新的手段和方法获取新的信息。对待一些问题观点深刻、逻辑严密、善于表达，甚至有强迫自己用成年人的思维思考问题的倾向。自信、个性鲜明，敢于表达，不相信说教，喜欢独立判断，喜欢按照自己的方式选择行为，并对其行为负责。他们不够稳定、不持久，但却很单纯、很阳光、很可爱，这些成为了这一代人的重要特征。

（二）思想上也有些消极因素

大学生的思想主流是好的，但也有些消极因素存在，主要表现为以下方面：

第一，价值取向多元化，价值观有些错位。随着改革开放的深入，我国的经济体制由一元主导的计划经济体制转向市场经济体制。全球化的纵深发展带来了国际间经济、政治和文化的广泛交流，一元价值观受到了巨大的冲击，人们的价值取向开始动摇、呈多元化的状态并且还有进一步发展之态势，这在当代大学生身上表现得尤为突出。当前，由经济体制改革带来的国内外环境的各种变化以及高校改革的不断发展，使高校大学生的生活方式、行为方式、思维方式和价值取向都在发生深刻的变化。一些大学生虽然对我国的政治经济发展充满信心，但对社会发展过程中的一些问题仍存有疑虑和担忧；一些学生虽对改革开放和社会主义初级阶段基本理论问题认同度较高，但在思想深处仍然存在着一些模糊认识，甚至是错误看法；一些学生人生价值总体趋向是积极进取，但价值目标不高，价值判断不够正确；有的学生比较强调自身价值的实现，看重收入待遇，看重施展才能的机会，而不顾祖国和人民的需要，功利主义、个人主义色彩较为浓厚；也有一些学生在重大政治事件和政治斗争中不能辨别真伪，不能坚持马克思主义唯物论和无神论立场，甚至被愚昧迷信的东西所迷惑、侵蚀。在当下，一些大学生在现代传媒的低俗大众文化的环境下，歪曲了对于成功的认识。在世界观、人生观和价值观层面上，当代大学生注重现实与实用主义，要表现在享乐主义的物质文化取向和颓废主义的精神生活取向上，他们把现实的物质利益、舒适的生活、职业和地位当作了人生的唯一追求，走人了金钱拜物教的门槛。他们追求感官享乐、追求物质利益最大化，对自我价值的认识偏重于物质衡量，由此产生了奢侈、功利、纵欲的人生观和价值观。大学生出现了价值观念偏移、道德社会化扭曲、功利主义盛行的倾向，个人主义得到张扬的同时出现自我异化倾向，并带有浓重的个性色彩和随意性。

第二，理想信仰存在危机。这主要表现为大学生在理想选择上存在着困惑与迷茫。由于我国社会转型所产生的一些问题和矛盾，使得当代大学生的理想信仰受到了不良影响。社会的转型带来诸多新问题、新矛盾的涌现，人们的价值观念趋向于多元化，面对价值选择的多样性，由于社会阅历浅、判断和抉择能力受到限制，因此，有些大学生在理想选择时会陷入困境。在价值多元化语境下，旧的价值观念部分地失去了示范作用，而新的价值体系又未形成，价值判断的矛盾性，价值评价标准的混乱状况，就会使许多大学生在选择他们的人生之路、确立自己的理想时感到困惑与迷茫。他们在接受了社会主义价值观的教育的同时，又受到市场经济浪潮的冲击和西方资本主义价值观的影响；既渴望实现自我价值，施展自己的才能，以得到社会的认可，但是又看到了社会的一些黑暗面，对自己未来的前途感到渺茫。大学生从书本、课堂及多种宣传媒介中学到了社会理想信念的基本内容。但当他们走向社会，听到和看到的大量实际现象与他们所学的东西不相符，甚至是相悖的，从而使他们怀疑、嘲弄或放弃自己所学的内容，致使当代大学生的社会理想信念经常处于“流动状态”。在现实中，一些大学生意志不坚定，不够坚强，一遇困难挫折就会退缩，在崇高的人生理想与多变的现实生活之间往往缺乏必要的理论修养和实践体验，导致了理想与行动之间的脱节，不能用理想的目标来指导实践。

第三，伦理观歪曲，产生道德危机。大学生涉世不深，处于伦理观的成型阶段，缺乏相应的分辨是非善恶的能力，孰是孰非、孰真孰假一时难以判断。在当今复杂的社会环境中，一些社会现象以不健康的、追求商业利润的、不符合伦理道德观的要求来传递思想时，势必会影响青少年大学生正确伦理观的养成，引发大学生道德行为失范。他们会模仿影视剧中不健康的讲话方式、行为方式，在公共场所，一些大学生公共礼仪缺失，乱扔果皮纸屑，出口粗言脏话，更甚者是偷盗赌博、聚众斗殴等。是非不分、颠倒黑白的错误价值、庸俗文化超越了大学生的道德底线，导致了大学生的道德沦丧，容易产生道德相对主义甚至道德虚无主义。

第四，审美观异化，发生错位。在当今浮躁的社会中，审美趣味一味朝“娱乐化”方向发展，越是“俗”的东西越能得到人们的青睐。“美”从理想精神的高峰回到了人世生活的享乐之中。思考被享乐代替。俗的东西经过广泛的传播，会拉低、扭曲人们的价值观，会冲破社会道德底线。低俗化的快乐对一些大学生产生了消极、负面的影响，知性美感荡然无存，娱乐功能过分夸大，人们只有感官上的放松，精神上得不到一点收获，导致了一些大学生逐步丧失对精神感召的渴望而仅仅迷恋于外在的感官刺激，快感取代了理性。与此同时，人们对“美”也有了不同的定义，有一些年轻人着装怪异、举止夸张，他们认为越是另类就越是美。一些大学生被颠覆传统观念的“畸形美感”误导，其审美观已经错位，走向了世俗化、功利化甚至庸俗化，一些大学生忽视了内在精神美的追求，致使其审美品位降低、审美情趣低下。他们丧失了自我判断能力，成为了受他人支配和控制的人。青少年大学生正确的审美观应该是以“真”为美、以“善”为美、以“内外和谐”为美。

第五，政治意识变淡。在全球化的时代背景和改革开放的国内环境下，受西方国家的意识形态、文化思潮影响，青年大学生更乐于过西方的洋节日，相比之下，我国传统的节日却被冷落了。西方文化绝不仅仅是一个地理位置上的含义，这些文化不能不打上那个社会占统治地位的意识形态的烙印，在本质上它所反映的绝不是主流文化所倡导的科学的价值观、人生观。大学生则很容易在这一片歌舞升平中丧失自己的政治警惕性，毫不设防地接受这些文化中的消极影响，由浅层次审美文化上的认同，发展成为深层次政治上的认同，丧失民族自尊心、自豪感，逐渐失去共产主义的远大理想，失去崇高的信仰。此外，大学生由于受到西方国家所谓的民主、人权思想的影响，会盲目追求绝对的自由与民主，则有可能使个人主义、无政府主义重新抬头。

第六，社会责任感弱化。社会责任感是人们对社会责任的一种强烈的自觉意识与崇高的意志、态度，是与人的理想、志向、价值观高度统一的，是为祖国和为人民服务的一种巨大的驱动力。在当今社会的“花花世界”中，一些大学生只注重感官的享乐，他们认为大学的学业只要应付过去就行了，他们为了娱乐而娱乐，学习成为了沉重的负担，忘记了自己的社会角色，没有人去思考深层次的社会问题、民生问题，没有人去“仰望星空”，甚至连脚下的事情也不去关注，只是沉溺于无休止无意义的享乐中，丢弃了对家庭和社会的责任，失去了人生前进的动力，缺乏理想追求，缺乏远大志向，淡化了对社会的责任感和使命感。

第五节 道德素质教育学对其他学科的借鉴

大学生道德素质教育是一门综合性、应用性很强的学科，它除了要以马克思主义的基本原理作为理论基石，还要从相关学科中吸取营养。走借鉴之路是许多学科形成的重要因素，大学生道德素质教育也是在向其他学科的理论借鉴中形成和发展起来的。

一、对教育学理论的借鉴

教育学主要是研究教育现象，揭示教育规律的科学，它是一科基础学科。教育学为大学生思想道德素质教育提供了原理、规律、原则和方法的理论知识宝库。

（一）对教学规律理论的借鉴

教育学强调教育过程要遵循教学规律，教学规律是客观存在于教学过程中的不以主观意志为转移的本质联系。大学生道德素质教育可借鉴的主要有以下几个方面：

第一，掌握知识和发展智力相统一的规律。学生掌握知识与发展智力、培养能力是辩证统一的，单纯抓知识的传授或只重能力发展都是片面的。大学生道德素质教育在重视对受教育者进行马克思主义基本理论知识传授的同时，也需要着力进行共产主义理想和信仰的教育，使受教育者“真信、真爱、真懂”，真正有效地实现马克思主义的大众化。

第二，传授知识与思想教育相统一的规律。教师在教学过程中传授知识的同时，总是会对学生的思想感情、立场观点、意志性格、道德品质等方面施加一定的影响，使学生受到一定的品德和思想教育。同时，在教学过程中，教师的思想品质、言谈举止，也对学生发生感染、熏陶和潜移默化的教育影响。因此，教师应严谨治学，为人师表。道德素质教育者更应重视自身良好形象的塑造，做到知行统一、言行一致。

第三，教师主导作用和学生主体地位相结合的规律。在教和学的统一活动中，教师在教学过程中起主导作用，引导学生去认识和发展，学生是学习的主体。教师的主导作用和学生的主体地位是辩证统一的。大学生政治教育中的教育者和受教育者的关系，也呈现出主导和主体的特点，它们二者的关系如何，直接影响到道德素质教育活动的效果。

（二）对教学模式理论的借鉴

教学模式就是指建立在一定的教学理论或教学思想基础之上，为实现特定的教学目的，将教学的诸要素以特定的方式组合成相对稳定的教学结构框架，并具有可操作性程序的教学模型。

第一，传递—接受式。在传递—接受模式中，教师的指导作用被强化，它主要是以传授系统知识、培养基本技能为目标，认为知识是教师到学生的一种单向传递的作用，非常注重教师的权威性。大学生道德素质教育实践中大量活动也应选择这种模式进行，尤其是马克思主义科学理论知识的传递教育活动，教育者在其中的指导作用和“把关人”角色是必须发挥的。

第二，引导—发现式。引导—发现模式是指在教学活动中，以问题解决为中心，以教师的“引导”为手段，以学生的“发现”为目的，提高学生发现问题和解决问题的能力，充分体现学生在学习过程中的主体地位。大学生思想政治教育也应注重引导受教育者主动关心自身思想政治素质和品德素质的提高，调动他们发现问题和思考问题的积极性，避免教育活动中出现教育者唱“独角戏”的现象，切实提高大学生道德素质教育活动的实效性。

（三）对教学方法理论的借鉴

教学方法是教师和学生为了实现共同的教学目标，完成共同的教学任务，在教学过程中运用的方式与手段的总称，它既包括教师教授的方法，也包括在教师指导下学生的学习方法。教育学所论述的许多方法是行之有效的教育方法，非常值得大学生道德素质教育学借鉴。

第一，讲授法。讲授法是教师通过口头语言向学生描绘情境、叙述事实、解释概念、论证原理和阐明规律的教学方法。讲授法是教师使用最早的、应用最广的教学方法，其他教学方法的运用，几乎都需要同讲授法结合进行。大学生道德素质教育者应重视自身口头讲授教育技巧和能力的素质培养，以期获得良好的教育效果。

第二，参观法。参观法是根据教学目的和教学任务的要求，组织学生到一定的校外场所，使学生通过对实际事物和现象的观察、研究获得新知识的方法。参观是以大自然、大社会作为活教材，能打破课堂和教科书的束缚，使教学与实际生活、生产密切地联系起来，取得良好的教育效果。大学生思想政治教育者要勤于研究学生的特点，借鉴参观法的开展特点，进行革命传统教育、正反典型教育、改革开放成果展等参观活动，使得道德素质教育活动的形式生动，教育富有成效。

第三，讨论法。讨论法是在教师指导下，由全班或小组围绕某一种中心问题通过发表各自意见和看法，共同研讨，相互启发，集思广益地进行学习的一种方法。大学生思想道德素质教育者也应借鉴讨论法“以他人为镜”的宗旨来指导和丰富自身开展活动的形式，进行相关理论和现实的热点、难点、疑点等问题的讨论活动，引导教育对象在集体教育和相互探讨的过程中，完成更有成效的自我教育。

二、对伦理学理论的借鉴

伦理学是考察社会道德现象，揭示道德的本质及其发展规律的科学。马克思主义伦理学从思想品德这一侧面揭示了培养社会主义新人的客观规律，而培养社会主义新人正是大学生道德素质教育的目的。大学生思想政治教育的重要内容之一就是道德教育，马克思主义伦理学从道德规范、道德修养和教育等方面为道德素质教育提供了理论和知识依据。

（一）对道德人成长过程论述的借鉴

著名经济学家亚当·斯密认为，作为经济人，人当然具有自私自利的一面，但这种自私自利又不是纯粹的，人还富有同情心的一面，人也是道德人。伦理学关于道德人成长过程的理论，对于大学生道德素质教育培养对象成为思想品德高尚的社会主义新人有深刻启示。

第一，关于道德人的形成。经过了很长的过程才形成了道德人。人类个体道德的萌芽是与主体自我认知水平的发育相适应的。个体对道德追求的实现需要个体内在的自觉性的启发，社会有了适宜的条件，个体的道德觉醒才会实现。个体的道德觉醒达到一定的程度，道德人就形成并丰富完善到相应的层次和水平。大学生道德素质教育在研究教育对象道德意识觉醒和达到社会所要求的道德水平方面，应遵循道德人形成的原理。

第二，关于道德的自律与他律。道德人的成长过程是持续的，持续中又有质的飞跃和突破，要经过从他律向自律的转变。自律就是道德主体用内化了的道德原则对自己的思想和行为的方向及方式进行自我约束和自我调节。自律是人真正实现道德的结果，自律的人就是道德的人，是一个有稳定和明确人格的人。道德人成长过程中自律与他律的关系，启示思想政治教育一定要重视引导教育对象自觉提高自身思想政治素质和品德水平，才能真正实现教育目的。

（二）对道德教育过程理论的借鉴

道德教育过程是指对人们进行有组织、有计划、有目的的道德教育，使人们在生活实践基础上确立某种道德认识、道德情感、道德意志、道德信念和道德习惯的复杂过程，主要有提高道德认识、陶冶道德情感、锻炼道德意志、确立道德信念和养成道德习惯五环节。使社会主义和共产主义道德原则和规范转化为个人内在品质的教育，是我国大学生道德素质教育的主要内容之一。伦理学关于道德教育过程的理论，对大学生道德素质教育过程论有直接的理论借鉴作用。

第一，提高道德认识。人是理性的社会动物，人的行为是受自己特定的道德认识指导的。要使人们有社会主义和共产主义道德的理想人格，首先就必须使人们了解和把握社会主义和共产主义道德的原则、规范和义务，然后才能有明确的道德实践方向。

第二，陶冶道德情感。要培养人的道德人格和个性，必须从培养一个人健全的道德情感开始。有了某种道德认识，并不一定会有相应的道德情感。只有在现实生活中通过长期对大量善与恶的事例对比，让受教育者亲受感染，才能形成比较稳固的道德情感。

第三，锻炼道德意志。只有具有了坚强的道德意志，才能在道德实践中克服困难，不怕牺牲，从而形成理想的道德人格和品质。

第四，确立道德信念。这一步骤是思想道德素质教育的中心环节。有了坚定的道德信念，也就是有了精神支柱，人们的道德人格才初步树立起来。

第五，养成道德习惯。道德教育的目标就是为了让人们将道德信念转化为道德行为，最终形成道德习惯。

（三）对道德教育方法论述的借鉴

道德教育的方法是以教育者为主导，受教育者参与的道德教育活动中，为使受教育者形成良好的道德品质所施加教育影响的各种方式的总和。道德教育方法是灵活多样的，但其宗旨必须符合道德本身的特点和教育对象的实际情况。下面介绍几种常用而行之有效的道德教育方法，尤其是在围绕以理服人、以情动人、以志激人、以榜样感染人等道德教育的基本手段研究方面，大学生道德素质教育可以借鉴并探讨出更多具有实效性的创新方法。

第一，道德规范的宣示。这种方法通过宣示道德规范，充分摆事实、讲道理，阐明为什么和如何达到以理服人。

第二，道德情感的陶冶。这种方法强调在道德教育中，教育者通过激发、调动人们积极的情感力量，抑制其消极情感，移情人理，以情易情，受到真情感染和打动，从而使得受教育者自觉主动、心甘情愿地服从道德要求，遵守道德原则和规范。

第三，道德意志的砥砺。进行道德教育，既要以理服人，又要以情感人，更要以志激人。道德意志在人的道德品质的形成和发展中占有极为重要的地位和作用，激发砥砺人的意志对于培养道德人格及其品质的意义重大。

三、对人才学理论的借鉴

人才学是通过研究成才主体内在素质的变化，从而揭示人才产生和发展规律的科学。人才学研究揭示出人才产生和发展的运动过程表现为育才阶段和用才阶段。人才学与大学生道德素质教育有密切关系。大学生思想政治教育非常注重“培养什么样的人和如何培养人”的问题，大学生思想政治教育的根本目的是为国家和社会培养现代化建设所需的人才。

（一）对育才理论的借鉴

第一，借鉴个体人才成长发展的过程和规律的理论。人才学研究指出，成才是人发展到一定阶段的产物。个体人才成长的过程有其运行的阶段，一般可划分为内在素质优化阶段、外在活动质变阶段和社会承认阶段。内在素质优化强调人才通过主观能动活动实现德、识、才、学、体五方面内在素质的有机统一；外在活动质变强调人才通过创造性劳动取得创造性劳动成果；社会承认是社会对成才者的素质和成果进行鉴定后予以肯定和承认的活动。成才主体的素质、成果通过社会承认，就标志着成才过程的结束，进入人才发展阶段，人才开始展示才能。经过若干次的社会承认，人才就会由初级人才上升到高级人才。人才学研究还指出，个体人才成长是有规律可循的，大致概括为以下普遍性规律，一是有效地创造实践成才规律，二是顺势成才律，三是协调成才律，四是全面发展律，五是蓄积成才律。除此以外，个体人才成长还有一些特殊规律，如纵横成才律、扬长成才律、聚焦成才律等。大学生道德素质教育可通过借鉴个体人才成长过程及规律的理论，对大学生的成长过程和规律有更加科学的认识、分析和把握，以有效实现培育全面发展的社会主义新人的目标。

第二，借鉴人才的素质与开发理论。人才素质是指人才所具有的先天素质和后天品质的综合。人才素质区别于一般人的素质的核心在于人才素质的层次要求更高、潜在能量更大、可创造的预期财富更多。人才素质是由多要素组成的结构体系，包括生理素质系统和心理素质系统，其中心理素质系统又分为智能素质和非智能素质两个子系统。智能素质系统由知识系统和能力系统等构成，非智能素质系统主要包括思想政治品德系统和心理品格系统两个子系统。人才素质的开发是在认识和掌握了人才素质的基本原理、结构与功能的基础上，进一步优化人才素质，促进人才健康成长，充分发挥人才素质功能，加强人才队伍建设的必要工作。大学生道德素质教育可有效借鉴人才素质及开发理论，全面剖析大学生的素质构成，采用行之有效的方法，激发并引导大学生的素质提高。

第三，借鉴人才成长和发展的环境理论。人才的成长和发展与环境密不可分。马克思主义环境论探讨出人与环境的密切关系，使得人才成长环境也成为人才学探讨的重要话题。人才成长的环境是指人才在时空上赖以存在和发展的一切外部因素的总和。根据不同的标准，人才成长的环境可分为物质环境和精神环境，可分为大环境、亚环境和小环境，可分为自然环境和社会环境，可分为历史环境和现实环境，可分为积极环境和消极环境，可分为国内环境和国际环境。其中，自然环境和社会环境是人才成长的两个重要环境，社会环境又分为宏观和微观环境，包括社会经济、政治、文化环境，还包括家庭、校园、单位、社区环境。人才成长的环境对人才成长有支撑、约束、塑造、激励等作用，同时人才又能够认识和改造自身成长的环境。人才成长环境理论的研究对大学生道德素质教育环境论的系统研究，具有直接的借鉴作用。

第四，借鉴人才社会承认的方式理论。人才的社会承认，就是指在人才成长与发展过程中，社会对成才者的素质和成果进行肯定和认可的活动。社会承认在人才成长过程中是一个至关重要的环节，只有获得社会承认，潜人才才能转化为显人才，低层次人才才能转化为高层次人才。否则，人才便会被忽视以至埋没，人才的价值便难以实现。人才的社会承认可以通过多种方式进行，主要的方式有传播式、认定式、颁奖式、规范性评判式和选举式承认等几种。在人才社会承认活动中，应努力认识社会承认各构成要素，推动社会承认的科学化。大学生道德素质教育在研究自身教育活动价值时，也要通过评价社会对其教育对象的素质水平的承认程度来实现，在此角度思考，人才社会承认的研究成果对大学生道德素质教育评估研究具有较大的借鉴意义。

（二）对用才理论的借鉴

第一，对人才的识别、选拔和考核理论的借鉴。正确地识别、选拔人才，并对人才进行考核，是人才管理过程中的重要环节，是科学使用人才的前提。人才识别又称人才鉴别，应坚持灵活多样、不拘一格的原则，人才识别的方法包括考试、考察、民意评选等。人才选拔是指按照一定的要求，在一定范围内，按照一定程序和方法选择优秀人才的过程。人才选拔应坚持德才兼备、实践、竞争、公开公平、灵活性原则，选拔的方式包括考任制、选任制、委任制、招聘制、荐举制等。人才考核是指通过一定的考核方法和程序，对人才在工作中的表现进行全面了解和正确评定。人才考核包括对人才的德、能、勤、绩、识各方面的客观描述和人才优缺点的评价意见两部分。

第二，对人才使用原则的借鉴。人才使用原则是在任用、配备和使用人才的过程中遵循的基本要求和准则。它主要包括宏观的党管人才原则、人才的配置使用与经济社会发展相协调的原则、人才的宏观调控与市场配置相结合的原则，也包括微观的用人单位任人唯贤、尊重信任、用养并重、扬长避短、激励、择优汰劣原则。人才学的用才理论，为大学生道德素质教育队伍建设的理论和实践，提供了丰富的知识借鉴。

四、对心理学理论的借鉴

心理学研究的对象是人的心理现象，大学生道德素质教育可以借鉴的心理学理论主要有以下方面。

（一）对个性心理形成与发展理论的借鉴

心理过程是人所共同具有的，但这些过程具体表现在各个人身上却存在差异，这些个体差异的表现称为个性心理，它是个体身上表现出的比较稳定的心理特征。“人心不同，各如其面”，充分说明了人的个性心理差异普遍存在。教育实践证明，深入研究并把握个性心理及其形成发展规律，对于实施因材施教，开发人的潜能具有重大意义。个性心理的形成和发展是多因素交互影响的结果，是在遗传素质的基础上，在一定环境和教育条件的影响下，经过个体积极主动的社会实践活动而被塑造出来的。大学生道德素质教育应充分重视心理学关于人的个性心理形成发展理论，了解影响大学生个性心理的各种因素，使得教育活动能产生较强的针对性和实效性。其中，遗传素质是个性心理形成和发展的物质基础；社会生活条件是个性心理形成和发展的决定性因素；教育在个性心理形成和发展中起主导作用；个体的社会实践活动和主观能动性，是个性心理形成和发展的内因。

（二）对心理学研究基本方法的借鉴

心理学是介于自然科学和社会科学之间的一门实证性很强的学科，除了一般自然科学共同使用的客观实验法外，还有结合人的心理特点的观察法、测验法和个案分析法等。心理学关于对人的研究方法，大学生思想政治教育都是可以采纳借鉴的，这对于发展和完善大学生道德素质教育具有重大意义。

第一，观察法。观察法是有目的、有计划地观察被试者在一定条件下的言行变化，做出详尽记录，然后进行分析处理，从而判断其心理活动的方法。此研究方法最大的优点是被试者表现自然，尤其适合对其隐秘行为进行研究。

第二，测验法。测验法是通过标准化测验来研究个体心理或行为差异的一种方法。此方法最大的优点是标准化测验编制严谨，效果可靠；量化程度高，结果处理方便；有常模可供参照；简便易行。

第三，个案分析法。个案分析法是对单个研究对象的某个方面或某些方面进行广泛深入研究的方法。此方法最大的优点是便于对对象进行全面深入的了解，而且结合其他方法，可以考察人的行为发展过程。

五、对社会学理论的借鉴

社会学是研究社会和社会问题的一门科学。社会学研究的领域很广泛，它把社会当作一个整体，研究各种社会现象之间的关系及其发展变化的规律。社会学的研究成果可以为大学生道德素质教育提供巨大的借鉴和帮助，大学生道德素质教育必须充分借鉴社会学的知识，丰富和发展自己的理论。

（一）对人的社会化理论的借鉴

社会学所研究的人的社会化问题，与大学生道德素质教育在本质上有一致性。大学生道德素质教育所要解决的主要任务就是实现大学生的思想政治和道德的社会化。大学生道德素质教育还是社会化的一个重要手段，道德素质教育帮助大学生树立远大理想和培养高尚的道德品质，明确自己的社会职责和行为规范，在此意义上说，大学生道德素质教育的过程也是大学生的社会化过程，大学生道德素质教育可以帮助大学生完成全面的社会化。

第一，有关社会化的定义和途径。社会化就是指个人从生物人发展成为社会人，不断认识社会、适应社会，从而形成、发展和完善自己人格并积极作用于社会的过程。社会化的基本途径是社会教化和个体内化。社会教化，即广义的教育，这是社会通过社会化的载体及其执行者对个体进行的社会化过程。个体内化，是指个体将社会教化的内容转化为自身的行为模式、人格特征、思维方式的过程。

第二，对社会化与个性发展理论的借鉴。所谓个性的发展就是指个人特有的生理素质、心理素质、思维方式和行为方式等的充分自由发展。马克思主义认为，个性的充分自由发展在人的全面发展中占有重要地位，人的发展在一定意义上就是“有个性的个人”的发展。在人的个性的形成过程中，生理、心理因素都以社会因素为中介发挥作用，人的个性是个人社会化的产物，是随着个人社会化的进程而逐步形成和发展的，可以通过社会化来塑造一个人的个性。社会化就是人的个性与自我形成及发展的过程。人的个性发展是通过个人与社会的相互作用而实现的，个性发展包括自我意识的发展和道德意识的发展，这都是人的社会化的重要方面。

（二）对社会问题理论的借鉴

社会问题是一种普遍存在的社会现象，是社会学研究的一个基本问题，在某种意义上，社会学就是从研究社会问题中成长、发展起来的。社会学所研究的社会文化问题、社会交往问题、青年问题、人口问题、就业问题、家庭问题等，都与大学生道德素质教育有关，很多问题甚至就是大学生思想政治教育要重点研究的课题，社会学对社会问题的研究为大学生道德素质教育活动的开展提供了直接的借鉴，也为大学生道德素质教育提供了大量理论知识和现实资料。

第一，有关社会问题的定义和根源。社会问题是指社会发展的正常秩序、社会全体成员或部分成员的正常生活发生障碍，从而引起人们的广泛关注，需要动员社会和体制的力量加以解决的社会现象。社会问题的来源是复杂的，一般来说可以从以下两个方面来认识：一方面，因自然环境变迁引起社会问题，另一方面，社会环境因素引起社会问题。

第二，当代典型社会问题。社会问题在各时代反映的内容各不相同，在当代，最突出的社会问题是：人口问题、生态环境问题、劳动就业问题、青少年犯罪问题和老龄问题。人口问题是全球性最主要的社会问题之一，是当代许多社会问题的核心。

（三）对其研究方法的借鉴

社会学的研究方法是社会学知识体系中最为重要的基础支柱之一，同时也是社会学相对于其他社会科学来说最具特色和优势的学科领域。社会学有一套比较成熟的社会调查和统计分析方法，如抽样调查法、统计推论法等，这些科学的方法对大学生道德素质教育的研究方法具有较大的借鉴作用，对于加强大学生道德素质教育的定量分析，实现定性分析与定量分析相结合，促进大学生道德素质教育科学化有着重要的意义。

第一，抽样调查法。抽样调查法是指按照科学的原理和计算从所要研究的现象全部个体单位中，按随机原则抽取部分个体单位进行调查，取得资料，并用以推算总体数量特征的一种方法。随机抽样的组织形式根据调查目的不同和调查对象的特点、数量等可分为简单随机抽样、分层抽样、系统抽样、多阶段抽样等。

第二，问卷法。问卷法是指调查者根据研究的问题和研究的方案，通过设计一套要求被调查者回答的问题表，来收集资料的方法。问卷的基本结构包括：调查问卷的题目、调查与填表说明书、问卷主题内容、实施情况记录等。问卷类型有开放式和封闭式两种。

第三，访谈法。访谈法是指调查者通过与被调查者面谈口问的形式来搜集研究资料的一种方法。访谈法的类型有：个别访谈和集体访谈、一般访谈和深度访谈、作为搜集资料主要手段和辅助手段的访谈。访谈之前必须做好充分的准备，设计调查方案，拟定调查提纲等。

第四，文献法。社会调查中的文献是指与社会调查研究对象有关的一切书面文字材料。文献法是指从搜集的资料中进行提炼、选择、提取、整理分析的过程。文献定性研究的一般步骤是文献摘录，分析文献资料与研究主题关系，说明主题。

第五，统计推论法。统计推论法就是调查者利用样本的统计值对总体与之对应的各种参数值进行估计，从而获得分析数据和资料的方法。大学生道德素质教育除了借鉴以上学科理论外，也借鉴了政治学、法学、管理学、系统工程理论等学科的知识和方法，这些学科理论对大学生思想政治教育的发展也起着重要的作用。

第六节　西方国家道德素质教育分析

道德素质教育是人类社会中普遍存在的历史现象，尽管西方国家和我国古代一样，在名义上并无道德素质教育一说，但道德素质教育作为有效的思想统治手段，在西方国家也是同样存在的，只是其方式和手段更加隐蔽而已。西方国家道德素质教育方法经历了长时期的发展，具有西方文化的传统和特点。研究西方国家高校道德素质教育方法，对于我们提高大学生思想政治教育实效性具有重要的意义。

一、国外大学生道德素质教育的途径

国外高校道德素质教育的内容涉及范围十分广泛，其多元价值观念的灌输是通过政府、学校、家庭、宗教等多种途径进行的，从而体现出其教育途径的体系化。主要表现在以下几个方面。

（一）以政府政策做主导

政府政策同样也是国外高校道德素质教育的指挥棒，在教育活动中起主导性作用。作为主导途径，政府政策主要体现在以下方面。

第一，国家领袖高度重视大学生道德素质教育，政府直接参与引导大学生道德素质教育的发展。比如美国在 1960 年到 1980 年间对教育的投资增加了 60%，但教育的水平却下降了，里根总统对此在国情咨文中说，我们之所以存在教育问题，并不是因为我们花的钱不够多，而是因为没有把足够的人力、物力、财力花在道德教育上。20 世纪 80 年代末到 90 年代初，乔治·布什在《重视德育教育》中指出，学校不能仅仅发展学生的智力，智力加品德才是教育的目的。“9·11”事件的爆发，使美国政府更加意识到思想政治教育的重要性，联邦政府紧急拨款 400 万美元给纽约市教育局，专用于学生的心理辅导和道德素质教育。

第二，政府全面支持大学生道德素质教育。大多数国家都通过直接立法为道德素质教育提供了法律保障。如早在 1977 年，法国教育部在《法国教育体制改革》中指出，教育的最终目的在于培养自由社会的公民，公民的思想品德教育是学校主要的责任。美国在 1990 年 2 月通过乔治·布什总统签署的《关于全美教育目标的报告》，明确要求全美“所有学生都要参与提高和显示良好公民意识、社区服务和责任心的活动”“美国的每所学校都要实现无毒品、无暴力，并提供有利于学生学习的有纪律的井然环境”。

（二）以学校教育为中心

国外在开展高校道德素质教育的时候是以学校为中心的，学校扮演着极其重要的角色。国外高校的道德素质教育并非单一说教式地对学生进行灌输教育，而普遍采用多元化、多方位、多层次的教育方式。主要有以下方面：

第一，大力开展课堂教学，培育学生良好道德认知。首先，各个国家都开设了道德素质教育的相关课程，并要求高校学生以获取学分的方式进行必修。比如美国高校的道德素质教育课程即通识教育。通识教育既注重培养学生的美国政治观、价值观和文化观，而且注重以人类历史上尤其是西方文明史的优秀人文传统教育学生，“其实质是帮助学生超越个人利益的狭隘眼界，承担社会责任，保存和扩大美国社会所必需的伦理和社会价值”。其次，将道德素质教育渗透在各个课程中，充分发挥各科教学活动的渗透作用。例如，法国学校的生物课则结合知识的传授，强调尊重生命、帮助弱者、关心他人、为社会尽责。运用这样的教学方式，学生能够在生动活泼的氛围中接受相关的道德价值观念，形成正确的道德意识。再次，通过心理咨询中心培养学生的健全人格。在培养健全的人格和良好的心理素质、帮助学生健康成长、排除心理障碍方面，学校的心理咨询中心发挥着举足轻重的作用。西方国家的心理咨询中心遍及各学校，心理咨询中心经常对学生进行心理教育及团体心理训练活动，如交友小组、敏感训练小组、心理剧疗法等，对学生进行潜移默化的指导和教育。

第二，大力开展实践教学，践行学生良好道德行为。比如美国高校经常鼓励学生参与社区服务和志愿服务的活动，比如募集资金、竞选宣传、环境治理、社会慈善、反战游行、维护和平、环境保护等，因此，美国高校大约有一半的学生实际参与了各种各样帮助他人的社会服务活动。在新加坡，高校还专门设立了专职课外活动的主任，负责课外活动的组织和管理，教育部还制定了社区服务的纲领，明确规定学生应当承担的社会责任。

（三）以社会教育为辅导

20世纪初，美国著名哲学家、教育家杜威的“教育即生活”和“学校即社会”理论，被众多学者视为国外在学校生活中融入道德教育，将道德教育回归生活世界的开始。因此，使学校德育重点与学生、学校、地区的情况联系起来，是当前西方高校道德素质教育主要模式。社会教育主要体现在以下几个方面：

第一，强调道德素质教育的生活化。国外的道德素质教育管理向着综合化、网络化方向发展，逐步体现出生活化。如德国的道德教育生活化主要体现在“政治养成”教育，高校注重通过政治养成教育培养学生在政治上了解情况的意识和做出政治判断的能力，引导青年学生认定自由民主制度的价值。可以说，德国的政治养成教育是颇受重视的，不仅得到社会的大力支持，设立了大量从事政治养成教育工作的社会团体和公共机构，而且联邦政府和各州政府都普遍设有政治养成教育中心，学校的政治养成教育工作则主要通过“政治教育”课来进行。在教学方法上，学校的课堂教学与实际生活联系相当紧密，具有生活气息，提高了道德素质教育的渗透力。

第二，强调社会环境对道德素质教育环境的营造。西方国家十分重视发挥社会在道德素质教育中的作用，为道德素质教育的顺利开展创造一个有利的社会环境，提供各种有用的社会资源。如政府投入大量资金在校外普遍设立纪念馆、博物馆、弘扬民族精神风貌和宣传道德理念的标志物，许多学生在自然生活中接受了无形的教育。

第三，强调大众传媒对学生思想意识的引导作用。英国前首相撒切尔夫人曾公开要求大众传播媒体加强对公民的道德素质教育，她说："新闻机构成员要把占统治地位的意识形态需求放在优先考虑的地位，而不是把职业的需求放在首位；广播电台和电视台的记者进行工作，就是直接参与国家的政治活动和意识形态活动。"

（四）以宗教为引导

西方信教的人数比较多，教会日益成为道德素质教育的重要机构。各国都积极通过遍布全国的宗教团体和教会活动，把民众的宗教信仰无声无息地转化为对政府的支持。宗教活动在帮助学生解决日常思想问题和精神困惑的同时，对学生进行道德熏陶和政治控制。

在德国，宗教甚至被视为道德的根本，宗教教育几乎成了道德教育的代名词，宗教教育是学校道德教育的核心内容，每个高校都设有宗教课，而且还规定了必修课时。在西方各主要发达国家，历来重视所谓以拯救灵魂和培养良好行为为目的的宗教教育，并把它视为国家道德教育、伦理原则和价值取向的基础。

在美国，宗教教育作为受宪法保障的一种教育形式，在私立大学中仍占主导地位，公立大学也处处为校外宗教提供条件，允许学生在特定时间到教堂接受宗教教育。在美国公立高校的校园里，随处可见不同宗教派别的教堂，宗教组织非常活跃，活动连续不断，活动方式多种多样。

二、国外高校道德素质教育的特点

国外高校道德素质教育作为各国高等教育的重要组成部分，较好实现了对青年学生思想认识的培养，其内容与我国的道德素质教育具有一致性，都是影响青少年意识形态的重要工具。虽然国外高校道德素质教育缺乏一定的系统性，但还是体现了突出的特点。

（一）教育方式具有隐蔽性

国外高校道德素质教育首先体现了其教育方式的隐蔽性：

第一，政治教育化身知识教育。各国对道德素质教育课程的称谓不一，美国、法国称之为"公民教育"，英国、加拿大称之为"政治教育"，西班牙称之为"共处之道教育"，日本称之为"社会科"和"道德时间"等。通过这些"公民教育""人格教育”“价值观教育”等无时无刻不在对学生进行着资产阶级的政治观、价值观、道德观的教育，为维护和巩固资本主义制度服务。

第二，道德教育渗透在学科教育中。西方高校认为自然科学、技术科学、人文社会科学都蕴藏着广泛的道德素质教育内容。自然科学给人以宽广的心胸，历史使人认识世界与民族关系，地理可以养成人对环境的正确态度，体育可以增强人的竞争、合作意识。国外高校道德素质教育都注重通过各学科内容和道德素质教育的融通与对接，使其在道德素质教育的内容上显得更加生动和贴切。

第三，思想教育化解在环境诱导中西方国家高校在道德素质教育过程中，非常注重为学生创造多种受教育的情境和场所。同时注重加强物质环境和精神环境的建设。美国大多数高校不仅拥有较大的运动场，还有多功能运动馆或报告厅。教室空间大，光线明亮，气氛轻松活泼，教室现代化水平高。在精神环境建设上，力图做到与优越的物质环境相适应，将道德教育蕴藏在怡人的校园环境中。

（二）道德素质教育与本国社会发展相适应

国外高校尤其西方国家的高校道德素质教育非常重视其与社会发展的适应性，主要表现在以下方面：

第一，服务于本国经济建设。20世纪60年代后期，美国经济迅速发展的同时，道德堕落现象却日益严重。高校一旦难以培养道德素质合格的人才，就难以支持和维系本国经济的高速发展。在这种背景下，美国公众和政府开始重新认识道德素质教育的重要性。经济后起之秀韩国吸取了美国教育的教训，一直高度重视学生思想教育工作，政府提出了“改造国民性以适应经济增长和国家现代化”的“第二经济理论”。

第二，服务于本国政治建设。各国高校的道德素质教育都促进学生对本国政治体制、价值观念的认同，力图确保其国家政治和社会上的稳定。

第三，服务于本国文化建设。除了价值观教育外，国外的高校还依据学生的实际情况讲授某种特定文化价值。国外高校道德素质教育都注重以人类历史上的优秀人文传统教育学生，开阔学生的眼界，并且国外高校的思想政治教育也重视对社会文化建设资源的利用。

（三）教育资源具有广泛性

美国著名教育家杜威曾明确指出，道德的目的应当普遍存在于一切教学当中，并且在一切教学中处于主导地位——不论是什么问题的教学，如果不能做到这一点，一切教育的最终目的在于形成品德这句尽人皆知的话就成了伪善的托词。在西方国家，学校道德素质教育具有广泛的参与性。如在美国的一个著名的蜡像馆里，陈列着700多位曾为美国的繁荣发展做出过贡献的杰出人物。青少年通过对以上各种场馆的参观，不仅可以了解美国的历史，还可以进一步了解国家科技发展对推动经济发展、增强国力的重大作用，从而在潜移默化中提升爱国、爱人民、重视科技和经济发展的深厚感情并形成进行创作型工作的强烈愿望。新加坡每年举行的各种全国性的功德教育宣传活动多达20多个，其中经常性的运动有讲礼貌运动、讲华语运动、植树运动、生产力运动等，而且每个月都有主题周、睦邻周、国民意识周等。

三、国外经验对我国大学生道德素质教育的启发

西方国家高校道德素质教育虽然在规模上与我国还有一定的差距，但仍然值得我国高校道德素质教育工作者研究。

（一）教育内容——突出道德认知能力的培养

20世纪初，法国社会学家涂尔干、美国教育理论家杜威，60年代以后出现的美国道德心理学家柯尔伯格、“认知道德教育”的倡导者迈克尔·斯克里文、英国教育哲学家威尔逊，以及加拿大教育典型的认知道德教育理论、澄清理论，英国的“体谅理论”，虽然更重视情感因素的作用，但也无不把学生道德推理能力、道德选择能力的培养作为重要的教育任务。强调认知的道德发展意义、重视道德认知能力的培养已经成为当代西方道德教育理论和实践的一种普遍倾向。因此，西方高校道德素质教育非常重视道德能力的培养。

当前，我国正处于社会全方位转型阶段，全球化浪潮日益高涨，这使价值多元化背景下的大学生道德素质教育面临更为严峻的挑战，青年学生的道德生活更是面对世界范围各种思想文化的相互激荡。不少学者指出，全球化时代，多元的文化生活给青年学生创造了空前宽松的道德生活空间，提供了更多可供选择的价值观念和行为方式，同时也给了选择的自由。对于涉世未深、缺乏足够道德能力的大学生来说，时代给予的这种多元价值观和选择的自由，无疑是一种困惑。

多变的道德生活环境，现实的道德危机，信息的多元化，对大学生思想政治教育提出了培养大学生学会自己选择道德价值取向的要求，把培养大学生的道德能力作为重要任务，使大学生能以自己的道德认识、道德判断、道德创造去应对不断发展变化的社会道德生活。

（二）教育方法——突出思想上的疏通引导

西方发达国家高校注重通过自由教育、博雅教育和普通课程中内涵的理性道德因素，对学生的思想道德发展施加影响。通过各学科内容和思想政治教育的融通与对接，使其在道德素质教育的内容上显得更加生动和贴切，强调思想教育上的引导性。我国大学生道德素质教育要进一步突出思想教育上的疏通引导，主要

表现在以下方面：

第一，思想引导的生活化。国外尤其是西方国家都提倡大学生道德素质教育要融入学生生活、回归日常生活，从关心学生和帮助学生的实际生活入手，从而拉近学生与思想政治教育的距离，切实提高道德素质教育的效果。

在东西方各种价值观念和多元文化相互交融和渗透的今天，光靠教师简单的灌输和学生被动地接受是远远不够的，应逐渐向启发、疏导式教育过渡。过去，道德教育往往是高高在上，侧重于远大理想和共产主义道德，对面向现实生活、面向学生成长的课题关注不够；侧重于规范学生遵从某种固定的外在准则，对引导学生应对现实生活的道德挑战关注不够。

长期以来，我们往往把道德素质教育看成是以满足国家和社会发展需求为目的的政治宣传手段，认为它的职能是调动人们的积极性以更好地服务于大局的需要。只要大局发展了，每个人就会自然而然地得到发展，而对人的个体需求和心理感受未能给予足够的关注。所以一旦个体与整体在价值取向上出现矛盾，就简单地提倡以牺牲个体价值为代价去迎合整体需要。这种缺乏人情味与亲和力的教育宣传方式，影响了教育宣传的效果，使思想政治教育的强大精神动力和人文关怀作用难以发挥。接受教育的大学生并不是被动地接受，而是在个人主体意识觉醒的条件下，从个人需要的角度来理解、选择道德素质教育。因此，当前大学生思想政治教育要注重学生个体的需要，要从生活的角度引导学生的思想意识形态。

第二，思想引导的主体化。大学生在接受道德素质教育过程中，并非被动地接受教育，而是以自己原有的思想认识基础对教师的教育要求进行评价与选择，通过主体思想内部的矛盾运动，吸纳教育内容，调整认知结构和将新知识转化为新质行为。因此，当前的大学生道德素质教育要在提高学生道德能力的基础上，使学生深切地体会到道德素质教育是出于自身的需要，使他们在实践中通过自我的体验、感受、选择，把外在的思想政治观点内化为自我的约束，进而形成正确的价值观和人生观。

注意调动受教育者的积极性和主动性，将提高思想道德水平与受教育者的实际利益、成长需要有机地结合起来，通过教育挖掘人的潜力，启发和引导人的自觉性、能动性。要尊重学生的基本权利，把学生当作有自由思想、有独立人格、有价值追求、有生命尊严的现实的人，要善于将社会要求转变为学生的自我要求和自觉行动。因此，当前高校道德素质教育要不断增强教育的民主性、平等性，克服教育者与受教育者存在的不平等现象，挖掘思想教育的主体化，建立教育者与受教育者之间平等的、双向的教育。

第三，思想导向要注重国际化。在全球化背景下，各国道德素质教育都侧重培养学生的国际化合作精神。对于正处于和平崛起的中国，道德素质教育要顺应全球化的要求，在培养学生“四有”之外，还要培养学生的全球意识和国际竞争力。

道德素质教育面向国际发展，首先，要打破不同性质道德素质教育不能接触、交流的思想障碍，扩大同资本主义国家特别是发达资本主义国家的思想政治教育的交流，增强相互了解，进行比较、鉴别，吸纳别人有益的东西发展自我。其次，要正确认识和处理意识形态问题上的为我性与排他性，敢于同资本主义国家的道德素质教育进行比较，在比较中推进发展。再次，要培养学生面对来自国际范围的各种文化、学派思潮、理论进行分析辨别的思维能力、选择吸收的能力和批判抵制能力。

（三）教育模式——突出社会实践综合性

许多美国学者都认为，道德伦理规范的灌输对学生道德水平的提高成效有限，真正的教育途径就是实践，让学生在实践中增强道德认识，提高道德责任感，培养道德情感。

当前学校道德素质教育效果不佳的原因主要是，一方面道德素质教育的效果评估具有模糊性，在学生的成长和就业过程中体现出滞后性和不确定性，因此，在高速发展的市场经济时代，容易滋生学生对思想政治理论的轻视。另一方面，作为主渠道的思想政治理论课长期采取的是理论灌输形式。高校道德素质教育在于培养学生的思想道德素质，而思想政治素质本身来自社会生活规范，学生要学习和掌握社会生活规范，就必须参与社会生活，参与人际关系。只有在生活中才能学会生活，只有真正反映生活、触摸生活，才能真正认识生活。因此，道德素质教育在模式上要逐步突出社会实践的综合性。可从以下两个方面入手：

第一，引导学生参与社会实践。国外道德素质教育非常重视社会实践的综合性，密切关注学生是生活在现实之中的，无时无刻不受周围环境的影响。教育的本质在于教育人如何在社会中生活、热爱生活并从事工作的基本职责。学生不参与社会实践，就没有心灵体验，就难以具备进入国际社会的能力。大学生的思想政治教育要贴近生活，就必须引导学生投入到社会大环境中去“阅读生活”，体验社会的激烈竞争、积极合作以及人与人之间的诸多关系和各种复杂关系。

第二，注重教育资源的综合化。现代西方国家都非常重视进行社会化的道德素质教育，即在政府的管理、引导和支持下，政府、学校、家庭、社会相互作用、相互协调形成一个全民的教育网络。无论是宗教还是家庭，无论是家长还是教师，整个教育网络内的所有人员、所有场所甚至所有时机都自觉地形成传播资本主义生产、生活方式和价值观的整体合力。

多数西方国家在道德素质教育过程中，更多关注对学生进行信仰的塑造和日常行为养成，而不是道德课程的考核成绩，很多学校有严格的学生行为守则却没有严格的道德课程。英国高校的道德素质教育以“德行、智慧、礼仪和学问”为出发点，培养学生的社会意识、公民意识和奉献精神以及勇敢、诚实、无私的优良品质，树立与社会价值取向一致的价值观、人生态度和信念。国外尤其是西方资本主义国家高校道德素质教育的成功经验和做法无疑为我国高校道德素质教育提供了深刻的借鉴。但是剥削阶级的思想政治教育与我国高校的道德素质教育有着本质的区别，我们不能对剥削阶级的道德素质教育进行简单的、生搬硬套的移植，而需要在社会主义建设的实践中根据具体情况来确定与之相适应的内容、方式、方法等。

总之，在全球化的发展态势下，当前和今后的高校道德素质教育必将面对全方位的国际竞争、对抗、交流与渗透，从而做出与时俱进的发展和创新，只有这样，才能不断提高高校德育工作的针对性、实效性和主动性，以积极的姿态接受全球化的挑战，使高校培养出具有全球眼光和战略思维的社会主义事业的建设者和接班人。

第二章　大学生道德素质教育的原则、价值及创新路径

教育为谁服务，培养什么样的人，是教育中带有全局性和根本性的重大问题。青少年学生的素质特别是道德素质如何，直接关系到他们能否健康成长，直接关系到国家和民族的未来，直接关系到21世纪中国特色社会主义事业的前途和命运。因此，为了全面贯彻党的教育方针，坚持教育发展的正确方向，全面推进素质教育，教育工作者必须在抓紧科学文化素质教育的同时，更加重视大学生道德素质教育。在人与人的普遍交往时代，大学生道德素质教育一定要坚持正确、合理的原则，巩固马克思主义在意识形态领域的指导地位，做到古为今用、洋为中用，去粗取精、去伪存真，对传统文化和西方文化经过科学的扬弃后，使之为大学生道德素质教育所用，提现价值；同时通过路径创新，推动大学生道德素质教育实践不断发展。

第一节　大学生道德素质教育的指导思想

一、承扬中华优秀传统文化

无论人具有什么样的主观意愿，自古以来，对任何一个国家、任何一个民族来说，其社会历史发展过程中产生的一切创造性活动及其成果，都是以已有的历史成果作为前提基础不断衍化推展开来的。当代中国先进文化的建设，同样是基于中华民族数千年来积淀下来的悠久的文化历史传统的继承与创造。因此，厘清中华传统文化思想，剔除其时代的局限性，延承其内在的合理性因素，是当代中国大学生道德素质教育的必要过程。

（一）道德素质教育不能割断传统文化历史

中华文化素以“亲睦九族、平章百姓、协和万邦”为理想，中国人民遵循“和而不同”的哲学理念，创建多党合作政治协商制度，构建和谐社会，源自中国传统政治文化中的和合文化、协商文化。“人本精神、民本思想”是中华文化的主流。西周政治家周公提出的“敬德保民”的思想开启了中国民本思想的先河，《六韬》中提出了“天下非一人之天下，乃天下之天下也”的命题，孟子提出了“民

贵君轻”“得民心者得天下”的思想，董仲舒提出了“天之生民非为王也，而天立王以为民也”的思想。今天我们提出“以人为本”的思想，同样是有着深厚的传统文化根源的。“大一统”思想是儒家倡导的、根植于中华民族心灵深处的重要思想观念，已成为世代维护民族生存发展、抵制民族分裂、促进民族繁荣的精神动力。以“八荣八耻”为主要内容的社会主义荣辱观，正是对儒家“仁义礼智信”的传承与创新。其“服务人民”者，仁也；“崇尚科学”者，智也；“热爱祖国、团结互助”者，义也；“诚实守信”者，信也；“遵纪守法”者，礼也。其“辛勤劳动、艰苦奋斗”者，则是对中华传统美德之“君子自强不息”的传承和发扬。这些理念正是中华传统文化具有不朽价值和时代意义的生动证明。

但是，我们不能忽视，从20世纪“五四”运动及新文化运动到“文化大革命”时期的全民破“四旧”、大革“文化命”，再到“批林批孔”中对孔孟儒学传统文化的全面否定，我们面临下一代文化断层、文化遗产消失的状况。从我们的学校教育来看，在追求现代科学技术知识传授的同时，博大精深的中国传统文化对人们的影响日渐式微。《诗经》《大学》《论语》等曾在中国盛行两千多年的经典名篇淡出了各类课堂，《千字文》《三字经》《弟子规》等儿童启蒙教材逐渐消失。从幼儿园开始，家长就让孩子苦学外语而丢弃国学经典，许多中学生能熟练地阅读英文书籍却看不懂文言文章；很多学生满口的西方格言警句，而对东方的古老智慧却知之甚少；校园中近半数人追崇影星歌星、大款大腕，却少有人知道先贤名人、科技英才；一些本科生、硕士生、博士生的汉字写得“惨不忍睹”，母语讲不利索；致力于国学研究的大师更是后继乏人。这一系列现象与中国这个文明古国、文化大国的地位极不相称。语言文化是民族的命脉，国家亡了可以复国，但一旦文化灭亡，这个民族就永远不会在世界上有立足之地。近年来，党中央、国务院多次颁发文件，教育部将传统文化经典教育纳入规划课题并修改教材，北京大学、清华大学等重点高校开办了国学院。中央党校为党政干部开设了传统文化专题讲座，这反映了党的最高学府开始重视在马克思主义指导下将传统文化与时代精神相结合。自2008年开始，我国调整后的法定节假日中清明、端午、中秋节成为弘扬传统文化的又一重要载体，也是从当年开始，将每年6月14日定为我国“文化遗产日”。中央电视台举办的全国儿童歌曲大奖赛中有不少唐诗宋词和典故谱成的歌曲获了奖。这些都对深化传统文化教育、提升民族素质起了重要的作用。目前我国已有不少省市的中小学、幼儿园重视传统文化教育。南昌市西湖区珠市小学、南昌大学附属小学等学校近年来在深入推进课程改革的同时，提出了“弘扬民族传统文化，陶冶学生道德情操”的办学思路，开展了“博文国学”“读千古美文，做少年君子”的学习实践活动，这些活动已取得明显成效。

现实的中国是对历史的中国的继承和发展，数千年来中华民族的文化积淀是当代中国大学生道德素质教育无法绕行的智慧洪流。正如马克思、恩格斯指出的那样："历史不是作为'产生于精神的精神'消融在'自我意识'中而告终的，而是历史的每一阶段都遇到一定的物质结果、一定的生产力总和，人对自然以及个人之间历史地形成的关系，都遇到前一代传给后一代的大量生产力、资金和环境，尽管一方面这些生产力、资金和环境为新的一代所改变，但另一方面，它们也预先规定新的一代本身的生活条件，使它得到一定的发展和具有特殊的性质。由此可见，这种观点表明，人创造环境，同样，环境也创造人。每个个人和每一代所遇到的现成的东西——生产力、资金和社会交往形式的总和，是哲学家们想象为'实体'和'人的本质'的东西的现实基础，是他们神化了的并与之斗争的东西的现实基础，这种基础尽管遭到以'自我意识'和'唯一者'的身份出现的哲学家们的反抗，但它对人们的发展所起的作用和影响却丝毫也不因此而受到干扰。"我们不应废弃我国传统优秀的文化思想，而是应该让它们以现代的形式出现，使它们以现代社会所需要的价值和形式继续传承发扬下去。

（二）道德素质教育要以儒家优秀文化为基础

中华文化经过了五千年的积淀，不断凝结、升华而形成了伟大的民族精神，形成了强大的民族凝聚力和创新力。其中，儒家是中国文化最重要的代表者，儒家的道德伦理精神充分体现了中国血缘文化、情理文化、人世文化的文化特质与文化方向，在历史的发展过程中，儒家文化逐渐成为中华民族精神的灵魂与主脉。

儒家文化博大精深，源远流长，以孔子为代表的儒学大师们更是中国道德素质教育的先驱，他们有关道德素质教育的思想理论和具体实践是我国道德素质教育历史中的宝贵财富。如果说儒家德育思想是中国流芳千古的传统文化中的一朵奇葩，那么儒家自我道德修养思想就是儒家思想宝库中的一块瑰宝，历经中华民族几千年"衰而复兴，蹶而复振"的坎坷风雨，显示了强大的民族"聚合力"，被西方人推崇为"道德发源地"和"黄金原则"从而被全世界所敬仰。当代中国的道德素质教育，在其教育理念、教育模式和教育方法等方面，都曾深受外国特别是苏联教育思想的影响，而与中国自己的道德文化传统却存在较大程度的脱节，这是导致当代中国道德素质教育的实效性不尽如人意的根源之一。为了改变这种局面，提高我国道德素质教育的实效性，路径之一就是要采取有效的德育方法，将当代中国的德育与中国自己的道德素质教育传统对接起来，从儒家思想中汲取合理的成分，并结合现实情况充分利用儒家思想的价值。

《礼记·大学》中提出，"德者，本也"，强调修身养德是我国传统道德素质教育的基石。以儒家为代表的思想家提出"格物、致知、诚意、正心、修身、齐家、治国、平天下"的思想。儒家道德思想中把"五常"即"仁、义、礼、智、信"

这五种道德理念作为“治天下”的策略和为人的准则，把“孝、悌、忠、信、礼、义、廉、耻”作为调节人伦关系的基本规范，尊祖宗、重人伦、崇道德、尚礼仪是中华民族的核心价值系统。孔子是最早提出修养思想的人，他认为每个人都有行使道德的主观能力。《论语》中提出了“仁远乎哉？我欲仁，斯仁至矣”“为仁由己，而由人乎哉”“欲仁得仁”等思想。在孔子的思想理念中，“仁”是总括道德的一个概念，而且几乎是作为道德的同义语使用。孔子明确肯定了道德主体的“我”“己”是具有践履道德的能力。孔子对人具有道德能力的肯定，为个体人道德素质的形成提供了理论可能性。既然人具有道德能力，孔子进而认为人的道德修养应该注重自身修养，并且认为，是否能“修己”以及人，以及人的多少远近，成为君子的三种境界。所以，孔子在答子路之问时，以为“修己以敬”只是对君子的起码要求；“修己以安人”，惠及自己周围的人，才是较高的境界；“修己以安百姓”，造福天下的人民，才是最高的境界。而在这三种境界中，孔子所追求的是最高境界，因此孔子在人与人之间的关系上，充满了以自身道德素质完善而福泽天下的伟大抱负和理想。孔子所讲的“德之不修，学之不讲，闻义不能徙，不善不能改，是吾忧也”“不学礼，无以立”“己欲立而立人，己欲达而达人”等话语，都可以证明这一点：人的道德的修养要从自身做起。随后，孔子进一步指出“见贤思齐焉，见不贤而内省也”，明确提出要内省，关注自觉的精神，他认为道德精神不仅是对道德的理性认知，而且是一种发自内心的自觉行动。因其是发自内心的自觉活动，所以它时时处处体现在人的行为中。孔子认为即使在极其丰厚的物欲与有生命危险的两种极端情形，有着道德自觉精神的人，也能坚守自己的道德操守。于曰：“一箪食，一瓢饮，在陋巷，人不堪其忧，回也不改其乐。”孔子认为自觉躬行道德就是人生的最大快乐。由自觉躬行道德而带来的人生快乐与勇敢精神，又反过来加强了人的道德自觉力量，从而使人时时处处自觉恪守道德，道德成为一种不为任何威胁、利诱所动摇的巨大精神力量。在肯定人具有道德能力的基础上，孟子将孔子的“修己”说明确发展为“修身”说，并提出了“身为本”的论点：“天下之本在国，国之本在家，家之本在身。君子之守，修其身而天下平。”这不仅进一步论证了孔子的思想，而且直接开启了《大学》“修身为本”的观念。同时，孟子还以人与人的交往、人与己是一种对应关系来分析。他说：“爱人者，人常爱之；敬人者，人常敬之。”所以，孟子认为人与人之间要以“修身”为本，根据就在于此。孔孟的自我道德素质修养观为当代大学生高尚道德素质的形成奠定了坚实的理论基础。

为促进道德主体素质修养的完善，儒家修身观特别强调“慎独”思想。《礼记·中庸》中曾写道：“道也者，不可须臾离也；可离，非道也。是故君子戒慎乎其所不睹，恐惧乎其所不闻。莫见乎隐，莫显乎微，故君子慎其独也。”这就是说，在个人独处的情况下，要谨慎小心，自觉遵守道德规范，不要因为别人不在场或者不注意而干坏事。这是儒家倡导的一种道德修养方法，同时又是和诚实、不自欺欺人相联系的一种道德境界，表明主体对道德素养的高度自觉，时时处处按道德准则办事。同时，儒家主张“君子有九思。视思明，听思聪，色思温，貌思恭，言思忠，事思敬，疑思问，忿思难，见得思义”。君子九思，时时检讨自己的言行，三省其身，见贤思齐，择善而从，见不贤内省，择不善而自改之，向内用功，使个体需要服从社会和整体的需要，消除人格上的疑惑，达到道德自觉，从他律到自律践履，强调身体力行，躬行践履，通过实践在严酷的环境中锻炼成长，去完善自己的道德人格素质。到了宋代，理学的集大成者之一程颐把孟子的“修身”和“养性”思想融汇一体，明确提出了“修养”的概念及两种基本的修养方法，即“敬义夹持”和“格物致知”，并使这一概念延续下来。综上所述，儒家的人性论和道德为本的学说是大学生道德素质教育的传统理论基础。

（三）道德素质教育要与时俱进，扩大传统文化传播

春秋战国的诸子哲学、老庄孔孟的道德、韩柳欧苏的文章、左班司马的史学和程朱陆王的义理、姹紫嫣红的唐诗宋词、绮丽清新的元曲小令、气象万千的明清小说，包括近现代的文史哲经典著作，都能使我们在潜移默化中净化心灵，提升精神境界，这些传统文化瑰宝不仅使我们感悟人生哲理，懂得为人处事的准则，还可以使我们增加才气灵气，增长聪明智慧，增添骨气人格。当下的中国文化具有传统文化与现代文化、东方文化与西方文化、精英文化与大众文化、主流文化与非主流文化交织并存的时代特色。在历史上，没有哪一个国家是完全离开自己的传统而迈向现代社会的，也没有哪一个国家成功的现代化是完全从外部输入的。今天，我们要建构当代中国的现代性，就必须重视并弘扬我们的文化传统和民族精神。只有这样，才能使现代性有其坚实的文化根基。中国台湾著名学者南怀瑾的《论语别裁》，对《论语》“揭仁义而治平”的精义做了深刻解析。他指出，《论语》虽然深奥难懂，但“后起之秀”只要“笃行之，慎思之，明辨之，融会有得而见之于行事之间，必可得到自证”，就会领悟到其精辟而深刻的不朽价值。

弘扬民族文化传统，要求我们按古为今用的原则，取其精华，弃其糟粕，推陈出新，要像韩愈所说的那样“沉浸醲郁，含英咀华”。后人对价值已经衰减的思想不断加以新的解释，注入新义，孕育出更适合人类发展的新文明，使它们重新焕发活力，这就是文化的增益现象。只有实现传统文化与现代文化的合理融合，使传统文化切实与当代社会相适应，与现代文明相协调，才能走进中国老百姓的精神家园，使之成为一种精神支柱、价值内核、理想信念、科学方法。

全球化为不同文明和不同文化之间的交流与对话提供了条件，我们在引进世界文明成果的同时，更要站在历史与现实、东西方文化的交会点上，使不同

文化之间相互交往、吸收、融合，只有建设具有中国风格、中国特色的社会主义文化，才能在全球多元文化的激荡和竞争中生存与发展。近年来，我国国家领导人出访世界各地时都要推广儒家文化和中国的古代文明，他们亲自参加传统文化经典教育，参加传统文化国际论坛。我国已在全球建立了 500 多所孔子学院，联合国从 2006 年开始颁发孔子教育奖，举办国际祭孔大典。2010 年 9 月，中国政府在巴黎联合国教科文组织大厅内举行了大型文化活动“孔子文化周”开幕式，孔子思想已跨越了时空，穿越了国界。法国、俄罗斯创办了中国文化年，朝鲜创编并演出了民族歌剧《红楼梦》。“土节”和“洋节”并存，也已成为大多数人的共识。西方的情人节、圣诞节、愚人节、父亲节、母亲节、感恩节等节日文化，麦当劳、肯德基等饮食文化越来越受到国内青少年的青睐。同样，我国的春节也已成为世界性的节日。朝鲜、韩国、蒙古、越南、不丹及华人较多的新加坡、印尼、老挝、马来西亚、文莱等亚洲国家都把中国农历的正月初一定为夏历（阴阳历）新年，美国纽约州也把夏历新年定为法定假日，全世界约有 18 亿人欢度夏历新年。

文化产品的传播不是单一的信息传播和商品流动，而是价值观的传播、思想的传播。近年来，一些先进文化题材的书籍、影视作品、动漫作品风靡全国。如影视作品《唐山大地震》《建国大业》《建党伟业》《亮剑》《江姐》等就是艺术性、思想性和商业性结合的成功范例；江西电视台连续 5 届举办的大型年度活动“中国红歌会”，已成为弘扬民族精神和时代精神的知名文化品牌；“感动中国”“百家讲坛”“今日说法”等优秀电视栏目为广大的文艺工作者抵制“三俗”风、弘扬主旋律、激励精气神带来了有益的启示；由文化部主办的国家艺术院团和民营艺术院团优秀剧目展演，以及中央电视台举办的全国儿童歌曲大奖赛都起了导向性、示范性的作用；各地推进文化体制机制改革，加强公益性文化事业建设，用图书车、文艺大篷车、文化船等流动文化设施，使高雅文化与乡情民俗交融，将先进文化的普及传播融入百姓生活中。

高质量的精神文化产品为人们对各种文化思潮和文化的追求起到了精神引领作用，满足了人们健康的娱乐和审美的需要，让中国文化产业看到了文化前进的方向和巨大的市场潜力，为当代中国大学生道德素质教育实践提供了有力的思想保证和精神支撑，为提升大学生道德素质教育实效走出了一条创新之路。

二、坚持以马克思主义为指导

（一）坚持以马克思主义指导思想的原因

马克思主义指导思想之所以能成为立党立国的根本指导思想，主要是由于以下两方面的原因：

一是从历史角度出发。历史证明，不论哪一个国家、哪一个历史时期，主流意识与非主流意识都并存于社会意识形态领域之中，思想意识形态也呈现如生物多样性般的多元化、多样性。社会主义思想史也不例外，曾经出现过民主社会主义的价值体系、生态社会主义的价值体系、后工业社会主义的价值体系等多种社会主义价值体系的流派。

马克思、恩格斯认为，任何社会都有占统治地位的思想，而且占统治地位的思想不过是占统治地位的物质关系在观念上的表现，不过是以思想的形式表现出来的占统治地位的物质关系。因此，这种思想就是那些使某一个阶级成为统治阶级的关系在观念上的表现，也就是这个阶级的统治思想。在唯物史观和剩余价值论基础上，马克思、恩格斯创立了科学的马克思主义思想体系，它与其他割裂统一式的社会主义完全相反，强调实践基础上的科学原则、科学理性与价值原则、价值理性的辩证统一，这为无产阶级提供了正确认识世界、改造世界的科学理论和强大的思想武器及方法。马克思主义始终严格地以客观事实为根据，并跟随时代、实践和科学的发展而不断发展。坚持马克思主义是坚持发展着的马克思主义，是坚持与时俱进的马克思主义。只有坚持用发展着的马克思主义武装全党、教育人民，真正发挥马克思主义认识和改造世界的强大思想武器的作用，马克思主义才在真正意义上成为我们的行动指南。大量历史事件证明，只有用马克思主义的立场、观点和方法来正确认识经济社会发展的趋势，正确认识社会思想意识中的主流与支流，才能看清错综复杂的社会现象的本质，才能明确社会的发展方向。

二是从我国国情出发。马克思主义是维系社会主义社会存在和发展的精神支柱。马克思主义思想是以无产阶级和广大人民群众为主体的，其所有信念、信仰、理想都是以无产阶级和人民大众的立场为出发点和落脚点的，其目的是争取实现人类的彻底解放和自由。马克思主义在我党的指导思想中占主导地位，这取决于马克思主义的科学性、革命性及其与中国革命和建设的具体实际相结合、相适应的特性。

我国是社会主义国家，我党是全心全意为人民服务的无产阶级政党，在出发点和归属点上，我党的思想和马克思主义是一致的。我党是在马克思主义指导下诞生、成长、壮大起来的，我党的革命、建设与改革的目标、途径和价值取向都是以马克思主义为理论基石和思想渊源的。而且，马克思主义思想是指导工人阶级和劳动人民进行社会主义革命和建设的科学学说，符合我国的基本国情。同时，我国社会主义核心价值体系只有建立在科学的基础上，才具有历史的科学性和合理性，也才能服众。因此，马克思主义是我党的基本理论，也是我党一直坚持的指导思想。我国革命、建设和改革的实践表明，什么时候坚持马克思主义不动摇，坚持将马克思主义与中国实际相结合，我们党的事业就胜利和前进；什么时候背离了马克思主义，我们党的事业就陷入失败和倒退。马克思主义以其鲜明的实践性、科学性和革命性、阶级性，成为中华民族追求自身解放的理论指导和追求人的自由而全面发展的思想武器。不论过去、现在还是将来，在我国社会主义意识形态领域坚持马克思主义指导思想的地位不动摇始终是我党的立国之本、执政之基。因此，我国社会主义价值体系必须以马克思主义的立场、观点和方法为指导。这就要求我们在社会实践中坚持和发展马克思主义，坚定不移地坚持马克思主义的立场、观点、方法和基本原理，坚定不移地贯彻解放思想、实事求是的思想路线，坚持勇于追求真理和探索真理。

（二）坚持马克思主义指导思想的必要性

当今社会，我国的经济虽然得到了前所未有的发展，但整个社会的发展仍相对滞后，呈现矛盾多发、利益多元和思想多样的状态。受国际和国内各方面因素的影响，思想意识的冲突尤为突出。而马克思主义尊重差异，可以包容思想的多样性，能够充分挖掘全民族的思想动力因素。马克思主义理论从诞生之日起，就力图解放全人类，其宗旨是促进人类的发展、繁荣和幸福。由此可见，马克思主义在我国意识形态领域居于统领的地位。我党提出建设社会主义核心价值体系，并始终坚持马克思主义的指导地位，坚定不移地以马克思主义中国化的理论成果武装全党、教育人民，由马克思主义决定社会主义核心价值体系的性质，引导社会主义核心价值体系的方向，这既是历史的必然，更是现实的呼唤。这就要求我们在建设有中国特色社会主义的伟大事业中，加强对马克思主义价值观的研究和宣传，引导人们树立正确的价值观，推动社会主义事业不断向前发展。党和国家在《中共中央关于构建社会主义社会若干重大问题的决定》中明确指出："我们要构建的社会主义和谐社会，是在中国特色社会主义道路上，中国共产党领导全体人民共同建设、共同享有的和谐社会。"因为建设和谐文化、和谐社会，必须坚定马克思主义信仰，防范各种不良社会思潮滋长，用马克思主义、毛泽东思想、邓小平理论、"三个代表"重要思想、科学发展观和习近平新时代中国特色社会主义思想武装全国人民，保证正确的政治方向，使全民族在中国特色社会主义共同理想的感召下，努力追求中华民族伟大复兴和人的自由全面发展，走向社会和谐。如果脱离了马克思主义的指导思想，就会造成思想混乱，引起社会动荡不安，党、国家和人民就会蒙受灾难，建设和谐社会就无从谈起。所以，党和国家始终坚持将马克思主义与我国国情相结合，形成了当今时代具有中国特色、中国风格和中国气派的社会主义核心价值体系，并把马克思主义指导思想作为社会主义核心价值体系的灵魂，作为立党立国的根本指导思想和构建社会主义和谐社会的理论基础。牢牢把握马克思主义指导思想这一社会主义核心价值体系的灵魂，对于推动和谐文化、社会的健康发展，提高全社会的思想道德素质和文明程度，具有十分重要的意义。

（三）正确对待马克思主义指导和传统文化继承

如何正确对待马克思主义和中华传统文化，是人们思想中的一个重大问题。在这个问题上，我们不能将马克思主义和中华传统文化人为地割裂开来，也不能将它们对立起来。马克思主义是在吸收和改造了两千多年来人类思想和文化发展中一切有价值的东西（包括对此前中国文化的吸收和改造），继承了资产阶级时代最宝贵的思想成果的基础上产生的。马克思主义是无产阶级思想的科学体系，它的内容涵盖了社会的政治、经济、文化、军事、历史和人类社会发展与自然界的关系等诸多领域和各个方面，是极其深刻和丰富的。马克思主义自其诞生之后，仍然具有可贵的开放性，它从不简单地将自己与其他思想文化划离开来、对立起来，而是不断地从人类既有的文化成果中批判性地继承、创新，从而使整个马克思主义理论体系处于不断的、与时俱进的发展过程当中。马克思主义经典作家留给了我们大量的精神财富，这些精神财富连同各国马克思主义者在继承和发展的实践中创造的理论成果，构成了无产阶级和全人类的思想宝藏资料库。它涉及的众多学科门类所形成的知识海洋，无论在马克思、恩格斯所处的时代，还是在人类文明继续进行的发展进步的新时代，都当之无愧地称得上博大精深。作为中国共产党和社会主义事业指导思想的马克思主义，是从广义上理解的马克思主义。它既包含由马克思、恩格斯创立的马克思主义的基本理论、基本观点、基本方法，也包含经列宁等人对其继承和发展而推进到新的阶段，并由毛泽东、邓小平、江泽民、胡锦涛、习近平等人为主要代表的中国共产党人将其与中国具体实际相结合，进一步丰富和发展了马克思主义，即中国化的马克思主义。由此可见，我们在发展中国特色社会主义过程中，必须始终坚持马克思主义指导思想，尤其是在大学生道德素质教育的实践活动中，必须毫不动摇地坚持马克思主义在意识形态领域的指导地位，否则，大学生道德素质教育就会因为没有正确的理论基础和思想灵魂而迷失方向，就会归于失败。

三、汲取人类优秀文明成果

世界上有众多优秀文明。在人类历史不断发展的近六千年里，出现过 26 个文明形态。现在，全世界约有 63 种宗教、192 个国家、292 个民族、6700 多种语言。世界上有各种不同的文明和优秀的文化，其中包括很多优秀的和谐文化思想，它们是世界各国和各国人民以及不同民族世世代代、辛辛苦苦建立并传承下来的，是全人类所共有的不可多得的精神财富。

在承接人类文明成果的必要性问题上，经典作家的态度是明确的，马克思认为："人们自己创造自己的历史，但是他们并不是随心所欲地创造，并不是在他们自己选定的条件下创造，而是在直接碰到的、既定的、从过去承继下来的条件下创造。”“历史不外乎是各个世代的依次交替。每一时代都利用以前各代遗留下来的材料、资金和生产力；由于这个缘故，每一代一方面在完全改变了的环境下继续从事所继承的活动，另一方面又通过完全改变了的环境来变更旧的环境”。毛泽东认为，中国社会主义事业是在世界历史背景下进行的一项前无古人的伟大的创造性事业，应向人类创造的一切文明成果开放。同时，每一个国家和民族创造的文明都有自己的长处和优势，建设社会主义不应该也不可能排斥外来文明。但要坚持三个基本原则：一是学习一切民族、一切国家的长处并为我所用；二是学习外国的科学技术文化并将其辩证地对待，既不能一概排斥，也不能盲目照搬；三是学习外国文化要与中国实际相结合，与独创相结合，以创造新的中国文化。1944年毛泽东在与英国记者斯坦因谈话时就明确指出：“外国文化也一样，其中有我们必须接受的、进步的好东西，而另一方面，也有我们必须摒弃的、腐败的东西。”改革开放之初，邓小平也曾指出：“对于现代西方资产阶级文化，我们究竟应当采取什么态度呢？经济上实行对外开放的方针，是正确的，要长期坚持。对外文化交流也要长期发展。经济方面我们采取两手政策，既要开放，又不能盲目地无计划、无选择地引进，更不能不对资本主义的腐朽性影响进行坚决的抵制和斗争。为什么在文化范围的交流，反倒可以让资本主义文化中对我们有害的东西畅行无阻呢？”“属于文化领域的东西，一定要用马克思主义对它们的思想内容和表现方法进行分析、鉴别和批判……但是，现在有些同志对于西方各种哲学的、经济学的、社会政治的和文学艺术的思潮，不分析、不鉴别、不批判，而是一窝蜂地盲目推崇。对于西方学术文化的介绍如此混乱，以至连一些在西方国家也认为低级庸俗或有害的书籍、电影、音乐、舞蹈以及录像、录音，这几年也输入不少。这种用西方资产阶级没落文化来腐蚀青年的状况，再也不能容忍了。”对国内出现的“一窝蜂地盲目推崇”西方哲学思潮、经济学思潮、社会政治思潮和文学艺术思潮的严重性及其影响，“确实不能低估”，一定要“及时注意和采取坚定的措施加以制止”，否则，“任其自由泛滥，就会影响更多的人走上邪路，后果就可能非常严重。从长远来看，这个问题关系到我们的事业将由什么样的一代人来接班，关系到党和国家的命运和前途”。

邓小平在南方谈话中明确指出：“社会主义要赢得与资本主义相比较的优势，就必须大胆吸收和借鉴人类社会创造的一切文明成果，吸收和借鉴当今世界各国包括资本主义发达国家的一切反映现代社会化生产规律的先进经营方式、管理方法。”改革开放30多年来，从邓小平提出的“中国的发展离不开世界”，到江泽民提出的“要紧跟世界进步的潮流”,再到胡锦涛提出的“必须树立全球战略意识，实施互利共赢的开放战略”及习近平“创建人类命运共同体”，这一切都意味着承接人类文明成果既符合中国国情和现代化建设需要，也与党“全心全意为人民服务”的宗旨和“立党为公，执政为民”的执政理念是完全相容的，是当今时代继续推进大学生道德素质教育工作的题中应有之义。也就是说，交往理论视域下的大学生道德素质教育与当代人类文明发展的方向、要求是基本一致的，进行大学生道德素质教育实践活动也决不能离开人类社会文明发展的一般趋势、一般规律及其优秀成果。

第二节 大学生道德素质教育的原则

大学生道德素质教育的原则是大学生道德素质教育必须遵循的基本准则，是党的道德素质教育过程本质联系的反映，是党的道德素质教育经验的概括和总结。只有在实践中坚持道德素质教育诸原则，才能使之充满活力并取得预期效果。

一、原则的特点

要实现道德素质教育的目标、任务、内容以外，必须在教育活动中遵循道德素质教育的原则。它具有辩证性、整体性、层次性、动态性等特征。

第一，辩证性。道德素质教育原则体系是以辩证唯物主义和历史唯物主义为理论指导，对道德素质教育客观规律主观认识的产物。大学生道德素质教育是一个不断发展的过程，新事物、新情况、新问题层出不穷，每个人都不可能穷尽真理认识的历史长河，加之不同个人的认识能力、认识水平又有差异，因而人们对大学生道德素质教育规律和原则的认识又都具有相对性。大学生道德素质教育原则之间既有区别又有联系，对各个原则的认识也不能绝对化，要看到它们之间的相容性、交叉性、衔接性。大学生道德素质教育原则是道德素质教育系统内在的本质关系的抽象，只有深刻理解道德素质教育过程中的各种关系，所确定的原则才能较为符合实际。

第二，整体性。大学生道德素质教育原则体系的整体性特征表现在以下三方面：其一，大学生道德素质教育原则是以大学生道德素质教育规律作为客观依据而构建起来的；各原则之间具有紧密的内在的逻辑联系，相互作用、相互补益而构成一个整体。其二,大学生道德素质教育原则体系具有“1+1 > 2”的整体功能。大学生道德素质教育原则体系虽然由上述三个层次的众多具体原则所组成，但这些原则相互关联，不可分割，在运用原则时不能顾此失彼，而应当统筹兼顾，综合运用。其三，大学生道德素质教育原则体系的各个层次之间和各具体原则之间相互依赖，相互作用。第一层次原则对第二、第三层次原则具有规范、指导作用，下一层次原则在某种意义上讲是上一层次原则的具体化，又对上一层次原则产生一定的影响。如果对此认识不足，就有可能造成对大学生道德素质教育原则把握和运用的偏误。

第三，层次性。大学生道德素质教育原则体系是按照由整体到局部、由一般到个别、分层次有序排列的，每个层次的原则都是在一定的范围内和条件下起作用，都有自己特殊的功能和意义。

第四，动态性。大学生道德素质教育原则是一个多层次的动态体系，不是孤立静止僵死不变的。首先，随着人们社会实践的发展，大学生思想政治教育的新经验将得到不断总结，新规律将会不断被认知，反映这些规律的新原则也就出现了。其次，即是道德素质教育的同一原则，其内涵也会随着实践的发展而不断丰富。再次，大学生道德素质教育原则的运用也是随着时间、地点、条件的不同而不同。总之，只有在动态中认识、把握和运用大学生道德素质教育的原则，才有可能避免认识上的僵化，实践工作中的机械，从而使大学生道德素质教育生机勃勃，卓有成效。

二、原则的内容

（一）方向性原则

方向性原则是指大学生道德素质教育的全部活动要始终与社会发展的要求相一致，坚持正确的政治方向不动摇。当前，方向性原则主要体现为大学生道德素质教育要旗帜鲜明地坚持社会主义和共产主义方向，坚持党的基本路线，要与中国共产党的纲领与宗旨相一致。坚持方向性原则对我国大学生道德素质教育活动具有非常重要的意义。首先，只有坚持这一原则，才能保持无产阶级道德素质教育的本质特色。其次，坚持方向性原则才能统一人们的思想与行动，充分发挥道德素质教育的作用。再次，坚持方向性原则是实现道德素质教育价值的根本要求。道德素质教育价值的实现与否，必须以教育目的的实现程度和方向原则贯彻的程度来衡量。

要在大学生道德素质教育过程中坚持社会主义方向，首先就必须始终坚持以马列主义、毛泽东思想和中国特色社会主义理论体系作为思想政治教育的指导思想。其次，提高贯彻道德素质教育方向性原则的自觉性。邓小平指出：“我们干的是社会主义事业，最终目的是实现共产主义。这一点，我希望宣传方面任何时候都不要忽略。”作为以培育“四有”新人为己任的大学生道德素质教育，更要始终牢记这一点。要使大学生道德素质教育工作者认识到，坚持道德素质教育的共产主义方向，是有效开展大学生思想政治教育活动的根本保证，因而在实际工作中要自觉运用这一原则，将其精神贯穿在具体的道德素质教育的活动中。同时，也要帮助大学生认识到，坚持正确的政治方向，有利于个人的全面发展，有利于政治与业务的统一，有利于红与专的统一，德与才的统一，因而坚持向共产主义方向前进。最后，贯彻方向性原则须讲究科学性。要很好地贯彻方向性原则，就必须将坚定的原则性与方法的灵活性结合起来，努力使大学生道德素质教育自然地渗透到社会生活的方方面面，从而潜移默化地影响人。要努力探寻方向性原则与道德素质教育具体目标之间的契合点，并以方向原则统摄各种具体目标，使共产主义方向成为大学生道德素质教育的灵魂。

（二）求实原则

求实原则，是指大学生道德素质教育要始终坚持理论联系实际，一切从实际出发，实事求是的思想路线和原则。

所谓理论联系实际，包含两层含义：第一，一定要掌握大学生思想政治教育的相关理论。大学生道德素质教育理论是从事大学生道德素质教育的重要指导，能为相关工作提供有效的方法。因此，我们必须全面地、系统地、准确地掌握大学生道德素质教育理论。第二，一定要从实际出发，实事求是。理论只有面向实践、指导实践、接受实践检验并随实践发展，才富有强大的生命力和战斗力。要做到理论和实际相结合，必须坚持实事求是。大学生道德素质教育一定要坚持和发扬理论和实际相结合的原则和作风，反对理论和实际相脱离的“左”的和“右”的错误倾向。求实原则的贯彻实施要做到以下几点：第一，自觉学习马克思主义理论。马列主义、毛泽东思想、中国特色社会主义理论是党认识世界、改造世界的强大思想武器，加强马克思主义理论的学习，有助于人们树立科学的世界观、人生观和价值观，抵制错误的思想和潮流。因此，要自觉加强马克思主义理论的学习。第二，要一切从实际出发。一切从实际出发就是要坚持主观与客观、主体与客体的统一，按照实际的真实情况，制定不同的工作目标和计划，选择恰当的方法。第三，按照正确解决问题的步骤来办事。为了在大学生道德素质教育工作中坚持求实原则，就必须按照及时发现问题、确实弄清问题、正确解决问题的三个步骤来办事。一是要做到及时发现问题，就要做到善于调查研究，准确观察和分析问题，正视矛盾，不回避矛盾。发现思想问题和实际问题贵在及时，这样就能掌握思想教育的主动权。二是要做到确实弄清问题，是指发现工作中存在的实际问题后，要善于分析、研究和核实，抓住问题的核心，不为假象所蒙蔽。三是要做到正确解决问题，是指在弄清实际问题后，及时联系相关人员，运用相关理论，实事求是地解决问题。

（三）民主原则

在大学生道德素质教育中，教育者和受教育者之间要发扬民主，平等交流，提高道德素质教育的实效，就需要遵循民主原则。民主原则，是指在大学生道德素质教育中，尊重学生的主体性地位，尊重其人格和民主权利，创造条件让大学生充分发表自己的意见并加以正确的引导。民主的实质是平等。大学生道德素质教育中的民主就是教育者与受教育者双方在充分尊重对方的人格和民主权利的前提下，创造条件让双方充分表达自己的思想和意见，并在此基础上正确处理相关问题，共同完成大学生道德素质教育的任务。民主原则的贯彻实施要做到以下两点：

第一，尊重人、关心人、理解人。尊重人，就是要尊重高校大学生，尊重他们的主人翁地位，尊重他们的人格及宪法赋予的各种民主权利。从而充分调动、引导和提高大学生对社会主义物质文明建设和精神文明建设的积极性、创造性。关心人，即要求大学生道德素质教育者要多关注、爱护、帮助大学生，在政治上关心他们的成长，工作上关心他们的进步，生活上关心他们的困苦，使大学生感受到温暖。理解人，就是要理解大学生的具体处境和个性，承认大学生在性格、兴趣等方面的差异，以心换心教育。

第二，民主原则要与严格要求相结合。一方面，坚持严格管理不能践踏大学生的人格尊严、漠视大学生的情感、无视大学生实际需要，要把严格要求同尊重人、关心人、理解人有机统一起来，使大学生思想政治教育处于升腾活跃的状态，以达到激发大学生建设中国特色社会主义的巨大热情的目的；另一方面，要把尊重人、关心人、理解人与严格管理结合起来，讲尊重人、关心人、理解人，绝不是不讲原则、放松管理、取消批评，绝不是迁就不合理的要求或容忍不守纪律的行为、奉行“好人主义”。

总之，尊重人、关心人、理解人是相互联系、相互渗透的统一体，是党的道德素质教育的优良传统，也是道德素质教育民主原则的要求。它要求大学生道德素质教育者必须以诚相待、以诚动人、以理服人、以情感人，只有这样才能振奋人心、激发热情，从而使大学生道德素质教育更富凝聚力和吸引力。

（四）教书与育人相结合原则

教书与育人相结合原则是大学生道德素质教育工作的一项基本原则。所谓教书与育人相结合，是指教师在教学过程中，通过各种教学活动和各个教学环节，全面提高学生的素质和能力。教书与育人相结合原则的贯彻实施要做到以下两点：

第一，寓思想教育于教学之中。教书育人，教学是基础，育人是关键。我们要把思想教育工作渗透到各种教学和教学的各个环节中去，把传道、授业、解惑结合起来。这就要求教师在传授知识的过程中，要注意发挥和“挖掘”教材的思想性、知识性和趣味性，有机地结合社会实际和大学生思想实际，调动大学生的学习积极性，帮助大学生处理好德育与智育的关系，把思想政治教育工作渗透到大学生的各项学习活动之中，使他们酷爱学习，精于专业，从而达到我们所期待的目的。

第二,要正确处理道德素质教育和大学生学习活动的辩证关系。教书与育人,二者是相互联系、相互促进的。无论是自然科学还是社会科学的教师,都要结合教材特点,加强对学生的全面教育和培养,自觉地做到教书育人,发挥道德素质教育对大学生学习活动的方向引导作用和内在激励作用。但不能以此孤立地过分突出思想政治工作,过多增加道德素质教育时间,而削弱了知识学习活动,搞“突出政治”的做法势必影响人才的全面发展。因此,要教好书,育好人,就要正确把握大学生道德素质教育和知识学习活动相结合的程度、方式,以利于大学生思想政治工作作用的发挥和大学生全面发展的需要。

(五)政治理论教育与社会实践相结合原则

这是我们党长期以来特别是改革开放以来,对大学生道德素质教育工作新经验的科学总结,具有鲜明的现实性和针对性。在道德素质教育中既要注重理论教育,又要注重实践教育,强调行为养成,实现知行统一。理论教育是思想政治工作的基础环节,要增强对大学生理论教育的效果,就要从不断地改进学习的方式方法和载体入手,要生动活泼,讲求效果,要入情入理,用事实来教育大家,通过相应的图片和声像,宣传思想理论,通过大家喜闻乐见、愿意接受的活动形式,宣传思想理论,提高大学生的马克思主义基本理论的水平,加深对毛泽东思想、邓小平理论、“三个代表”重要思想、科学发展观和习近平新时代中国特色社会主义思想的认识和掌握。但理论来自实践又应用指导于实践,只有在实践中才能充分表现出其价值与魅力。通过组织大学生参加社会实践活动,就能进一步加深对理论的认识,巩固和强化理论教育的成果,真正提高思想觉悟和认识能力。

(六)教育与自我教育相结合原则

教育是一种社会实践过程。它是由两个相互交织的并行过程所组成的:一个是教师(包括各种教育者)的教书育人(传道、授业、解惑)过程;另一个是学生的学习、成才过程。在教的过程中要充分发挥教师教的主观能动性,而在学的过程中则要充分发挥学生学的主观能动性,二者缺一不可。因此,教育不是一个单一的社会实践过程,而是由上述两个子过程交织而成的复合过程。大学生道德素质教育也是如此。

要正确贯彻教育与自我教育相结合的原则,就要一方面加强教育,充分发挥教育的功能;另一方面,加强自我教育,发挥大学生在自我教育、自我提高中的能动作用,通过他们思想的矛盾运动来达到转变思想、提高觉悟的目的。

第一,建立平等互助的新型师生关系。在大学生道德素质教育过程中,教师与学生之间应该建立起平等互动、互相尊重、互相学习的新型关系,通过有效的行动上的交流和行动的积极参与,调动教师实施教育与学生接受教育两个方面的积极性，以收到理想的教育效果。

第二，重视大学生的自我教育。大学生要具备自我教育的能力，要求教育者在教育实践中要通过多种途径主动帮助和激发大学生主体能力的构建。大学生要实现自我教育，充分发挥主体的能力，主要在以下几个方面着手：一是道德素质教育者要注重启发大学生的自我教育意识，引导他们通过自主地学习、自觉地参与以及反省、反思、自我思想改造等自我修养途径，不断提高自己的思想道德水平。二是要打好学生的理论基础。理论的学习是大学生道德素质教育中不可缺少的一环。理论教育法是道德素质教育最主要、最基本的方法，也是大学生打好理论基础最直接的方法。大学生只有具备坚实的理论基础，才能以正确的理论指引自己的行为，也才能在现实中明辨是非，为自己找准努力的方向。在当代复杂多变的社会生活面前，人们比以往任何时候更加需要科学的思想和理论来指导自己进行正确的选择和决策，以便更加有效地认识环境。三是要创造有利于大学生进行自我教育的条件，积极引导大学生进行自我教育。应当通过各种渠道和形式对大学生的自我教育活动予以支持、引导和帮助，鼓励大学生开展他们热爱的、健康的、有益的、丰富多彩的各种活动，使他们在活动中自我教育，相互影响。要引导他们开展批评和自我批评，在严格的自我批评和与人为善的相互批评过程中，教育自己、教育别人、相互借鉴、共同提高。要吸收大学生参加学校的民主管理，组织大学生参加社会实践活动，使他们在民主生活和社会实践中得到锻炼，增长知识和才干，增强主人翁精神和社会责任感。要有计划地组织民主讨论，引导他们在民主的气氛中各抒己见、交流思想，坚持真理、修正错误，集思广益、互得益彰。四是树立成功的榜样。榜样示范法是指通过具有典型、榜样意义的人或事的示范引导作用，教育人们提高思想认识、规范自身行为的方法。榜样教育具有形象、生动的特点，它是理论与实际的有机结合。大学生用榜样的力量激励自己，在心中树立成功的典范，为自己指明努力的方向，会产生更强的感染力和说服力，在自我教育中收到很好的效果。通过典型事迹可以使大学生看到榜样的成功之处，明确努力方向，从而努力奋斗，在改造客观世界的过程中全面提升自己的道德素质。必须实事求是地选择对自己有影响力的典型，否则难以真正从思想到行动上得到认同，也起不到典型引导的作用。

第三节　我国大学生道德素质教育价值实现机制

大学生道德素质的发展和完善，不仅是一个自然演进的过程，也是在一定制度环境下的生长过程。大学生道德素质教育价值实现的机制主要包括导向机制、激励机制、监测机制、调控机制等。

一、导向机制

思想、道德、价值观念是人的思维方式中非常重要并且相对稳定的因素，一种观念一旦形成后，就会对人的实践活动起指导和制约作用。没有社会道德规范的教育和引领，任何人都不会产生道德和价值观念。当前，以社会主义核心价值体系为主要内容的社会道德规范就是一面旗帜，它解决的是方向问题、原则问题，是对人们思想道德、价值观念、精神需要的引导和调节。要发挥价值导向机制的作用，就需要社会通过政策制定、典型人物的故事，借助社会舆论和宣传的手段，将道德规范的含义和标准广泛地根植在全社会公民的道德价值体系中，构建稳固和持久的、健康和积极的社会思想道德体系。坚持导向机制主要是进行舆论导向、价值导向和目标导向三个层面的教育。

舆论导向是推动道德建设的重要力量。大量的道德素质问题不能靠外在强制的力量解决，而要靠教化、靠舆论进行春风化雨般的疏导。从某种意义上说，舆论是一种“软约束力”，它告诉人们应该做什么，可以做什么，不应该做什么，不可以做什么，以此来调整人与人之间、个人与社会之间的思想和行为。所以新闻媒体要充分发挥在道德建设中的主观能动性，加强道德宣传的力度，大力弘扬社会主义新道德、新风尚，鞭挞社会上丑恶、腐朽、落后的道德行为，从而净化社会环境，激励人们为振兴中华而奋发进取，使新闻舆论在道德建设中起到“润物细无声”的作用。只要把握正确的舆论导向，用正确的舆论引导人，就能形成良好的社会风气，社会就可以健康有序地运转和发展。在这方面，舆论的作用是特殊而巨大的。舆论反映人心向背，虽然它对任何人都没有强制作用，它既不能命令人们必须这样做，也无法规定人们必须那样做，但是它能产生一种精神的、道义的力量，给人压力。现代传媒具有覆盖面广、渗透力强、影响力大的优势。运用新闻舆论的力量，有利于把社会主义道德观念传递到千家万户，普及到每个家庭成员。

正确的舆论导向有利于培养人们崇高的道德情操，增强人们的公德、职业道德意识和自尊自爱自强之心，对于扶正祛邪、扬善惩恶、匡扶正义、净化世风起着巨大的推动作用。因此，自觉运用新闻舆论的力量，大力弘扬社会主义市场经济条件下的新道德、新风尚，清除封建道德的残余，抵制资产阶级腐朽道德的消极影响，从而规范人与人之间及个人与社会之间的关系，为社会主义精神文明大厦添砖加瓦，是新时期新闻工作者肩负的神圣使命。

价值导向就是要引导大学生正确认识并构建人际关系的价值。在马克思看来，所谓价值就是客体与主体需要之间的一种特定（肯定与否定）关系，它“是人们所利用的并表现了对人的需要的关系的物的属性”，是表示事物对人有用或使人愉快等的属性，强调物为人而存在。人们在从事任何活动时都首先要对该活动进行价值预判，看活动对自身有何种作用。当活动主体认为活动对自身有积极作用时，就会激发主体从事这一活动的动机；反之，就会弱化其活动的动机。因此，大学生对道德素质教育活动中的人与人之间交往价值的认识如何，直接影响其进行交往的动机。为此，在大学生道德素质教育实践活动中，教育工作者应积极引导大学生充分认识构建良好人际关系对大学生个体道德素质的提升和完善，以及学校和社会的发展、和谐所具有的重要作用。价值导向对于大学生道德素质教育而言具有重大的作用。其一是表达作用，即通过价值导向使大学生明确社会、集体与个人利益的一致性，明确社会的核心价值观和基本价值要求，以便帮助大学生在多元文化价值观念中把握主流价值观。其二是动员作用，即通过价值导向使大学生树立正确的道德素质价值目标，形成大学生共同的良好愿景，以激发大学生道德交往的动机。其三是团结作用，即通过价值导向，使大学生增强群体的凝聚力，促进道德素质学习活动和实践活动的有效开展。其四是互动作用，即通过价值导向，使教育者和受教育者形成基本一致的道德素质价值观，从而促进教育者和受教育者之间的接纳与认可，促进人们之间的交流与合作，形成教育者和受教育者共同进步、共同发展的局面。

目标导向是要引导大学生确立符合社会发展和进步要求的正确的道德素质教育目标。目标是人的行为的方向。按照社会心理学所揭示的利益需要决定动机，动机支配行为，行为指向目标的个体行为规律，人们从事任何活动都要指向一定的目标。目标体现了人的利益需要与动机，对人的行为具有直接的影响作用。主体所确定的道德素质教育目标反映了人的需要的动机及价值取向，因而影响其交往的状况。利益是道德素质教育的根本出发点。交往理论视域下的大学生道德素质教育价值实现的目标导向就是要充分运用法律和科学的管理手段，引导人们的利益需要追求的方向，调节和处理好各种利益需要关系之间的矛盾，特别是物质利益的追求和思想素养的提高的关系，培养其正确的价值观和高尚的思想道德，形成良好的社会风尚，使社会思想道德成为推动社会进步和发展的重要力量。在实际的道德素质教育工作中，对于教育者尤其是教育管理者来说，目标管理是其日常管理工作中行之有效的方式。当然，在进行目标导向时，教育者尤其是教育管理者应注意以下三点：一是道德素质目标的确立不可空洞、盲目，或脱离实际，或与核心价值观和其他管理目标相悖；二是道德素质目标的确立要充分考虑大学生群体的特殊性和年龄阶段的心理特征，使目标尽可能反映大学生迫切希望被人接纳、渴望尽快走向社会的心理要求，与大学生道德素质的健康成长、全面发展紧密结合起来，使目标导向具有较强的引导力、鼓舞力和感染力；三是要注意将道德素质目标的确立与学生的个人利益和特点相结合，不可简单强调整体性而忽视个性，不可忽视个人利益，以此增强目标的吸引力。

二、激励机制

人的行为是由动机引起的，当人的某种需求没有得到满足时，就会产生动机，进而表现为一定的行为。管理学中的行为科学从人的需要、欲望、动机、目的等心理因素的角度研究人的行为规律，并借助对这种规律性的认识来预测和控制人的行为规律，以实现工作效率的提高和组织目标的达成。

大学生一般具有这样的特点：期待多、困惑也多；渴望建立良好的人际关系，但又不知道如何去做；好奇心强、好模仿；等等。为此，引导他们养成有助于建立和谐人际关系的行为非常必要和重要。在行为的引导中，根据青年人的特点采用榜样引导法更为有效。榜样的力量是无穷的，运用榜样引导大学生的交往行为，较之其他方法更为有效。因为榜样的本质之一就是确立一种道德素质范式，而这种道德素质又是通过榜样的一系列的行为模式来体现的。所以榜样可以使理想具体化，可以赋予理想的东西以现实的特征，使理想成为看得见的东西。因此，树立榜样可以引导大学生明确建立良好的人际关系对个人发展的重要性，明确建立良好的人际关系所应有的价值观念，明确什么样的人格更具有亲和力，明确什么样的处事方式更容易被人接纳，等等，从而自觉地进行自我调整，效仿和学习榜样，逐渐养成建立良好的人际关系所需的行为。

随着全球化进程和社会变革转型的加快，社会意识出现了多样化倾向。要通过学习，培育大学生的社会主义核心价值体系，使大学生能够运用马克思主义的立场、观点、方法去观察和分析社会实际问题，从而更好地抵制各种腐朽思想的侵蚀，清除拜金主义、享乐主义和极端个人主义的影响。要在德育中树立科学价值观，使大学生始终以中国特色社会主义共同理想为指针。理想是指人们在实践中形成的、同奋斗目标相联系的、符合事物发展规律的、具有实现可能性的对美好未来的追求与向往。理想信念的确立源于科学的人生价值观。价值观是人们对于什么是价值、怎样评判价值等问题的根本观点。科学的价值观在大学生的心理活动中占据核心地位，是大学生行为的最高调节器。大学生拥有什么样的价值观，决定了大学生有什么样的思维方式、有什么样的认知模式、有什么样的理想追求。价值观影响着大学生的需要、动机、兴趣、意志、品质等心理活动，科学的价值观能够使大学生正确把握自己的前途和命运，把个人的前途和命运与国家、民族、人民的前途和命运紧紧地结合起来，并确立建设中国特色社会主义的共同理想。要通过大学生社会主义核心价值体系建设，夯实大学生的价值基石，树立大学生科学的价值观，从而激发大学生对生命、对真善美的追求和向往，强化大学生在行动选择中对他人和社会所承担的责任，正确理解幸福与追求幸福，树立具体的奋斗目标，把个人的目标与追求同中国特色社会主义理想统一起来。

三、监测机制

教育工作者要通过各种有效手段，密切关注大学生道德素质教育的相关信息，对不良舆情进行监测，做好记录、梳理等工作，切实做到早发现、早处理。

首先，要加强社会舆论和媒体监督。社会舆论和媒体监督是维护社会公平和正义的重要力量，尤其在我国政治经济体制改革和市场经济不断发展的今天，社会舆论和媒体监督有利于社会机体的自我修复，有着武装力量不可替代的作用。因此，要充分发挥社会舆论和媒体的批评与渗透作用，形成人民群众及网络、广播、电视、报纸等新闻媒体的正确的、强大的社会舆论监督，坚持批评和抵制各种错误思想观念和不道德行为，帮助人们辨别是非、抵制假恶丑，形成正确的、强大的社会舆论监督，促使人们养成良好的道德行为习惯。

其次，要了解大学生不同的成长环境，使道德素质教育对症下药。西格蒙德·弗洛伊德将人生的最初阶段视为一个孵化场，认为人与人在交往中出现的敌对、迷茫、依赖以及缺乏自尊等问题都源于童年时期的发展。一方面，大学生来自五湖四海，各自成长的环境不同，而这种环境的差异对大学生个体的影响不仅是无形的，而且是惊人的。另一方面，他们的习惯已经养成，改正起来十分困难，道德素质教育工作者要想在大学阶段让学生的思想道德观念和行为习惯发生质变的难度很大，而要达到这一目的，道德素质教育工作者必须使自己成为大学生的亲密朋友，让他们敞开心扉，讲述他们的人生经历和处事原则，然后再予以教育指导。

最后，要建立良好、畅通的预警反馈机制。要建立科学的监测目标体系和思想道德网络信息系统，多渠道、全方位地收集与践行道德素质教育相关的信息资料，全面了解和认真研究出现的新情况、新问题，科学预测它们可能对道德素质教育的冲击。为加强教育、强化监督和重点整治等工作，要及早提供有实据、有分析、有建议的预警报告和控制方案，以增强大学生进行道德素质教育的前瞻性、科学性和主动性。

四、调控机制

道德素质教育工作者要注意引导大学生不断调整自己的道德认知结构，树立大学生对道德素质教育的正确积极的认识，加强对大学生进行道德素质的培养，促使大学生在交往实践活动中不断提升自身的道德素养。

首先，要充分发挥大学生心理咨询室的作用，全面掌握大学生的道德心理状况，要充分认识大学生作为道德素质教育对象的层次性和差异性，并予以充分尊重。大学生个体之间是存在客观差异的，既有先天的智力、性格差异，也有后天的家庭社会背景差异和文化教育背景差异，最终集中表现为个性的差异。这种个体的个性差异使这个群体并非整齐划一，而是体现出层次性差别。因此，大学生道德素质教育工作必须正视这种差异，具体情况具体分析，以运用方法的灵活性体现内容的针对性。要创设个性化的教育环境和条件，尊重学生的兴趣、爱好和个性特点，培养和保护学生的独立道德人格，发展他们的个性才能。

其次，要完善道德素质教育工作者的工作，道德素质教育工作者不仅要在道德情感上对大学生进行沟通、教育，还应该在生活和学习上帮助大学生，要时刻牢记高校德育必须建立在学生的人性化基础上，顺应人的发展的本性，弘扬学生追求个性发展的天性。要从最基本的道德素质要求入手，夯实学生求真向善的基础。离开大学生认知水平、情感需要的道德素质教育，以及偏离大学生人性基础的道德素质教育，不仅无法取得良好效果，甚至会引起大学生进一步的反感。在这方面，要坚持由浅入深的原则，从生动的心理层面入手，逐渐提升到世界观的层面，先易后难，渐进深入。

最后，社会性是人的根本属性，人的全面发展和自身价值的实现，必须置于广阔的社会实践当中。从社会角度来讲，要结合大学生道德素质教育价值实现的监测机制所反馈回来的信息，形成统一指挥、反应灵敏、运转高效的工作机制，及时制定和调整宏观政策、制度、法规等，感染并影响人们的思想道德、价值观念和心理倾向，指导和规范道德素质主体的各种思想道德行为，帮助其对与道德素质教育内容要求不符的矛盾和问题进行理性判断，使其在大学生道德素质教育的价值实现过程中，提高自知自觉的程度及自我完善的能力。同时，社会公众的行为表现在很大程度上影响着大学生的道德心理，优良的公众行为表现会对大学生的人际交往产生积极的引导作用。因此，要引导大学生在具体的生活情景中、在深刻的情感体验中，理解并形成责任心和义务感。要把大学生带入丰富多彩的人的世界中，在自我与他人、个体与群体乃至自我与自我的互动交往中学会如何处理相互关系。只有在切身经历和体验中，大学生主动将自我融入他人、集体、民族、国家和人类之中，才能不断超越“小我”，从而完善自我、实现自我、超越自我，最终实现其人本价值。

第四节　当前我国大学生道德素质教育创新路径

大学生道德素质教育路径是完成大学生道德素质教育中任务的中介因素。主要有校园文化和社会实践、网络教学三方面创新。

一、构建新的校园文化

（一）构建校园文化的基本原则

校园文化是学校育人环境的综合体，它从思想、文化、道德人际关系等方面直接或间接地作用于广大师生的学习、工作和生活的全过程。它是一所高校不可替代性的核心特征，是彰显该校学生思想观念区别性的重要标志。校园文化集中体现一所学校的发展状况、精神面貌、传统作风和理想追求，是在学校教育教学和管理实践中逐渐创造生成的，对提高全体师生凝聚力，营造优良的校风学风，提高学生道德素质，推进学校可持续发展都具有重要的意义。良好的校园文化环境有助于培育良好的精神和人格素养，是大学实施道德素质教育的重要组成部分。

1. 坚持主旋律与尊重多样性的统一

大学是人类文化传承、创新与发展的重要基地。大学不但要传承和创新知识，更具有熔铸、守望人文精神的神圣使命。校园文化建设是实现这一使命的必然途径，是高校精神文明建设的重要基础和重要前提。

高校必须建设一个文化层次较高的校园文化环境，传承大学精神，使广大青年学生能养成良好的思想道德品质。党的十四届六中全会决议提出的社会主义精神文明建设指导思想中，提出了“以科学的理论武装人，以正确的舆论引导人，以高尚的精神塑造人，以优秀的作品鼓舞人”的理论指示。这也就要求校园文化建设必须坚持正确的政治方向、价值导向和审美旨向，贯彻党的基本路线和教育方针，高扬社会主义、爱国主义和集体主义主旋律。当今社会处于文化井喷时代，各种类型的文化层出不穷，相互交融并得以发展。随着这种发展趋势，社会发展必将呈现出更大的开放性和适应性，文化多样性将是一种必然趋势。历史无数次证明保守和封闭只能走向停滞和僵化，建设高水平的校园文化必须使校园与社会联网，走开放之路，尊重主体多样性的发展。

当然，尊重校园文化多样性并不等于忽视主旋律建设的精神引领作用。文化主旋律和文化多样性是相互促进的关系，也就是必须坚持主旋律与尊重多样性的统一，这才是对校园文化建设应该持有的态度。

2. 坚持积淀传承与创新发展的统一

文化是历史形成的。不经过一定的历史积淀和传承，文化的优秀品质难以体现。在高校长期发展的历史积淀中形成的、具有相对稳定性的文化传统意识是现代校园文化传统中最宝贵的部分，是大学抵抗挫折、谋求发展的顽强生命力的底蕴所在，是一所学校的灵魂，是一个学校精神与氛围的集中体现，也是高校赖以生存的根基，更是高校可持续发展的精神动力，对于稳定大学的风格和水准具有至关重要的作用。

大学能够得以持续健康发展的推动力源自优秀的高校校园文化。高校校园文化的建设与创造，既是一个继承、借鉴、创新的综合过程，也是一个德育与智育、科学与价值以及人与人相互作用、相互促进的复杂过程，需要精心构建，要在理念上精心提炼，在实践中长期培育。传承高校的特色与优势文化依靠学校师生的共同努力与不懈创造。

3. 坚持立足国情与面向世界的统一

呼唤面向世界和未来的校园文化创新已成为全球高等教育发展的一大潮流。面对经济全球化的挑战，校园文化不能回避（事实上，它也回避不了），而应积极主动地融入世界大潮之中，通过与大风大浪的搏击，使自己的羽翼逐渐丰满，从而实现国际化与民族化的统一，实现自身的完善和发展。从根本上说，对待面向世界和立足国情的态度是与我们对外来文化和传统文化的态度完全一致的。对外来文化和传统文化，校园文化的基本原则是采取分析、辩证的态度，积极利用其合理成分，并结合具体情况加以批判继承、消化吸收。因此，这也是我们在看待面向世界和立足国情时的总方针。但长期以来，校园文化在实际发展中，往往偏离或忽视了这个方针，完全凭主观臆断、感情用事，这是制约校园文化发展的重大问题。

（二）构建校园文化的途径

1. 坚持正确的思想导向

无论校园文化怎样建设，都应始终坚持正确的思想导向，在这个问题上是没有什么讨论余地的。在校园文化建设的过程中，各级领导部门应该积极做到以科学的理论武装人，以正确的舆论引导人，以优秀的作品鼓舞人，以高尚的情操塑造人。校园文化是各种思想文化相互批判斗争的主要战场之一。西方文化政治观念通过校园这一渠道逐渐地向我国大学生积极渗透。要把握正确的教育目的，在校园文化的建设过程中，我们应该始终坚持以马克思列宁主义、毛泽东思想和中国特色社会主义理论体系为指导，坚持用社会主义核心价值观引领校园文化建设的各种思潮，在大学生的思想之中形成一种正确的思想舆论导向。

2. 突出校园文化建设在大学发展中的战略地位

对一个国家和民族来说，文化是灵魂和骨骼，它与经济、政治、科技的结合日益紧密，在综合同力竞争中的地位和作用日益突出。对于一所大学来说，校园文化就是内在的生命力，它的力量深深地熔铸在大学的生命力、凝聚力和创造力之中，是学校软实力的核心。从外部来讲，大学校园文化必须承担大学作为社会灯塔和精神家园的作用，它应该传承发扬民族文化，规范整合时代文化，倡导引领创新文化，这是时代赋予大学校园文化的历史使命。从内部来讲，大学校园文化左右着一所高校的未来发展方向，决定着大学向哪个方向走，走多远的关键问题。由上观之，校园文化建设对于大学的改革发展具有不可替代的促进作用，我们要深刻认识文化软实力能够转化为办学硬实力这一道理，坚决克服“抓文化建设不划算、没用处”等错误观念，把校园文化建设纳入学校改革发展的总体规划中，像重视数学科研一样重视文化建设。

3. 充分发挥教师群体的主导作用

校园文化是群体文化，需要群体中的个体参与建设，来产生频率的共振，发出强音。良好的校园文化氛围形成仅靠学生活动是不够的，需要学校领导、教师的共同努力。调动起每个个体参与校园文化建设的主动性与兴趣，是教育者引导校园文化的基础。

校园文化是以校园为空间背景，由教育者和被教育者双重主体围绕教学活动和校园生活而创制并共享的。在校园文化系统中，学生是校园文化的主体，教职员工是校园文化的引导者，领导是校园文化的倡导者。他们分别以不同的文化人群身份，创造着各自的文化，构成了校园文化的重要组成部分。他们各自对校园的影响方式和程度各不相同。大学教师是大学校园文化中的主要创造者和传播者，与学生相比，这个主体更加稳定，也更加坚定，是学校理念的执行者和实践者；另外，大学校园文化又造就了教师群体，教师被大学的文化氛围和环境，不断地熏陶、同化、浸染、模仿，在其思维方式、行为方式、情感方式以及价值判断等方面都会烙下学校文化传统的痕迹，不断影响和引导着自身的发展，同时影响着学校文化的发展和创新，教师的为人师表、行为示范对学生、对整个校园都有不可估量的作用。因此，我们要注重发挥教师在校园文化建设中的积极作用。

4. 重视校园文化的个性培养

文化需要长期积淀，也需要有意识地培育，其中，凸现个性是校园文化培育的一个重点。有个性的大学是高等教育一道亮丽的风景，比如牛津和剑桥齐名，相比之下，牛津雍容富丽，具有王者风范，而剑桥则以幽雅的韵味著称，宛若诗人风骨，这就是他们各自不同的校园文化。一所好大学能给每个学生的身上都打上烙印，包括气质、性格，甚至到举手投足。

5. 加强校园文化品牌建设

2006 年以来，教育部每年举办高校校园文化建设优秀成果评选活动，全国高校纷纷打造五彩缤纷的校园文化品牌，比如北京大学的校园原创文艺发展、清华大学的毕业文化建设、四川大学的“四馆一廊”（校史馆、博物馆、自然博物馆、美术馆、历史文化长廊）建设、武汉大学的师德载体创新等。这些品牌虽然各不相同，但是有两点是共通的，那就是都体现学校的传统和特色。传统是指能长久坚持，形成积淀；特色是指能立足自我，别具一格。品牌是影响力，是号召力，校园文化建设一定要坚持走品牌路线，把它做实、做精、做久。我们需要进一步地挖掘资源，加强整合，加强项目化运作。

6. 增强学生社团活力

社团是大学生人文素质教育的新载体，是进行自主性教育的新平台。以兴趣为纽带组织开展的社团活动越来越成为校园文化建设的重要组成部分。作为校园文化的生力军，学生社团撑起了校园文化的半边天。社团以其特有的魅力、多样的活动建构起大学生感悟传统与现代、民族与世界、校园与社会的自由灵动的新型空间，充实学生课余生活，培养学生爱好兴趣，陶冶学生思想情操，引导学生积极投身社会实践，提高学生专项技能，同时在发挥高校作为文明源的文化辐射方面具有重要的作用。

7. 拓宽大学生活动阵地

大学生活动是大学校园文化的重要组成部分，也是最贴近学生的校园文化。百花齐放、异彩纷呈的学生活动，构成了校园里一道亮丽的风景线，为大学生思想道德素质教育实效性的提升增添动力。

学术科技活动体现着一个学校的学术特色，反映着一个学校的学术水平。学术活动包括开设专题学术讲座、开展读书研究、鼓励学生创办校内学术刊物、鼓励学生开展科研活动等。组织学生开展各级各类的学科竞赛和创新成果评比活动，让他们在大赛中得到锻炼，从而开发其创新意识、激发其创新热情、培养其创新思维，最终达到提高创新能力的目的。高品位的人文讲座活动是近年来广受好评的校园文化阵地，灵活多样的艺术文化活动，使学生从中受到教育与陶冶，提高其文化艺术修养和人文素质，提高校园文化品位，从而提升大学生思想道德素质教育的有效性。

二、深化社会实践

（一）大学生社会实践的要求

党和政府对青年学生的健康成长十分关心，对社会实践给予了高度的重视。1987 年以来，党中央、国务院及有关部门反复强调开展社会实践的意义，并对开展社会实践提出了许多明确的要求。

1. 社会实践是我国高等教育的一个组成部分

1987 年 6 月 12 日，李鹏同志在参观团中央举办的社会实践成果展览时指出：“社会实践发展下去，将成为有中国特色的社会主义教育的一个组成部分。”指示精神指出了社会实践对于培养社会主义的建设者和接班人的重要作用，明确了社会实践在我国高等教育中的重要地位。

2. 组织好社会实践是全社会的共同责任

1987 年 5 月，中共中央在《关于改进和加强高等学校思想政治工作的决定》中强调：“中央和地方工业、农业、商业等部门，人民解放军，以及社会各有关行业和单位，都要把支持和接受师生参加社会实践、业务实习和军事训练，作为自己应尽的一项义务，积极提供必要的条件。”党和政府的这些要求，为开展社会实践提供了切实有力的政策保证。在实际工作中要努力贯彻执行。

（二）深化社会实践的途径

1. 建立健全社会实践的运行机制

目前，我国的大学生实践活动呈现出越来越社会化的趋势。这里所讲的社会化包含两个方面的意思：一方面指大学生实践活动已逐渐发展成为由社会、学校、学生共同参与的一项社会系统工程，在这个系统工程中，大学生社会实践活动不再是教育部门或者学校的事情，而成为能够充分调动一切社会力量的社会性工作。大学生活动越来越从学校、学生的单向行为转变为社会多角多边的互动行为。另一方面是指大学生社会实践活动越来越成为学生个人社会化发展的重要因素，它拓展了大学生的生活空间，丰富了大学生社会化的内容与途径，符合大学生成长与发展的需要。另外，由于社会对大学生素质要求越来越高，大学生就业压力增加，使得大学生参加社会实践活动的主动性和自觉性增强。作为学校，要积极牵线政府与企业，共同合作，把生产第一线的课题带到学校中，以招标的方式放手让学生去完成，也可以在校内设立“创业园”，既可以鼓励创新精神强的学生自办企业，也可以吸引企业来校内合作，把学校的“创业园”作为生产前线的模拟现场。

2. 加强实践活动主题策划

万事开头难，在大学生社会实践活动中，提出一个选题或主题是最困难的一个步骤，但同时良好的主题又是活动成功的一半。选定主题意味着指出了实践活动的方向和内容。许多高校的经验表明，给大学生活动确定鲜明的主题，使学生围绕教育主题开展丰富多彩的自我教育，是明确引导、把握方向的成功之处。教育主题的选取，应注意既有深刻的含义又具有鲜明的时代特色，贴近学生的思想实际，简明便于记忆。

三、构建网络阵地

（一）网络阵地构建要求

1. 以社会主义核心价值观为指导

发展是循序渐进的过程，这要求高校在尊重客观规律的前提下协调好德育与智育的关系，充分调动各方面力量实现大学生网络道德素质教育的全面系统可持续推进。我国各大高校都在努力建设自己的校园网络，在以往德育工作基础之上，以社会主义核心价值观为指导，坚持以学生为本，充分发挥教师的示范力量，组建高校德育工作新阵营，形成稳定健康的网络环境，使大学生网络道德素质教育成为精神文明建设过程中最为活跃的助力。目前我国高校的网络德育工作已经取得了一定的成就，校园网络文化呈现出异常活跃的局面，极大程度上促进了学生的全面发展。

2. 政府及相关部门要对网络道德素质教育的高度重视

随着我国高等教育的不断发展，作为培养专业化综合型人才的场所，政府及有关部门要重视大学生网络道德素质教育，大力加强对校园网络建设的支持，通过制定和完善各项规章制度使我国高校培养出更多专业素养突出、品德高尚的社会主义现代化事业建设者。大学生网络道德素质教育在整个高等教育体系中占据着举足轻重的地位，具有不容忽视的现实意义，它直接关系到大学生能否树立正确的人生观、价值观，从而形成对整个社会的正确认知。因此，我国政府要高度关注大学生的个人成长，积极收集师生建议，对相关管理制度进行改革，努力推进大学生道德素质教育工作，通过媒体积极向上的舆论引导提升全社会对大学生网络道德素质教育的关注程度，从而实现全员参与，在网络互助开放的环境中共同进步。

3. 高校要根据本校实际情况推行自主化建设

由于高校之间存在专业特色差异，因此，在针对网络开展德育工作方面必须根据本校实际情况推行自主化建设，努力提高大学生道德素质教育创新水平，抓住迅速发展的网络技术给大学生道德素质教育提供的机遇，积极迎接新技术环境下时代对高校的挑战，充分开发和利用学校的硬件资源，不断完善和丰富党委领导下的校长负责制，在校、院、系三级管理体制下针对社会发展需求培养综合型人才，注重发挥个人的主观能动性，在高校体制创新过程中使我国大学生网络道德素质教育的内容得以不断丰富。

4. 网络道德素质教育要兼顾地域性差异

我国幅员辽阔，凭借地理优势各地区发展无论是在经济方面还是在教育方面都呈现出地域性差异。因此，教育部门努力通过加强硬件设施建设缩小东西部差距，充分发挥大中城市的示范带头作用，积极促进我国高校大学生网络道德素质教育的全面开展，将网络文化与地方文化充分结合，形成具有高校自身特色的校园文化，从而实现大学生道德素质教育工作的均衡发展，稳步推进。

（二）网络阵地构建途径

1. 强化网络思想道德素质教育主体六种意识

在现实世界与网络世界都不断深化发展的新形势下，大学生思想政治教育面临着许多新情况、新问题和新矛盾，大学生道德素质教育任务更重，工作难度也更大，因此，着力强化大学生道德素质教育主体阵地意识、科技意识、超前意识、情理意识、法制意识、创新意识，才能增强网络时代高校思想政治教育的效果，提高大学生道德素质教育的感召力、渗透力。

2. 创设良好的校园网络文化新环境

创设良好的校园网络文化新环境，可以在网上搭建活动平台，以丰富多彩、健康向上的校园文化活动为抓手，推动形成厚重的校园文化积淀和清新的校园文明风尚，使学生在校园网络中接受熏陶和文明风尚的感染。注重网络上大学文化精神园区的建设，做好学校标志性载体的网络化，通过网络平台介绍给学生，可以使校园网络产生亲和力和向心力，也可以起到良好的导向作用。

高校要用科学的理论武装大学生网民，用正确的舆论引导大学生网民，用高尚的精神塑造大学生网民，这一切都离不开优秀网络文化作品的介入。高校要结合学校的特色，积极挖掘和发挥蕴涵着科学理论、正确舆论和高尚精神的优秀作品的武装功能、引导功能和塑造功能，把优秀的作品引入网络道德素质教育环节，用来鼓励和激发学生网民的爱国热情和敬业精神，培养他们高尚的人格，促使他们树立崇高的理想，积极投身于社会主义伟大事业的建设中。优秀作品，不仅仅是指直接在网络上创作的优秀作品，还包括搬到网络上的优秀的书报作品和影视作品，包括文学作品、学术论著、多媒体课件、视频作品等。高校要为学生创造条件，利用网络开展丰富多彩、生动活泼的网上教育、交流、讨论等活动；要精心策划和开展融思想性、知识性、趣味性于一体的网上校园文化活动，如网页制作竞赛、网络道德问题辩论和网上论坛等；建设好融思想性、知识性、趣味性、服务性于一体的主题教育网站或网页。高校可以组成网络道德素质教育作品队伍，专门为网站创造和输送优秀作品。

3. 不断对教师队伍专业化制度建设和完善

人力资源始终是网络环境下大学生道德素质教育机制创新最为宝贵的资源。人力资源只有实现规范化、制度化建设，网络环境下大学生思想政治教育体系各要素才能有序运行，真正做到教育资源优化配置，使大学生思想政治教育工作可持续发展。高校必须深入贯彻落实国家教育督导制度，遵守相关信息管理法规。组织专业化的教师团队维护网络安全，努力建设大学生网络道德素质教育阵地。对教师的网络技术知识、计算机知识、心理学知识等做出弹性要求，通过逐步完善各项考评制度促进教师之间的良性竞争以及师生之间的互动，激发教师群体的德育工作热情，形成积极研究、全面思考，认真实践的工作氛围，为高校人力资源开发与整合提供切实的制度保障。这样在无形中减少了大学生网络道德素质教育工作的复杂性，从根本上使工作难度降低，培养出更多全面发展的大学毕业生，为社会主义现代化建设贡献力量。

第三章　大学生正确人生观、价值观的培养

人的生命过程与其他动物的生命过程是不同的，基本不同点在于其他动物的生命过程是一个自然过程，而人不仅要吃喝拉撒睡，还要生产、交往、创造，形成一定的人生价值目标，以一定的人生观指导自己的行为并赋予人生这样那样的意义。大学生在个人初步实践经验的基础上，系统地接受人生观、世界观、价值观的理论学习，深入思考“人是什么”“人为什么活着”“应该如何对待生活”“怎样的人生更有意义”等人生观方面的问题，对于我们怎样度过一生具有至关重要的指导意义。

第一节　世界观与人生观

一、世界观的含义

世界观就是人们对生活在其中的世界以及人与世界的关系的总体看法和根本观点。物质资料的生产是人类社会存在和发展的基础，人们在改造自然和改造社会的实践中形成了人与人之间的各种社会关系。在实践过程中，人们逐渐形成了对世界以及人与世界的关系的一系列看法。因此，世界观来源于人的生产和生活实践。

二、人生观的含义

人生观是世界观的重要组成部分，是人们在实践中形成的对于人生目的和意义的根本看法，它决定着人们实践活动的目标、人生道路的方向和对待生活的态度。

人生观不是凭空形成的，它是人们在世界观的基础上，在一定的社会物质生活条件的影响下，通过自己的社会实践活动而逐渐产生和形成的。

三、人的本质

要领悟人生真谛，首先要对“人是什么”或“人的本质是什么”有科学的认识。对于这个问题，在中外思想史上，许多思想家都从不同的角度提出了自己的

观点和见解，其中不乏真知灼见，为科学揭示人的本质提供了大量的思想资料。

中国古代关于人的学说有：

（1）自然人性论：从自然界考察人的本质，把人的本质归结为自然的人或人的自然，而不是把人的本质归结为异己的神灵。

（2）伦理人性论：1）性有善有恶论；2）性无善恶论；3）性善论；4）性恶论；5）性三品说；6）宋明理学的本体人性论。

西方思想史中关于人的学说：（1）理性人性论（是一种抽象的人性论）；（2）生理人性论（即自然观的人性论）；（3）环境人性论（认为人是环境的产物）。

关于人性的善恶，世间有以下四种说法：

（1）人性善论：中国古代的人性学说发源于孔子，形成于孟荀。人之初，性本善，这是儒家学说创始人孔子孟子的说法。孔孟认为人性是善的。西方哲学家苏格拉底、柏拉图、亚里士多德、费尔巴哈、马斯洛等认为人性本善。

（2）人性恶论：中国古代荀子否认人性中有先天的善，他认为人性是好利多欲的，人性中并无礼义道德，人性生来就是恶的，一切善的行为都是后天教育和环境影响的结果。西方哲学家奥古斯丁、霍布斯等人认为人在胚胎中就有罪恶，人的一切行为都是为了个人私利，人的本性是自私与恶的。人为了达到自己的目的，总是力图排斥异己，互相谋算、陷害与残杀，勾心斗角，人与人之间像狼一样。

（3）人性的无善无恶论：这种人性观点主要表现在道家的思想中。道家的老子、庄子认为人的本性是无知无欲、无所作为的，人生的目的，就在于保全人性的天然状态，主张人应回到"无知无欲"的婴儿状态中去，人应完全顺应自然。

（4）人性有善有恶论：春秋时代的董仲舒认为人性有善有恶，认为善出于性，但性中有情，情是恶的。西方哲学家毕达哥拉斯、培根等认为人有灵魂，灵魂可善可恶。近代大多数中国的哲学家认为人性有善有恶。

古今中外关于人的本质的思想闪耀着多彩的思想火花。比如：古希腊哲学家苏格拉底把人定义为，人是能够对理性问题给予理性回答的存在物，或者说，人是理性动物；亚里士多德认为人是社会动物、政治动物。黑格尔把人视为绝对精神的客观外化，其本质是劳动；等等。但是由于多种原因的制约，这些论证存在着这样或那样的局限性，不能对人的本质做出科学的回答。

到了19世纪中叶，马克思和恩格斯运用辩证唯物主义和历史唯物主义的立场、观点和方法，揭开了人类社会历史本质之谜，从而使人的本质问题在人类历史上第一次得到了科学的说明。马克思和恩格斯指出人的本质是一切社会关系的总和，社会属性是人的本质属性，人的自然属性也深深打上了社会属性的烙印。

马克思关于人的本质的有关论述：

1845年春马克思在《关于费尔巴哈的提纲》中得出了人的本质的科学论断："人的本质并不是单个人所固有的抽象物。在其现实性上，它是一切社会关系的总和”。[1]马克思的这个科学论断，为考察人的本质提供了科学的思维方法。1845~1846年马克思恩格斯在《德意志意识形态》中再次强调：“我们的出发点是从事实际活动的人……但不是处在某种虚幻的离群索居和固定不变状态中的人，而是处在现实的、可以通过经验观察到的、在一定条件下进行的发展过程中的人”。[2]

人的本质是一切社会关系的总和，主要可从以下几个方面加以理解和把握：

第一，人的本质是现实的、具体的。

第二，人的本质是由人们在社会活动中结成的社会关系形成和决定的。

第三，一切社会关系的“总和”是诸多社会关系的有机统一。

第四，人的本质是历史的、发展的。

第五，人的自然属性是人的社会属性的物质承担者，但不是人的本质属性。

【案例】

狼孩的故事

1920年，在印度加尔各答附近的一个山村里，人们在打死了一只狼后，在狼窝里发现了两个由狼抚养大的女孩：其中大的有8岁，后被取名为卡玛拉，小的有2岁，取名为阿玛拉，但因其体弱，不久死去。这是世界上发现的首例狼孩。由于她们自幼远离人类社会，在狼窝里长大，所以一切生活习性都与狼别无二致。比如，她们不会直立行走，只能用四肢爬行，白天睡觉，晚间出来活动，怕光、怕火，不吃素食和熟食，只吃生肉，而且不是用手拿着吃，而是放在地上用牙齿撕咬，她们也不会说话，只会像狼一样引颈长嚎。在孤儿院人员的耐心抚育下，卡玛拉用了两年的时间才学会站立，6年才会走路，到1929年她死时，一共学会了45个词和几句简单的话，智力水平仅相当于4岁儿童。后来，社会上又发现过几起狼孩和猪孩等，徒具人形，而不具有人的本质。

狼孩的例子证明，人的本质是一切社会关系的总和。凡是自幼就与世隔绝、脱离社会关系的存在，即使具有人的自然属性，个体也不可能发展为真正的人类，也不会具有人的本质。总之，人是社会的人，绝对独立的“个人”是不存在的。人们正是在社会关系中塑造自我，成为真正意义上的人。在实际社会生活中，人们不断面对、体验各种各样的问题，逐渐地形成了与自己的生活阅历、实际体验密切相关的关于人生的根本看法、价值判断和前后一贯的生活态度，这就是一个人的人生观。

---

[1] 《马克思恩格斯选集》第1卷，人民出版社，1995年，第56页。

[2] 《马克思恩格斯选集》第1卷，人民出版社，1995年，第73页。

四、世界观和人生观的关系

一方面，世界观决定人生观，有什么样的世界观，就有什么样的人生观。正确的世界观，是正确的人生观的基础，人们对人生意义的正确理解，需要建立在对世界发展客观规律的正确认识的基础之上。另一方面，人生观又对世界观的巩固、发展和变化起着重要的作用。一个人的人生观如果发生变化，往往会导致世界观发生变化。

五、人生观的内容

人生观包括人生目的、人生态度和人生价值三个方面的内容。人生目的，回答人为什么活着；人生态度，表明人应当怎样对待生活；人生价值，判别什么样的人生才有意义。人生目的、人生态度和人生价值存在着相辅相成的关系，其中人生目的是人生观的核心，因为有什么样的人生目的就会有什么样的人生态度，就会追求什么样的人生价值。具体来说人生目的决定一个人持有什么样的人生态度；人生目的决定一个人采取什么样的人生价值标准；当然，人生态度和人生价值也会影响人生目的的实现。

第二节　追求高尚的人生目的

一、人生目的的内涵

从字源看，在甲骨文、小篆中，“目”像眼睛形，外边轮廓像眼眶，里面像瞳孔，其本义是眼睛，作动词是“看”；“的”，箭靶的中心。目的二字合起来，其意思便是：瞄准靶子的中心，有的放矢。后来才被人们引申为行为主体预计达到的行为结果。

人生目的是指生活在一定历史条件下的人，对“人为什么活着”这一人生根本问题的认识和回答，是人在人生实践中关于自身行为的根本指向和人生追求。

中华人民共和国建立之初，新中国青年曾展开过一场讨论，讨论的中心是：“人活着是为了吃饭，还是吃饭为了活着？”当时这场讨论对青年产生了深远影响。几十年后，实质相同的问题依然摆在青年的面前。其实，“人为什么活着”，是古今中外人类所面临的共性问题。因为人类作为高级智能动物，与一般动物的最大区别在于人类的活动是有目的的。任何一个正常的人，他的各种活动都要受一定目的和意识的支配。

二、人生目的在人生实践中的作用

（1）人生目的决定走什么样的人生道路。我们每个人的一生都是一幅画卷，这些画卷有的光彩夺目，有的质朴感人，也有的卑鄙肮脏。如果说一生的行为是这幅画卷的墨线，那么人生目的就是这幅画卷的灵魂。高尚伟大的人生目的决定着奋斗奉献的一生，平淡务实的人生目的决定着踏实平凡的一生，卑鄙下流的人生目的决定着肮脏罪恶的一生。

（2）人生目的决定持什么样的人生态度。人生目的不同将会使人采取不同的人生态度。正确的人生目的可以使人无所畏惧、顽强不屈、积极进取、乐观向上、勇往直前：而错误的人生目的则会使人或是投机钻营、铤而走险，甚至走上违法犯罪的道路，或是虚度人生、游戏人生、放纵人生，呈现出对自己不负责任的人生态度，或是悲观消沉、看破红尘、厌世轻生，萎靡不振。

（3）人生目的决定选择什么样的人生价值标准。不同的人生目的会有不同的人生价值标准的选择。正确的人生目的会使人懂得人生的价值在于奉献，从而在工作中尽职尽责，任劳任怨，脚踏实地做好本职工作；错误的人生目的则会使人把人生价值理解为向社会或他人进行索取，从而导致在日常生活中以追逐个人私利为目的，忽视国家、集体和他人利益，甚至做出损害国家、社会和集体利益的事情。

总之，人生目的是人生的航标，它决定着人生的根本方向。不同的人生目的，决定了人为什么而活着，以及怎样去生活；也决定了一个人的人生是光彩耀人还是卑鄙肮脏。高尚伟大的人生目的造就为社会、为国家、为人民自觉自愿奋斗奉献的一生。

【案例】

某大学有一个来自贫困山区的理科状元马明，他自幼聪明好学，小学、中学、高中学习成绩一直名列前茅，在当地小有名气。他从小立志考上大学。功夫不负有心人，他终于以某大学理科最高分被数学系录取。进入大学后，一个阶段的人生目标实现了，刚入学的兴奋过去了，他对今后的努力方向无所适从，对大学的紧张学习生活没有思想准备。在他原来的想象中，大学生活应该是轻松、灿烂、诗情画意的，应该是多年苦读后享受人生的时刻。然而，大学的现实生活却不是这样。他觉得，“三点一线”的大学生活方式实在清苦。为了“享受生活”，他白天要么在宿舍睡觉，要么在校园里转悠，经常迟到、早退、旷课。晚上出入舞场、影院，或在宿舍里看小说到深夜，不顾别人的休息。第一学期他的考试成绩不理想，还有一门课不及格。辅导员找他谈话，他依然故我。第二学期他三门主课全不及格。学校根据学籍管理规定，对他做出勒令退学的处分决定。

案例中，自幼聪明好学、能吃苦耐劳的学生马明由于缺乏正确的人生目的，在进入大学后人生态度发生了质的变化，由一个刻苦勤奋的学生，变成散漫懒惰追求享乐的人，最后被迫勒令退学。一个高考状元，就这样断送了自己的学业。马明的事例告诉我们，只有在正确的人生目的的指引下，才能谱写出人生的壮丽诗篇。

三、摒弃错误的人生目的，追求高尚的人生目的

实际生活中，人们所追求的人生目的有正确与错误、崇高与低俗的区别。大学生应当树立正确、崇高的人生目的。1998 年，江泽民同志在庆祝北京大学建立 100 周年大会上，对全国大学生和各界青年说道："青年人富有遐想和抱负，憧憬着美好的未来。这是青年的特点和优点。但需懂得，个人的抱负不可能孤立地实现，只有把它同时代和人民的要求紧密结合起来，用自己的知识和本领为祖国为人民服务，才能使自身价值得到充分实现。如果脱离时代，脱离人民，必将一事无成。" 2018 年，习近平总书记在北京大学师生座谈会上的讲话中提到："要时时想到国家，处处想到人民，做到利于国者爱之，害于国者恶之。爱国，不能停留在口号上，而是要把自己的理想同祖国的前途、把自己的人生同民族的命运紧密联系在一起，扎根人民，奉献国家。" 坚持以人民为中心是习近平新时代中国特色社会主义思想的重要内容、政治立场和价值取向。广大青年大学生要在新时代有所作为，也必须坚持为人民服务的政治立场。这些讲话明确指出了大学生的价值实现与为人民服务的内在关系。大学生应该树立正确的人生目的，那就是——为人民服务。

（一）为人民服务思想形成及发展过程

1848 年马克思恩格斯在《共产党宣言》中指出：过去一切运动是为少数人、部分人的运动，无产阶级的运动是为绝大多数人谋利益的。列宁提出：为千千万万劳动人民服务。毛泽东精辟概括为：为人民服务。为人民服务思想的形成及发展的过程，是无产阶级人生观、道德观的形成、发展和完善的过程。在不同的历史时期，中国共产党的几代领导人，都结合革命、建设和改革的实践，阐述了为什么要树立为人民服务的人生观的深刻道理。

（二）为人民服务思想的科学根据

把为人民服务作为人生目的，不是盲目的空想，它有着科学的理论依据：

第一，为人民服务的人生目的，建立在马克思主义哲学世界观的坚实基础之上，是通过深刻揭示人类社会历史发展规律而得到的科学结论。唯物辩证法科学地指出了世界是物质的，物质世界是发展变化的；物质资料的生产是人类社会发展的基础，人民群众是人类社会前进的动力。毛泽东同志指出，人民，只有人民，

才是创造世界历史的动力，因此，共产党人和一切先进分子，要全心全意为人民服务，一刻也不脱离群众，把人民的利益而不是个人或小集团的利益 放在首位、作为行动的出发点。

第二，人民服务的人生目的，建立在马克思主义关于人的本质的理论基础之上。马克思主义认为，人的社会属性决定了人只有在相互联系、相互配合、相互依存、相互服务的过程中，才能以自己的实践在推动社会进步的同时彼此相对独立地存在和发展，才能形成一种推动社会发展的合力。

第三，为人民服务的人生目的，取决于无产阶级的阶级本质和历史使命。马克思主义认为，无产阶级只有解放全人类，才能最后解放无产阶级自己，这决定了无产阶级的人生观只能以为人民服务为核心。

第四，它是人类社会历史发展到今天，最为高尚的人生追求。几代中国共产党人提倡、实践为人民服务的人生观，产生广泛而深远影响的实践表明，以为人民服务为人生目的，代表了一种高尚的人生目的，应该成为我们时代最先进最崇高的精神。

毛泽东说过，只有具有为人民服务的精神，才能成为“一个高尚的人，一个纯粹的人，一个有道德的人，一个脱离了低级趣味的人，一个有益于人民的人”。越来越多的人具有这种崇高的精神，就会促使中国特色社会主义建设事业更快更好地向前迈进。为人民服务的本质是对社会作贡献，这是社会主义的本质要求，是人类社会发展的必然，是人类历史上最先进人生观的体现。

现在，我国正在进行社会主义市场经济建设，为人民服务的宗旨没有变，也不应该变。这是社会主义市场经济的本质要求和对市场机制负反馈的必然要求。

现阶段，我国实行的是社会主义市场经济体制和以公有制为主体，多种所有制经济共同发展的基本经济制度以及按劳分配为主体，多种分配方式并存的分配制度。在此基础上，每个人既是服务的对象，又都是服务的提供者，这样的经济基础客观上要求人们弘扬为人民服务的精神。

社会主义制度本质上要求“以人为本”，要求人们在经济活动中要正确处理个人与社会、公平与效率、竞争与合作、先富与共富、经济效益与社会效益等方面的关系，同时，也强调国家在宏观调控上的引导与制约，强调每个主体为社会的服务，弘扬社会的主流价值。为人民服务是社会主义市场经济的本质要求在人生观中的表现和反映。

在市场经济条件下，弘扬为人民服务的人生目的，是对市场机制作负反馈的必然要求。

有些大学生认为，为人民服务是一个大目标，与现实的大学生活没有什么联系。这是一种错觉。为人民服务是平凡而高尚的，它与我们的学习生活息息相关，可以落实到我们日常的学习生活中去，可见于做人的点点滴滴。总之，培养为人民服务的人生目的，是党和人民对当代大学生的要求和期望，也是大学生成长、成才的内在要求。

为人民服务作为高尚的行为宗旨，其具体表现丰富多彩。不论岗位如何、职位高低、能力大小，我们都能够而且应当实践为人民服务的人生目的。

第三节　确立积极进取的人生态度

人生态度是指人们通过生活实践所形成的对人生问题的一种稳定的心理倾向和基本意图。

一、构成人生态度的三种心理要素

人生态度的形成既是一定社会环境影响的结果，也是一个复杂的心理过程，其中，认知、情感、意志是起着主要作用的三种心理要素。认知是人从环境中获取知识和应用知识的活动，它包括感觉、知觉、记忆、想象和推理等心理现象。情感指人在认识客观事物时所产生的内心体验，它包括满意不满意、愉快不愉快、喜爱不喜爱等倾向。意志指人自觉确定目的，有意识地组织、调节行为，并按主观意愿排除障碍和克服困难的心理过程，它是人的意识的能动方面，也是人的主体性的心理表现。

二、人生态度与人生观的关系

人生态度是人生观的重要内容；它是人生观的表现和反映。是人生目的与人生价值的中间环节，人生目的决定人生态度，人生态度影响人生价值（有什么样的人生目的决定了有什么样的人生态度，最终也影响到一个人的价值，人生态度对创造人生价值有重要的作用）。

三、大学生错误人生态度分析

在当今大学生中，不乏错误人生态度者存在，大致如下：

与世无争型：这一类型的大学生学习上高呼“60 分万岁”，生活上松散拖沓，没有时间观和纪律观，人际交往上独来独往，漠不关心他人，用一句话概括就是“什么都无所谓”。形成原因主要是自身性格方面淡漠、自卑、过于自傲或遭受太多挫折与打击，以致对人生、社会抱悲观态度，对生活失去信心。

享乐自私型：大学城外往往餐厅、舞厅、台球厅、礼品店、游戏机厅、卡拉 OK 厅生意兴隆。“消费发烧友”“麻将先锋”“舞林高手”出入其间。“甚爱必大费”（老子语），沉湎于物质追求，必耗大量时间和精力，而无暇追求人生的大志了。形成原因主要是外在优越物质条件或不良社会思潮影响。

唯我独尊型：轻视他人，自我意识极度膨胀且嫉贤妒能，形成原因主要是西方不良思潮影响或不善与人合作。“人之生，不能无群”是中国古人告诫后人的至理名言。不借助他人，不依靠社会，个人成功的机会太少了。

四、用科学高尚的人生观指引人生

人生须认真；人生当务实；人生应乐观；人生要进取。

在人类社会长河中涌现过形形色色的人生观，但只有以为人民服务为核心内容的人生观，才是科学高尚的人生观，才值得同学们终生尊奉和践行。

树立为人民服务的人生观，要自觉抵制和批判形形色色的错误人生观。当前，我国精神文明建设发展的同时，从国外传入和市场经济发展过程中滋生了一些错误的人生观，诸如拜金主义人生观、享乐主义人生观、（极端）个人主义人生观等。这些种种错误的人生观尽管在形式上五花八门，内容上不尽一致，但它们却有着共同的特征：

其一，它们都是剥削阶级的人生观，反映的都是狭隘的阶级利益，不可能具有无产阶级的宽广胸怀和远大志向，更不能代表人民群众的利益，没有推广的价值。

其二，它们都没有把握个人与社会的正确关系，忽视或否认社会性是人存在和活动的本质属性，否认社会的价值，它们讨论人生问题的出发点和落脚点都基于一己私利。

其三，它们对人的需要的理解是片面的，夸大了人生某方面的需要，而无视人的全面性和人生的全面需要。在方法论上犯了以偏概全的错误，在逻辑上是荒谬的（如把个人利益上升为社会唯一的利益）。

第四节　创造有价值的人生

有人问亚里士多德：“你和平庸人有什么不同？”这位古希腊大哲学家回答：“平庸的人活着是为了吃饭，而我吃饭是为了活着”。这似乎是咬文嚼字的解答，却揭示了人生重要的价值哲学问题。在亚里士多德看似平常的话语里，包含了对需要、人生价值取向、人生价值意义等问题的看法。人生价值，是人生观的一个重要内容，也是大学生思考个人和社会关系的一个重要课题。一个人应如何树立正确的人生价值观？又应该如何实现人生价值？儒家经典《大学》开篇语：“在明明德、在亲民、在止于至善”“欲诚其意者，先致其知”。要树立正确的人生观，实现人生价值，首先必须认识人生价值、人生价值评价，从而做出正确的人生价值取向，并利用社会历史提供的有利条件，发挥自身的潜力，努力实现自己的人生价值。

一、价值观与人生价值

人类社会是价值世界，人的生活是价值生活，人生过程是人的各种价值关系运动的过程。人生价值是一个古老而常新的课题，尤其对于正处在人生观形成阶段的大学生，正确理解价值观问题，科学地把握人生价值取向，进行思想品德修养，完善自我人格，实现个体人生价值目标，具有重要的意义。

司马迁说过："人固有一死，或重于泰山，或轻于鸿毛。"这里司马迁是从"死"的角度谈人生价值的，但司马迁并没有明确指出为什么而死才重于泰山，为什么而死才轻于鸿毛。在历史的长河中，人的生命是短暂的，但问题是应该怎样活得更有意义，并尽可能地有所建树，而不虚度一生，这就涉及价值与人生问题。

（一）价值的内涵

价值是一个具有广泛意义的社会范畴，不只是一个经济学范畴，而且也是哲学、伦理学、社会学、法学和美学范畴，它的产生是同人们的需要相联系的。马克思说："'价值'这个普遍概念是从人们对待满足他们需要的外界物的关系中产生的"。可见，"价值"是一个关系范畴，它是在客体和主体发生关系时才产生的，就是说，不与主体发生关系的客体无所谓价值。商品的价值就是在交换过程中体现出来的，没有交换关系就没有商品的价值。这种关系体现了客观事物满足人们的需要的一种属性。因此，我们可以说，价值是标志着客体和主体（人）的需要之间关系的普遍范畴。

既然价值是表示主体和客体之间的一种关系，因此，价值必然是由主体需要和客体的属性这两个不可缺少的因素构成的。其中，客体的属性是价值形成的客观基础，决定价值的取向及其实现途径。主体的需要是价值存在的前提，是价值构成的主导方面，没有人的需要，价值也就不会存在。

价值，大体上可分为物质价值，精神价值和人的价值三类。所谓物质价值，是指客体能满足人们物质生活需要的价值。所谓精神价值，是指客体能满足人们精神生活需要的价值。人既可作为主体，又可作为客体；不仅有物质生活需要的精神生活需要，而且还能创造物质、精神财富，不断满足个人和社会的需要，因此，不能把人简单归入物质价值或精神价值之中，而应称之为人的价值，或人生价值。三类价值形态中，物质价值是基础，与精神价值是互相影响，互相作用的。而人生价值是主导性的，因为无论物质价值还是精神价值，都不能离开人的活动。

人生价值是从个人和社会群体之间的关系中产生的。在个人和社会的关系中，一方面，个人依赖社会，社会对个人具有决定作用。社会决定着人的本质属性，使个人得以生存，并为个人的发展创造条件。另一方面，社会是人的社会，无个人就无社会。人是构成社会的元素，社会的发展以个人所从事的活动为基础。个人的才能、品质、思想水平对社会有着直接的影响。这个关系决定着人生价值的内在本质。

在人生价值关系中，主体与客体之间的关系不同于一般物的价值关系。一般物的价值关系，无论是物质的价值物，还是精神的价值物，在主体和客体的价值关系中，都只能作为客体，而不能作为主体，作为主体的只能是人。但在人生价值的主客体关系中，人作为价值的载体具有两重性，既可以是主体，又可以是客体。或者说，在一种场合下，一个人或一个集体是客体；在另一个场合下，一个人或一个集体则变成主体。人作为客体，就是要通过自己的学习、劳动、工作，创造出物质财富或精神财富来满足社会、他人和自己的需要；人作为主体，为了自己的生存和发展，又必须从社会、他人和自然界得到物质和精神方面的满足。根据人生价值这一显著特点，强调人生价值在于对社会贡献，并不排斥社会对个人需要的满足，劳动和享受、权利和义务是不可分的。因为人既是社会财富的创造者，又是社会财富的享受者和消费者。我国虽已进入小康社会，但社会生产力水平还不高，社会财富还很有限，劳动还是谋生的手段。因此，一方面，要关心人、尊重人，充分发挥人自由的、自觉的创造能力；另一方面，个人也应对社会作出积极的贡献。这两方面相辅相成。

人生价值是伦理学的重要范畴。是价值在人生问题上的具体体现，是个人行为和社会群体需要之间的一种关系上。按照这种关系，我们可以把人生价值通俗地表述为：人在生命历程中各种实践活动所具有的社会意义。人生价值的实质就在于，人在自己的一生中多大程度上满足社会物质的和精神的需要。

（二）人生价值的内容

人生价值有着丰富的内容，它几乎涉及人生的所有重要方面。人们可以根据不同的标准对价值做出不同种类的划分。根据人生价值的主体不同，可以将其分为自我价值和社会价值；根据人生价值的表现形式不同，可将其分为外在价值和内在价值；根据人生价值的实现程度不同，可将其分为现有价值和应有价值。讲人生价值，就是要把人的一生作为一个有一定方向、目标和责任的实践过程去探讨。

1. 自我价值与社会价值

人作为一种生命存在，既是价值的主体，又可以作为价值的客体。当我们将人生和实践活动作为价值客体来考察的时候，其价值主体便包括两个方面：其一是个体自身，其二是社会。也就是说，一个人的实践活动，既可以满足自我的需要，也可以满足社会的需要。前者属于自我价值，后者属于社会价值，也即从人对自我和社会的双重存在关系中引申出来的伦理内容。

所谓人生自我价值，是指个人对自我的肯定关系，即个体满足自我需要的关系，作为一定社会关系中活动的个人，他的人生活动必然包含了对自身存在和发展的意义。由于人的需要是多方面的，自我价值也是多方面的，如个人对基本生存条件的获得，对自我社会身份的确认和尊重，以及在知识、道德、人格等方面的自我完善等。自我价值的实现，是人所共有的追求，也是个体进步的动力和表现。

所谓人生的社会价值就是个体的人生对社会和他人的存在与发展的意义，是个体人生对社会和他人需要的实现和满足，主要表现为个人通过劳动、创造对社会和他人所作的贡献。可以说，劳动、创造和贡献，是人生社会价值的基本标志。在这种价值关系中，个人对社会来说，是满足社会需要的手段，谁对社会贡献大，价值就大；贡献小，价值就小；没有贡献，就没有价值；如是有损于社会和他人，就只有负价值，就会被社会他人所否定。

正确地理解和处理人的自我价值与社会价值的关系，使两者有机统一和协调发展，是人生进取过程中的重要课题。首先，我们应该承认，自我价值与社会价值是同时并存，不可偏废的，不能以否定或贬低其中的一方来肯定和抬高另一方。譬如，在改革开放的年代，为自我发展和个人进步提供了良好的条件，但并不能因此忽视和贬低人生社会价值的意义。其次，我们还要认识到，人在追求自我需要满足的时候，如果同时也满足了社会的需要，便是将自我价值与社会价值统一起来了。也就是说，当一个人把社会需要内化为自我需要，使自我需与社会需要相统一的时候，自我价值实现同时也就是社会价值实现，而社会价值实现同样也就是自我价值实现，如我国的科技精英、奥运健儿以及其他各行各业的创业者，他们事业的成功既满足了社会需要，同时也使自我价值得到实现，这是人生价值最高体现。事实上，人的价值实现总是离不开社会的实践和社会的评价，即使是人的自我价值，也必须是得到社会肯定的前提下才能真正实现，从这个意义上说，人生的自我价值必须与社会价值相结合，并通过社会价值表现出来。个人只有把自己同社会和他人联系起来，积极地为社会和他人作贡献，才能实现自我价值，否则，囿于“自我”的封闭圈里，必然处处受阻，陷入无法摆脱的孤独和空虚。马克思在《青年在选择职业时的考虑》中说：“在选择职业时，我们应该遵循的主要指针是人类的幸福和自身的完美。不应认为，这两种利益是敌对的，互相冲突的，一种利益必须消灭另一种；……人们只有为同时代人的完美、为他们的幸福而工作，才能使自己也达到完美。”[1]再者，决定人生价值大小的另一个重要因素是人生活动所追求的目标以及所满足的需要的高低大小。人发展和追求高层次

---

[1] 顾思九.《生命：淳真的喜悦》，浙江大学出版社，1991年，第88页.

的需要，不仅本身能创造较大的人生价值，而且高层次的需要往往能使自我价值与社会价值相一致。

2. 内在价值和外在价值

人生的价值除了在内容上包括自我价值和社会价值两个方面之外，从形态上看，也具有内在价值与外在价值两个方面。内在价值就是人所具有的改造自然和改造社会的能力，也就是人的内在德性、文化素质和劳动能力，它是体现人生价值的内在力量，是人的潜在价值。人通过对象化的劳动创造活动，在改造自然和改造社会的实践过程中，把自己的内在潜能发挥出来，变成外现的有形或无形的价值客体，便是人的外在价值。外在价值是通过人对社会进步和大众需要的积极作用，通过社会他人的评价予以肯定的。

人的内在价值与外在价值也是辩证统一的。内在价值是外在价值的主观化，外在价值是内在价值的客观化、具体化和对象化。内在价值是外在价值的基础，外在价值是内在价值的表现。因此，要想实现自己的人生价值，首先要不断提高自己的内在价值，要努力学习，发展能力，砥砺品行，提高觉悟；其次要促进内在价值向外在价值的转化，要积极参加各种社会实践活动，在实践中不断发挥自己的各种潜能，为社会作出贡献。一个有价值的人生，应该是内在价值不断提高和外在价值不断实现的统一人生。

人的内在价值实质上是一种人格精神，这种人格精神主要是由人的德性决定的。人的德性包括人的政治立场和政治方向、道德情操和思想觉悟、意志品质和行为能力等。这种人格精神在促进内在价值向外在价值转化的实践过程中具有十分重要的作用。正确良好的人格精神，可以促使人的内在价值不断充实和有效发挥，更快更好地实现人的外在价值。反之，如果缺乏德性，品质恶劣、作风败坏、沽名钓誉、损人利已，不但会限制各种能力的发挥，影响人生价值实现，而且会给社会和人民带来负价值，甚至完全毁掉自己的人生。总之，内在价值和外在价值是人生价值的两个方面，只有把他们统一起来，才是一个完整的真实的充实的人。

3. 现在价值和应有价值

人生价值的实现是一个动态过程，是从现有价值向应有价值逐渐发展变化的。所谓现有价值是指人生已经实现和正在实现的价值，是指个体的人生现在所具有的意义或状况。它是由当时社会和个人主客观条件决定的，受到历史和现实条件的制约。所谓应有价值是由人生的最高价值目标所规定的理想化的人生价值，是指个体的人生今后应该具有的价值或发展方向。它反映了历史发展趋势，体现了时代进步、人格完善的更高要求。应有价值是经过艰苦奋斗才能达到的较高层次的人生价值。当人们将自己目前的人生价值状态与理想的人生价值愿望相对照时，就会产生人生自觉的价值追求，这就是追求人生的应有价值。人生的应有价值既是由社会历史发展所提出的任务和使命规定的，又是人们根据客观要求自觉选择的，社会历史的发展总是给人们指出“应当如何”的人生价值目的和行为准则，个体自觉适应这种要求，发展自己、完善自己，从而产生了人生应有的价值目标。

现在价值是进步的起点，而应有价值则是前进的目标和动力。从人生发展的现实来看，个人的发展和完善表现为一种不断超越人生现有价值状态，确定人生应有的价值目标，并不断向这个目标迈进的过程。不断地“超越自我”是人进步的前提条件和前进动力，人的一生应是不断追求更高、更新价值的过程。人生的现有价值，只表明人生的现在和眼前价值；人生的应有价值，则显示了人生的未来和长远价值。一个积极进取的人，总是不满足于现有价值，总是要不断冲破现有的、既成的规定，向着更高的目标追求，力图实现理想的应有价值，也只有把现有价值提升到应有价值高度，才能完善人的思想道德修养，才会实现人生的最高价值。

（三）人生价值的尺度

人生的需要和活动是丰富多彩的，人生价值形态也是多样的。但从内容上讲，最能反映人之为人的，最核心、最根本的价值却是人的道德价值。

人类宣称是有“道德”的生物，也就是说我们是有人性的，因为能够使我们的“人性”加以明确的，恰恰就在于我们是有道德的生物这一事实。人是一种动物，但是一种与其他动物“有区别的”动物。这种区别可以用各种方式来解释，然而指出这种区别的一个重要而且关键的解释是：人，并且在所有动物中仅有人，才是有道德的生物。我们在这儿着重强调的是，人自认为把自身与其他动物区别开来，以显示“人性”的，恰在于人的“有道德”。通过比较动物的世界和人的世界来得到这一结论：与我们所熟知的其他生物不同，我们的身体构造是不完善的。我们不具有其他生物所具有的许多本能的反应，我们不是简单地使自己适应生存环境，而是有力量以有效的方式既改造环境又改造我们自己。与动物相比，人在出生时的本能结构既非专门化地和非直接地适应于一个种类的特殊的环境。在上述意义上，不存在人的世界。人的世界是通过自己的建造而逐渐形成。这是一个开放的世界，即一个必须通过人自身的活动来塑造的世界。

然而，在塑造我们的世界时，我们也塑造人类自身。我们建立的制度和思想体系又反过来规范我们自己。与其他生物不同，我们在确定自己的本性方面起着重要的作用。即使我们生活的环境在生物、心理、精神和历史方面的状况极大地制约着个人决定其个性的能力，但还没有任何其他生物能像我们那样创造我们自身和我们的世界。

人通过自己的劳动塑造我们的世界同时塑造人类自身，这是人类根本的生存方式，它决定了人类根本不可能像其他动物那样完全听从本能的支配而从不过问自身是什么、在何处、走向哪里，而这些恰恰是人类的自我创造所必然要问的。人类在她的自我创造中同时追问着人是什么，在何处，走向哪里，而这种追问又影响和决定着人的自我创造。自我创造又产生出新的追问，正是在这样的彼此影响和促进中人创造了并正在创造着我们人类自身和我们人类的世界。然而人类的这种自我创造和追问又不是任意的，而是按照一定的原则进行的，这就是道德，道德包含着存在于我们之中和我们社会的特定的价值选择。我们认为在对道德价值和非道德价值之间的关系中，应特别指出这一点：道德价值比所有其他价值更基本，因为道德价值所触及的不仅仅是我们做什么、体验什么或具有什么，而且触及我们“是什么”。如果一个人没有被赋予财富、优雅、美貌、教育和审美经验的价值，被人们认为是不幸的话，那么，如果一个人是杀人犯、骗子或贼，他就是堕落的，这与“不幸”有着质的差别。这质的差别就在于前者只涉及个人某些价值方面的缺失，后者则损害了他人和社会，是人应有的道德的社会性的破坏和缺失，是缺失了人之为人的本质即人的道德价值。马克思早在一百多年前就已深刻地指出，从根本上说“个人是社会存在物”“人的本质并不是单个人所固有的抽象物。在其现实性上，它是一切社会关系的总和”。所谓把人的道德价值看作是人之为人的本质所在，正是根源于人在本质上是社会的。

社会性质是人的真正的本质，也是人的道德价值在人的全部价值中的基础性和根本性价值的根据。因为人的社会性不同于蚂蚁和蜜蜂的本能，而是一种人的不断创造生成中的社会性，是按照人的道德价值原则去创造社会。

通过对人的本质的考察，我们可以认识到“人生价值的尺度”应该是：在追求和维护人的道德价值的基础上，追求每个人的特殊的、个别的其他价值。任何不顾、违背甚至破坏人的道德价值的其他价值的追求，不仅使人不成其为人，而且使其追求的价值不成其为人的价值，因而不是真正的价值。

二、人生价值的取向

人生价值的实现源于价值的判断和选择，不同的判断和选择则导致不同的人生发展方向和结果，这就是我们所说的价值取向。它在人生中尤为关键。

（一）人生价值取向的维度

由于人生价值形态的多样化，人生价值取向也就必然呈现多元化。在现实社会中，影响人们价值选择的因素是很多的，包括社会的经济条件、文化环境、政治制度以及每个人的认知水平、能力素质、精神境界、生活境遇等。这些，都在不同程度地制约着人们的价值选择并最终决定每一个人的价值实现。那么，怎样的价值取向才是科学的并能够创造最高、最多、最大的人生成就呢？我们认为有如下四个角度。

1. 社会人民性

人的本质是社会性的，人的任何价值也都是社会性的价值。只有尽力创造最好的社会成就价值,才能最大地实现个人价值。当然,这个“社会”并不是抽象的,它的主体就是人民，社会的利益就是广大人民群众的利益。因此，“为人民服务”是我们最高的人生价值追求。这也就理所当然地包含了我们通常所说的“我为人之”“服务社会”和“服务人群”。诚然，每个人的能力有大小，地位有高低，机遇不相同，可能作出的贡献不一样，但只要是为人民利益，哪怕他作的具体贡献再“微小”，从社会的角度他们具有崇高的价值。正如毛泽东同志对张思德同志的评价:“张思德同志是为人民利益而死的，他的死是比泰山还要重的”。正是因为个人价值的大小，取决于个人对社会发展所起作用的大小，取决于个人对他人或集体需要满足的程度。所以，社会民生是人生价值取向的最核心的维度。

2. 客观真理性

价值取向要能正确反映社会历史发展的客观规律性，适应社会发展的需要和时代的要求，符合先进生产力和先进文化发展的基本价值方向，这是价值取向科学性的体现。因为，最优的价值目标是对客观规律的认知及反映，是人们对客观规律在人生中表现的一种真理性认识。任何人在设定自己的价值目标时，必须使自己的思想、计划、符合社会规范或自然规律。诚然，由于人的需要多样性，决定了价值取向存在的多元性和层次性。个体的价值取向要符合客观规律的价值目标，并不意味着要以此取代个人目标，而是在规律的引导下，个体根据自己的实际条件进行不同的选择，即客观真理性是一种定向的规定，个人的价值选择是定位的过程。如青年大学生时期对获取知识，挑选专业，选择职业，谋求事业，发展人生的种种价值选择。

3. 现实可行性

价值取向要符合人的自身发展的实际情况，具备实现目标的主体条件，在现实社会中切实可行，经过努力能够实现。

价值目标是否切实可行，取决于两个因素：一是主观因素，这就是主体自身的条件，如思想素质、心理素质、道德素质、文化素质等，这些都是个人的主观条件。这些条件对每一个人都是不一样的，但这些主观条件，在某种意义上对价值取向起着决定性作用。二是客观因素，即社会客观条件，如社会的政治制度、经济条件，在现实社会大环境中的可行性，包括职业选择的可能程度、法律允许范围、道德行为规范和社会可能提供的物质条件等，这些都是对个体价值取向产生现实的影响和制约性。因此，价值目标的选择必须充分估量主观、客观条件，实事求是，把它建立在科学预见和现实可行的基础上。

4. 理想超越性

价值取向要充分发挥个人的主观能动性，体现主体的积极开拓进取和拼搏精神，这是价值取向先进性和超越性的表现。科学的价值取向定位，既要重视主客观条件，又要充分发挥个人的主观能动作用。作为奋斗的目标，应该勇于开拓创新，敢于超越“自我”，要敢冒点风险，自找压力，拼搏进取。同时，在选择价值目标时必须将解放思想同实事求是有机统一起来，充分体现个人的开拓进取精神和科学态度。一个人的沉沦和奋起并没有天然的鸿沟，命运从来都掌握在自己的手中，因而在价值实现和道德修养中应该充分发挥个人的主观能动性。

（二）价值取向的辩证

在现实生活中，人生价值的取向往往呈现较为复杂的现象，人们也往往会陷于困惑的境地。尤其对于青年大学生来说，理论认知和现实感受确实容易出现较大反差，因而往往对价值选择中的矛盾不好把握并导致无所适从。

1. 为己与为他

个体在社会生活中，经常会遇到“为己”与“为他”的问题，怎样处理这一关系是价值取向中的一个重要问题。在对待这个问题上，有人信奉“主观为自己，客观为别人”“合理利己主义”的行为模式。他们认为：全心全意为人民服务我做不到，损人利己又太可鄙，而“主观为自己，客观为别人”既为自己又为别人，两者兼顾，比较适中。

我们认为，这种看法没有真正了解“主观为自己，客观为别人”这一命题的确切含义。这一命题是 1980 年刊登在《中国青年》杂志上《人生的路呵，怎么越走越窄……》的信中提出来的。它写道：“人都是自私的，不可能有什么忘我高尚薄的人。”“何人不管是生存还是创造，都是主观为自我，客观为别人，就像太阳发光，首先是自己生存运动的必然现象，照耀万物，不过是它派生的客观意义而已。”这就是说，信中所提出的“主观为自己，客观为别人”命题是以人的本性都是自私的为前提的，即人以利己为出发点，也能产生有利于别人的效果。

在现实生活中常常有这样的例子：有的人由于一切从“为自我”出发恶性发展成为极端的利己主义者，最后酿成人生的悲剧，甚至走上违法犯罪道路，害了别人，害了社会，也害了自己。由此可见，所谓“主观为自己，客观为别人”，表面上看来，似乎是不仅仅考虑自己，也想到别人，实际是只顾自己，不顾别人。因此，它在实质上仍是一种利己主义的价值取向。

当然，有的人之所以赞同“主观为自己，客观为别人”这一命题，主要是把它理解成主观上既为自己，也想到别人，做到“自我”与“他人”兼顾。实事求是地讲，如果真的按照这种思想去指导行为，应该说是正当的，是社会主义道德所允许的，但是从道德境界上看是不高的，特别是由于社会生活的错综复杂，“为自己”与“为别人”经常会发生矛盾而不能兼顾。这个时候就很可能只顾自己而不顾别人和社会，这样的人，在当别人遇到危难需要援助时，就很难做到见义勇为，舍己为人了。所以作为青年中的佼佼者——当代大学生应该以更高的标准来要求自己。

其实，人是社会的人，个人生存、发展既依赖自己的努力，又依赖他人的帮助。实际上我们每个人每时每刻都在享受着别人劳动创造的果实，也就是大家为一人；而“我”作为社会的一分子也就应该首先考虑“我为大家”，即努力为别人、为社会贡献自己的力量。从一定意义上，我们可以把社会看作是一个庞大的服务站，每个人既是服务者，又是服务的对象，个人在为社会、他人服务的同时，也在为“自我”服务。只有这样，整个社会的利益发展了，提高了，反过来又为个人的完善和发展创造了条件。因此，强调“一人为大家”则体现了一个人作为道德生活主体的主动性、自觉性，体现了作为人的尊严和崇高的人生价值。然而，正如伟大的科学家爱因斯坦指出的：“一个人的真正价值首先决定于他在什么程度上和什么意义上从自我中解脱出来。”这就是说，当人脱离自我利益越远的时候，人的社会价值则可能越大，人的道德价值可能越高，大学生应努力成为达到这种境界的人。

2. 奉献与索取

在为己与为他的关系中，始终贯穿着奉献与索取的关系。怎样处理好这对关系，是摆在青年学生面前的一个重大课题。“人生价值在于奉献而不在于索取”，这已成为当今许多青年勉励自己的格言。

对社会的奉献，是评价人生价值的根本标准。

奉献，是人生价值的衡量尺度。人类社会的生存和发展，以社会物质财富和精神财富的增长为基础。无论是社会进度，还是个人的生存和发展，都要求个体对社会、对他人承担起自己的责任。事实上，唯有个人对社会的贡献，才能证明自身对社会、对人民的意义。人生的价值就在于对社会进步和人民富裕所做的奉献，这种奉献可以是物质的，也可以是精神上的；可以是政治、经济和文化上的，也可以是道德、科学和艺术上的。个人价值的大小，最终取决于对社会需要的满足程度。

奉献，还是人的精神境界的体现。人们追求人生价值，在奉献中实现人生价值，固然是一种客观的物质活动。但是，在这一活动的过程中，人的精神因素始终在起作用。人们对社会的奉献，在很大程度上反映了精神活动的需要，是人的人格意识的体验。人类道德的进步和完善始终同人们为社会做贡献实践活动不懈的意志力。在奉献中，人的精神境界得以升华，奉献使人生充满了光明、希望。因此，对个体来说，只有积极投入对人类做出贡献的事业，人生才会有真正的意义。

索取，只能以个人利益合理满足为限度。

索取，只是个人利益得以满足的一种形式，也是社会给予个人劳动成果的一种承认和报酬。个人生存必须有一定条件，个人生活和发展有各种需要，这些需要的总和就是个人利益。个人利益的合理满足，是个人生存和发展的必要条件。社会的进步和生产力的发展，并不排斥个人利益和个人需要的满足。社会给予每个成员个人利益的必要满足，是社会发展所必需的。因此，我们应正确对待个人利益，要根据生产发展的需要和群众的要求，努力改善和提高人民的生活水平，为广大人民创造更好的物质和文化生活条件。关心群众个人利益是保护劳动者应得的合法权益和民主权利的体现。

在强调个人利益的时候，我们应该正确认识这样几个问题：第一，个人利益的满足，受社会客观条件限制，我们反对一切不顾社会客观条件的不合理的索取。第二，个人需要的满足有一个界限，这就是索取不能损害他人和社会的利益，不能妨碍社会的进步事业。超过这个界限就会导致个人道德的堕落，甚至陷入犯罪的泥坑。第三，我们反对只求索取，不讲贡献的个人主义思想和行为。在处理个人利益问题的时候，必须要正确处理好长远利益和眼前利益、局部利益和整体利益以及个人利益和社会利益的关系。要以长远的、整体的、社会利益为重。

怎样正确处理好奉献与索取的关系呢？可以从两个层面上来思考：

一是从客观“实存”的关系上来看，奉献和索取是互相联系、互为前提的矛盾范畴。一般来讲，在一定社会关系中，每个人既是社会财富的创造者，又是社会财富的消费者。前者表现为对社会的奉献，后者表现为社会的索取。在这里，没有人们的劳动和对社会的奉献，就不可能保证社会成员的消费。反过来，一个人要为社会做贡献，又需要从社会中获取必要的物质和文化生活资料。而且从个人的发展过程看，总是先向社会索取，然后才能为社会做贡献，因为人在发展的早期尚不具备奉献、创造的能力，为社会做贡献也是人们对社会索取的补偿。从这个意义上谈个人应该为自己的奉献来报答社会人民。这是做人最起码的道德。

二是从价值尺度的层面上来思考。从社会方面来看，社会既要提倡全体成员的奉献精神，又要着重在社会生产发展的基础上，在条件许可的范围内，努力地满足社会成员不断增长的物质和文化生活需要，并尽可能地做到分配上的公平合理，使报酬与劳动贡献、权利与义务相适应。只有这样才能更好地调动人们为社会作贡献的积极性和创造性。从个人方面来说，为社会作贡献是社会存在和发展必不可少的前提条件。只有人人为社会多做贡献，社会财富才能不断增加，不仅为满足人们的需要提供雄厚的基础，而且使社会不断发展和进步。

3. 精神价值与功利价值

我们提倡奉献，强调对精神价值的追求，同时也重视奉献的功利价值。一般的道德问题也好，价值问题也好，在较深层次上都表现为精神价值和功利价值的关系。

人生价值表现为改造世界所做的努力、所做的贡献和个人的自我完善，既具有精神价值的特点，又具有功利价值的色彩。我们所追求的是精神价值与功利价值的统一。人生不是纯粹的精神活动，人生的目的就是要改造社会、完善自我，这就离不开功利和效用，离不开现实的、多方面的需要，脱离了这一点，人生价值就是空洞无内容的东西。但是人生又不纯粹是一个追求功利的过程。因为人有高尚的理性和自由的意志，有丰富的精神生活。因此应必须以崇高的精神来引导功利，否则将会脱离人的社会本质，陷入物欲的满足之中。因而，我们力求的是两者的结合。

精神价值与功利价值并不总是统一的，有时表现为相当尖锐的矛盾。从中国古代的义利之辩、道义论和功利论的对立，到当代人们对利益和道德关系的探讨，无不反映了这一问题。譬如：20 世纪 80 年代以来，对解放军第四军医大学学生张华救老农一事的不同看法，就反映了这种矛盾。张华为救老农献出自己年轻的生命，体现了高尚的精神境界，他的生命是闪光的，他的牺牲是有价值的。但也有人提出这样的疑问：张华冒死救老农值得吗？张华年轻，思想又好，学有专长，将来在工作岗位上会发挥很大的作用；而且国家培养一个大学生，又投入了很多的人力、物力；老农毕竟老了，他对国家的贡献肯定比不上张华的贡献大。在他们看来，诚然，张华精神可嘉，但以一个应当为国家做出更大贡献的大学生的生命去换取一个 69 岁老农的生命，是“拿了金子去换取等量的石头”，不值得。

我们究竟应该怎样看待这个问题，如何对张华做出正确评价？这实际上是如何看待精神价值与功利价值的关系问题。就张华救老农一事而言，首先，我们应该看到，人生的价值不能仅仅从外在的功利上来衡量，更应该从内在精神上来考虑。张华舍己救人的行为，不仅为人们树立了光辉的道德榜样，而且用他自己的行动证明了社会主义道德的巨大精神价值。其次，精神价值也可以转化为功利价值和物质价值。张华的先进事迹和崇高的精神境界激励了人们在自己的工作岗位上加倍努力，创造出更多的物质财富和精神财富。在张华精神的感召下，他的战友后来在华山抢险中又抢救了几百人的生命；他生前所在的第四军医大学二大队涌现出大批献身国防、爱国爱民、无私奉献、攀登科技高峰的英雄群体，受到军委领导的表彰嘉奖，并成为全国青年学习的楷模。一个张华倒下去了，千百万个张华成长起来了。这里还有一个例子：1946 年周恩来从延安回重庆途中，飞机遇到危急情况……在这生与死的关头，周恩来毅然将自己的伞包让给了一位 11 岁的小姑娘，他把生的希望留给别人，而把死的威胁留给了自己。这是一种何等崇高的大无畏的自我牺牲精神，但对周恩来来说这是他必然要做出的选择。一个人在抢险救人的紧急情况下，如果还要掂量掂量被救的人是什么身份，谁的价值大，是否值得去救，那就谈不上什么精神价值和人生价值了。

我们不能离开功利讲精神，但我们更不能抛开精神埋头于功利。当前对市场经济重利性原则的片面理解往往会引发人们对现实功利不适当的追求，不能正确认识和处理精神价值与功利价值的关系，把价值取向定位于只有物质价值，而忽视精神价值；对眼前功利价值追求大大超过了对远大理想前途和高尚情操的追求。当代大学生是跨世纪的一代，应该有远大的理想和抱负，应该确立正确的精神价值和功利价值的标准。注重实际效果是应该的，但人还是要有点精神的。人生价值毕竟有它自己的特点，脱离精神就会把它混同于一般的物的价值。这是我们在确立价值定位时应特别注意的。

4. 智能价值与道德价值

所谓智能价值,就是把个体的知识、能力、智力等因素作为一种价值判断标准，它是构成人生价值的一个方。智能的高低关不能代表人的道德素养的高低，有智商不等于有道德。但在实际生活中，往往有人以智商来忽视或否认人格、品德所具有的价值意义。例如有人认为张华救老农不值得就是这种价值观念的一种反映。所谓道德价值，就是一个人的人格品行所体现出的意义。在现实生活中，我们可以看到，同样是一个知识渊博的人，有的可以有所发明、有所创造，感受到精神的充实和生的意义；有的则可能眼高手低，挑三拣四,一事无成，空有才学。同样是一个残疾人，有的失望，消极抱怨，而有的则能正视现实，战胜困难，奋发有为。这种价值目标实现的巨大反差，原因不在于知识的多少、能力的强弱、智力的高低，而在于一个人的人格品德和意志毅力的自我需要的性质、追求精神境界层次的高低。

社会主义市场经济倡导竞争，鼓励创新，激励人们在竞争创新中充分发挥自己的才能，进一步完善并体现智能价值。市场经济的发展，驱使着青年学生追求新观念，注重技能素质的提高，注意创新能力的培养，崇尚务实，讲求效益，力求适应环境的变化，实现个人的价值。但是，市场经济的负责影响也会带来人格的扭曲，有的学生在知识技能方面竞争意识很强，但在思想道德方面则甘居中游，不求上进者不乏其人，对学校、社会为了提高大学生思想道德素质而进行的各种教育活动缺乏应有的兴趣和热情；有的学生集体观念趋于淡薄，而特别看重个人利益；有的学生为了能在智能竞争中获胜而采取一些损人利己的做法；有的学生个人衣着讲究，可以“领导新潮流”，但在宿舍经常不叠被子，对周围环境的脏、乱、差视而不见，甚至逃避卫生值日，令人感叹“一屋不扫何以扫天下？”……诸如此类的现象，令人深思。在步入知识经济的时代，青年学生正面临着成人与成才两大人生课题，一个人成才并不仅仅是因为他具有渊博精深的科学文化知识，更重要的是要具有高尚的思想道德和健全的身心体魄。一个人不修身，就不会成为有用之才。一个没有高尚人格境界的人，是不可能为社会作出贡献的。人生价值的实现、创造，一方面要努力培养和提高自己的智能才学，另一方面更需加强自己的人格锻炼和思想道德修养。

（三）人生价值取向的原则

集体主义，自新中国成立以来，作为始终提倡的道德原则，在过去的半个世纪里，在社会主义经济建设和思想道德建设中一直发挥着巨大的作用。今天，在走向现代化的进程中，在社会主义市场经济条件下，我们仍然要大力弘扬这种精神。

当然，以集体主义作为价值核心，首先必须符合一个前提，即根据马克思主义的基本观点，坚持科学的集体主义道德原则，关键在于这个原则是否建立在“真实的集体”上。“真实的集体”包括两个基本的条件：这个集体必须代表最大多数人的利益；个人和集体存在着矛盾，但不是绝对对立的，集体的发展是以个人的发展为前提的，同时，集体发展又是个人发展的保证。马克思、恩格斯在《德意志意识形态》中，鲜明地阐述了这一思想：在过去和种种冒充的集体中，个人自由只是对那些统治阶级范围内发展的个人来说是存在的，他们之所以有个人自由，只因为他们是这个阶级的个人。在真实的集体中，各个人在自己联合中通过这种联合获得自由。在这种联合中，每个人的自由发展是一切人的自由发展的条件。显然，虚幻的集体则是以少数人的利益作为“集体利益”，把集体利益与个人利益绝对对立起来，抹杀正当的个人利益。集体利益的道德原则只有建立在“真实的集体”的基础上，才是真正科学的。科学集体主义的基本要旨在于：个人和集体（社会）的关系始终是对立统一的关系，基“对立”在于，两者各自具有相对的独立和特质，存在着差异，彼此不可以简单地相互取代。但两者却又是有机统一的，其统一性在于，个人是集体（社会）的有机组成部分，集体是联合起来的大多数个体的整体表现。基于个人与集体关系的这种理解，当个人利益与集体利益发生矛盾冲突时，集体主义原则强调以集体利益作为根本利益，个人利益服从集体利益。因此，科学的集体主义原则不仅是社会主义制度和理想的必然选择，而且是符合人类发展规律的科学理性，在社会主义市场经济条件下，它仍然具有强大的生命力，世界文明的发展进程也以雄辩的事实证明了这一点。

同时，社会主义集体主义原则作为社会主义处理个人与集体之间的关系的准则，不是僵死的教条，它必将随着社会主义社会实践的发展而不断充实和完善。在社会主义市场经济条件下，由于经济关系的变化导致了个人与集体之间关系的变化，这势必使今天的集体主义有别于计划经济时代所说的集体主义，呈现出新的特点：

第一，个人与集体关系多元化。在计划经济体制下，个人与集体的关系只有个人与国家一种形式。因为计划经济是一个高度一体化的经济体制，国家不仅是政治权力的行使者，也是经济权力的行使者，是唯一合法的利益主体。而在市场经济条件下，利益主体出现了多元化的趋势，国营企业和各种非国营企业都成了具有独立利益的利益主体。这些企业也都属于集体范畴。个人与这些企业的关系也是个人与集体的关系。但是，这些集体并不是社会整体利益的代表，个人与这些企业间的关系不能简单等同于计划济时代个人与集体间的关系。

第二，个人与集体关系契约化。市场经济使人获得了前所未有的、根据自己的特长和爱好选择职业的可能性，使人可以自由地在不同的集体之间进行选择，这样就使得个人与集体之间的关系成为以独立、自由为基础的契约关系。这种关系要求个人和集体彼此履行自己的义务和尊重对方的权利。

第三，集体构成有机化。在计划经济体制下，维系集体的主要靠行政命令和手段，这种集体很大程度上缺乏共同需要和利益的纽带。在市场经济条件下，利益作为人们行为的驱动器，促使人们结成某一集体的主要是他们的共同的利益。在此条件下，个人与集体的关系是一种互动的关系，即个人利益的增加又反过来促进个人利益的实现。所以这是一种比以行政手段联结起来的集体更真实、更具有吸引力的有机的集体。

因此，在社会主义市场经济条件下，一方面，坚持集体主义是以尊重和重视个人利益为必要条件，而不是无视或忽视个体利益和个体发展；另一方面，当代意义的集体主义向人们提出的道德要求是：第一，不损害公共利益（如诚实劳动、爱护公物、遵守社会公德、遵纪守法等），这是任何一个公民都必须遵守的最低层次的道德要求；第二，当个人利益与公共利益发生冲突时，应首先考虑和维护公共利益（如顾全大局、先公后私，敢于与不良现象作斗争等）；第三，自觉地促进公共利益（如全心全意为人民服务、大公无私），这是市场经济条件下集体主义原则最高层次的要求。

所以说，只有坚持集体主义，才能克服或削弱市场经济的负面效应，促进我国经济建设的协调和可持续发展；只有坚持社会主义，才能促进社会主义精神文明建设，提高人民群众的思想境界和道德情操，促进人的全面发展；只有坚持集体主义，才能为青年学生的健康成长开辟道路。集体主义原则是个人与集体、国家之间辩证关系的正确体现，是青年学生理想确立和人生价值实现的指南。正如马克思、恩格斯指出："只有在集体中，个人才能获得全面发展其才能手段，也就是说只有在集体中才能有个人自由。"❶

三、人生价值的追求与实现

人生是一个价值形态，人生的过程是一个动态的实践过程，因此人生价值

---

❶《马克思恩格斯全集》第3卷，人民出版社，1979。

的追求和实现不仅是个理论的问题，更根本的是个实践的问题。它既依赖于社会的客观条件，又取决于个人的主观努力，人生价值的追求和实现就是一个选择、奋斗和再创造过程。

（一）选择的理性化

人生价值追求需要理性地确定自己的价值目标。这个价值目标从根本的意义上说必须符合社会主义社会的价值取向原则。在这个前提下，还要正确地把握个体价值追求的定位。忽略这一点，人生价值的追求不仅可能事倍功半，而且可能导致对人生根本价值目标的否定。实践证明，人生价值追求的个体定位（包括起点、内容、方式、途径等选择）越符合自身的实际，选择的自觉性越高，实现的成效往往越好，实现的可能性往往越大。

从个体人生的建设来看，人生的确是一个选择的链条。选择，从哲学的意义上说，它是人的主观能动性的必然反映，没有这种能动性，人的活动就无异于动物的本能。的确，人既不像过去一些乐观的理性主义者所认为的，是宇宙之主人，也不像近代那些悲观的非理性主义者所描述的，只是迷失于宇宙一隅的无家可归的动物。但正如哲学家拉美特利所指出的：在未到一定年龄之前，人的自保本能实在不及动物，把幼儿和一只动物放在悬崖边，只有幼儿会跌下山谷去；一只狗和一个孩子一同迷失在路上，孩子除了哭，不知道向哪个菩萨求救好，狗却可以凭着嗅觉找到家。人比动物的高明之处就在于人的理性（能动性），这种独有的意识萌发不仅补偿了由于本能衰减而在动物面前表现的劣势，而且获得了人特有的能力，这些能力构成了动物无法逾越的巨大鸿沟。人可以为了某种目的进行创造，生产出自然界本身不具备的东西，而动物却只能利用，不能创造。马克思关于建筑师和蜜蜂的比喻的确是对人的能动性的一个经典说明。

从个体人生的过程来看，人生的确是一个选择的链条，从生活、学习到爱情、事业，人生的每一步既是选择的结果，又是下一次选择的开始。所以有没有对选择有误解，选择是自觉还是不自觉，对于人生的成败，对于人生价值的实现具有极为关键的意义。缺乏选择意识的人，生活往往显得盲目，人生处于随波逐流的状态，偶尔也许能入“流”，但从根本上说对自己人生的把握是失控的；没有自觉选择意识的人，生活常常是被动的，“当一天和尚撞一天钟”，他们有时在某些问题上也许能撞上成功，但从总体上说他们对自己人生的把握是模糊的，不确切的。显然，这两种情形都极大地影响了人生价值的实现及其程度。

人生价值的实现之所以强调人生自觉的选择意识，这是因为，人生的生命历程对每个人来说只有一次，每个人在人生道路上面临的问题障碍、机会和可能性是不一样的，具有自觉、科学的选择意识就能使人在纷繁复杂的多种可能性中做出积极和主动的选择，在充满“诱惑”的现实中牢牢把握住自己的目标和发挥自己的优势。因此，选择体现了人的理性自觉，不能将其片面地理解为是“随心所欲”，是“不断地变换工作”，是“人往高处走”，这充其量只是对选择一种肤浅的认识。

在确定个体人生价值目标时，有两点必须注意：其一，个体人生价值的确定的过程并不是一次完成的，因为在人生发展的不同阶段，人们必须不断地根据已经变化了的条件来确定自己新的起点和目标。由于各个人的条件不同，确定起点和目标固然有大小高低之别，但是起点和目标应是方向一致的两个端点，两者的“重合”是人生奋斗的结果。生活中，有的人容易在这个问题上发生混淆，或者把目标当作起点，结果常因现实不如意而沮丧，而且这种心态还会使人变得“大事做不来，小事又不做”，结果是一事无成。或者把起点当作目标，其实是放弃理想追求。其二，定位的起点。具体目标不同，实践结果的层次、程度、境界是有区别的。有一种观点认为，我只追求一个平凡的人生价值，那种“无私奉献”的价值追求是空洞的。显然，这种看法是偏见。哲人说，偏见比无知离真理更远。它的要害在于用一种片面性取代另一种片面性，自己却以为找到了真理，其实不然。应该指出，在同一取向上，如果说多劳多得，按劳或按生产要素取酬是合理的，那么，无私奉献的价值追求显然体现了一种更高的道德境界。在社会主义发展的初级阶段中，不应以最高的道德境界作为普遍的道德要求，但是并不等于这种层次和境界是空洞无意义的。相反，整个社会的发展正是不断引向这个境界的过程。毫无疑问，青年大学生应该正确认识这个问题，并自觉地提高自己人生价值追求的道德境界，促进社会文明的迅速发展。

（二）价值体现的过程化

人生价值的追求是一个不懈奋斗的实践过程。如果仅仅将选择停留在意识、观念的层次，对于价值实现来说只是一种潜在的可能；如果将选择仅仅局限在某一具体的行为上，那么对于人生价值实现来说是微不足道的。追求人生价值的实现必须要不懈地奋斗，不断地实践。这主要包括两个基本的要求：第一，朝着一定的价值目标，不断地努力，脚踏实地，一步一个脚印地实践。从这个意义上说，人生就是一个不懈的奋斗过程。不努力，不奋斗，再完美的理想，再完善的设计都是空想，都变得毫无意义，充其量不过是潜在的状态。对于大学生来说，尤其需要强化这种认识。现代社会充满激烈的竞争，在社会主义制度下，不是残酷的弱肉强食、你死我活，但却必然造成优胜劣汰。毫无疑问，这是社会进步的内在推动力。因此，一个人无论是在生存的层次还是发展创造的层次，要对社会有所贡献，实现人生价值都要不断学习和实践。第二，在追求人生价值目标的过程中，必须敢于和各种来自自然、社会、自我的困难、障碍进行艰苦斗争，善于实践。不同的人所遇到的困难和障碍是不一样的，但是，任何实现人生价值追求都不可避免地在不同的程度上要与各种艰苦条件、困难做斗争。青年大学生从校门到校门的特殊社会境遇，加上父母的百般呵护，使得不少人在这个问题上缺乏充分的心理准备，因而表现出意志薄弱，缺乏实践的毅力。当面临来自身心、社会、人为或自然等各种困难和危机时，容易产生简单否定的极端情绪和做法，这不仅不利于促进人生目标的实现，而且会导致人生价值目标的放弃，甚至是毁灭。艰苦奋斗，不仅是中国共产党的优良传统，亦是中华民族优秀的传统美德。在我国追求全面实现建设小康社会社会主义现代化新的历史时期，艰苦奋斗无论对于个人生存发展还是对国家的繁荣进步都是极为重要的。

没有自觉理性的实践是盲目的，不付诸实践的理性是无意义的，只有自觉地以科学的世界观和方法论为指导，以社会主导的价值目标为取向，以个人的实际条件为起点去进行人生价值的理性选择，并以坚韧的毅力顽强地与各种困难和障碍作为关键，为自己所做的选择负责，不懈地朝着选择的目标奋斗，人生价值实现才可能由理想变成现实。

（三）自我实现的创造化

人生价值的实现必须从现在做起，不断创造。对人生价值的认识，古今中外有许多不同的看法。中国传统社会比较典型的代表有“儒、道、佛”三家。儒家的“天人合一”一方面是指人类与以“天”所指称的整个大自然、世界是构成一个统一的整体；另一方面是讲人类的规律和道理与“天”的规律是一致的。因此，儒家主张“天行健，君子以自强不息”，是一种积极入世、坚强有力的进取态度。以老子为代表的道家，虽然也强调“天人合一”的基本思想，但却认为天人都受无形无体的道与自然的制约与影响，认为“天地不仁”，人与天、地、道的关系是“人法地，地法天，天法道，道法自然”（《道德经》二十五章），而“道常无为而无不为”（《道德经》三十七章），因而人应顺应天道主张消极无为。从印度传入中国的佛教思想构成了中国的佛家传统，佛教认为人世的所有一切包括生、老、病、死、痛苦和欢乐都是幻象，是陷于生死轮回的苦海，只有超脱生死轮回，进入西天的极乐世界才是人最有价值的终极归宿。因而人们在现世的一切努力进取都是大梦一场，终究是一无所获，主张人们在现世要去私去欲、清静修行为真正有价值的来世做准备。

马克思主义唯物史观告诉我们，历史是人民群众创造的。人民在改造自然的同时，也在改造发展着人类社会与人自身。人在本质上是一种社会存在物，他们只能在创造美好社会的过程中最终实现他们自身的价值，这就决定了人类的每一个成员都必须把进取创造作为人生价值的永恒追求。要喜爱你自己的价值，你就得给世界创造价值，只有在不断的创造中，才能显现人生价值魅力。

四、人生价值的标准与评价

（一）人生的自我价值与社会价值

人生价值内在地包含了人生的自我价值和社会价值两个方面。人生的社会价值，是个体的人生活动对社会、他人所具有的价值。人生的自我价值，是个体的人生活动对自己的生存和发展所具有的价值，主要表现为对自身物质和精神需要的满足程度。

人生的社会价值和自我价值共同构成人生价值的矛盾统一体，两者既相互区别，又密切联系、相互依存。

一方面，人生自我价值的实现是个体为社会创造更大价值的前提。人生的自我价值是个体生存和发展的必要条件，只有个体自身物质和精神需要得到了满足即个体自我价值不断实现，才能为社会、他人做出自己的贡献，创造社会价值。

另一方面，人生的社会价值是实现人生自我价值的基础，没有社会价值，人生的自我价值就无法存在。人的本质属性是社会性，人总是生活在一定的社会当中，个体无法脱离社会而存在和发展。个体的人只有在社会中，才能使自己的物质和精神的需要得到满足，一个人的需要以怎样的方式和多大程度上得到满足，也是由社会决定的，即个人价值的实现取决于他的人生活动对他人和社会的贡献，即他的社会价值。

（二）人生价值评价的根本尺度和基本尺度

根本尺度：是看一个人的人生活动是否符合社会发展的客观规律，是否通过实践促进了历史的进步。

基本尺度：是劳动以及通过劳动对社会和他人作出的贡献。劳动和贡献的尺度是对人生评价根本尺度的一种具体化，也是社会评价一个人的人生价值的普遍标准。一般来说，一个人通过劳动对社会和他人所做的贡献越大，他在社会中获得的人生价值的评价就越高。在我们社会主义社会中，衡量人生价值的标准就在于看一个人是否以自己的劳动和聪明才智为中国特色社会主义事业、为广大人民群众的利益、为我国和谐社会的建设做出了真诚奉献。

（三）掌握恰当的评价方法

要比较客观、公正、准确地评价社会成员人生价值的大小，除了掌握科学的标准外，还需要掌握恰当的评价方法，做到以下四个坚持：

第一，坚持能力有大小与贡献须尽力相统一。每个人的能力有差别，同时，各人所具备的实现人生价值的各种条件也是有差异的，这就决定了各人对社会贡献的绝对量大小不同。所以，考察一个人的人生价值，要把个人对社会的贡献同他的能力以及与发挥自己能力相对应的社会条件联系起来。不能简单地认为能力大的人就实现了人生价值，能力小的人就没有实现人生价值。在我们社会主义社会，任何人只要在自己的工作岗位上尽职尽责，兢兢业业，尽了自己的力量和责任而工作，就应该对其人生价值给予积极、肯定的评价。

第二，坚持物质贡献与精神贡献相统一。社会的发展与进步是物质文明和精神文明的共同发展与进步，社会劳动的内容是物质生产劳动和精神生产劳动的相互转化和统一。因此，评价一个人的人生价值，不仅要看其对社会做出的物质贡献，也要看对社会做出的精神贡献。精神贡献对社会发展的巨大推动力有时是不可估量的。

第三，坚持完善自身与贡献社会相统一。要正确认识人生的自我价值与社会价值的关系，虽然人生的社会价值是实现人生自我价值的基础，评价人生价值主要应看一个人的人生活动对社会和他人所做的贡献。但这并不意味着要否认人生的自我价值。社会是人创造并由个体组成的，人的自我完善和全面发展、个体自身物质和精神需要得到了满足，才能为社会、他人作出自己更大的贡献，创造更多的社会价值。

第四，坚持动机和效果相统一。动机和效果是相辅相成的，动机引发行为，行为造成效果；效果由行为造成,行为由隐藏其后的动机支配。一般说来,动机善，相应的效果也善；动机恶，效果也恶。但是，动机与效果并不总是一致的，在某些情况下，善的动机也可能产生恶的效果，恶的动机也可能产生善的效果。所以，在人生价值的评价中，既要在坚持动机和效果辩证统一的基础上，注重其人生实践的最终结果，又要全面考察其具体的人生实践历程。联系动机看效果，透过效果察动机，只有这样才能正确、客观评价一个人的人生价值。

一个人做事只凭动机，不问效果，等于一个医生只顾开药方，病人吃死了多少他是不管的。我们判断一个党，一个医生，要看实践，要看效果。（毛泽东）

五、人生价值实现的条件

（一）人生价值实现的社会条件

第一，实现人生价值要从社会客观条件出发，正确把握社会发展所提供的条件。人生价值是在社会实践创造中实现的，一定的社会客观条件对人生价值的实现有着重要的制约作用。在人类历史上，许多有抱负有才能的人之所以未能实现自己的人生价值目标，就是因为缺乏实现人生价值的社会客观条件。在我国当今的社会主义时期，我国社会主义制度的建立和完善，改革开放以来社会主义现代化建设所取得经济、政治、文化等各方面的巨大成就，为人们实现人生价值提供了广阔的舞台。大学生应珍惜难得的历史机遇，把自己的人生价值目标建立在正确地把握当今中国社会发展为我们所提供的良好的条件基础上，努力、充分地实现自己的人生价值，为社会、国家做出自己应有的贡献。

第二，人生价值目标要与符合社会发展规律、具有客观真理性的主导价值目标相一致。现实社会中存在着各种不同的人生价值目标，有的与社会发展规律相符合,有的不符合社会发展趋势。当代大学生要学会运用科学的世界观和方法论，确立与符合社会发展规律、具有客观真理性的主导价值目标相一致的人生价值目标，以创造自己的辉煌人生。

党的十六届六中全会提出了社会主义核心价值体系这一科学命题。指出社会主义核心价值体系是建设和谐文化的根本，有利于引导全社会在思想道德上共同进步，有力推动构建社会主义和谐社会的伟大进程。当代大学生应确立与社会主义核心价值体系一致的人生价值目标。社会主义核心价值体系包括四个方面的基本内容，即马克思主义指导思想、中国特色社会主义共同理想、以爱国主义为核心的民族精神和以改革创新为核心的时代精神、以“八荣八耻”为主要内容的社会主义荣辱观。这四个方面的基本内容相互联系、相互贯通，共同构成辩证统一的有机整体。

中共十八大报告明确提出“三个倡导”，即“倡导富强、民主、文明、和谐，倡导自由、平等、公正、法治，倡导爱国、敬业、诚信、友善，积极培育社会主义核心价值观”，这是对社会主义核心价值观的最新概括。习近平同志在十九大报告中指出，要培育和践行社会主义核心价值观。要以培养担当民族复兴大任的时代新人为着眼点，强化教育引导、实践养成、制度保障，发挥社会主义核心价值观对国民教育、精神文明创建、精神文化产品创作生产传播的引领作用，把社会主义核心价值观融入社会发展各方面，转化为人们的情感认同和行为习惯。社会主义核心价值观明确国家发展目标，也同时确立人生为国家发展奋斗的目标，人生在国家发展坐标体系中的方位定位，体现国家发展目标与人生奋斗目标的有机统一。

（二）人生价值实现的个人条件

第一，从个体自身条件出发，要正确客观地认识自己。每个人在思想道德素质、科学文化知识水平、生理心理条件等方面都会与其他人有一定的差异。现实生活中往往存在这样的情形：某一个具体的价值目标，对这个人来说是恰当的、比较容易实现的，而对另一个人来说就未必如此。因此，每一个都应当实事求是地根据自身的条件来确定自己的人生价值目标。大学时期是一个人自身条件变化较大的阶段，再加上社会经验、人生阅历等方面的局限性，大学生往往容易夸大或者低估自身的能力，不切实际地抬高或者贬低自己，从而给自己人生价值的实现带来意想不到的障碍。因此，客观地认识自己，是确定人生价值目标的重要前提条件。

第二，不断提高自身的能力，增强实现人生价值的本领。人在实现人生价值的过程中不可避免地要受到自身条件的限制，这些条件有些是天生的，但绝大多数是可以改变的。所以，个人的主观努力，在相当大的程度上决定着一个人的人生价值的实现程度。这就要求我们要积极主动地通过学习、锻炼使自己的能力逐渐得到加强。大学生可塑性强，正处于增长知识才干的关键时期，我们应抓住这一人生的美好时光，努力通过各种方式和途径，全面提高自身的综合素质和能力，为自己人生价值的创造和实现打下良好基础。

第三，立足于现实，坚守岗位做贡献。人生价值终究要通过自己所从事的事业来体现，要通过自己的日常工作和生活展现出来。所以，每一个立志实现自己人生价值的人都应在自己的工作岗位上脚踏实地、埋头实干，充分发挥自己的聪明才智以实现人生价值，为社会做出应有贡献。

第四，始终保持自强不息的精神状态。当代大学生要实现自己的人生价值，就需要在实践中继承和弘扬中华民族顽强拼搏、自强不息的精神。畏惧劳苦，贪图安逸，坐享其成，最终只能虚度年华。“有志者，事竟成”，只要始终保持自强不息的精神状态，具有与客观真理性的主导价值目标相一致的人生价值观，朝着既定的人生价值目标前进，终将有所收获。

六、在实践中创造有价值的人生

（一）社会实践对实现人生价值的重要意义

人生价值目标的实现是一个实践的过程，社会实践是人生价值真正的源头活水，是实现人生价值的必由之路。人的社会价值与自我价值、人生价值的标准和评价、价值目标的选择以及人生价值的创造和实现，这一切问题从本质上说，都是在实践中产生，又是在实践中解决的。社会实践不仅是确立人生价值目标的根据和源泉，还是人生价值创造和实现的唯一途径。人生之所以有价值，是因为人能够自觉地、有意识地认识和改造客观世界与主观世界，创造物质财富和精神财富。所以，当今大学生应努力在实践中创造自己的人生价值。

（二）在实践中创造有价值的人生

第一，走与人民群众相结合的道路。人民群众是物质财富和精神财富的创造者，是推动人类社会历史前进的动力，是国家和社会的主人。大学生应在为人民群众服务、实现人民群众利益的过程中实现人生价值。大学生只有走与人民群众相结合的道路，从群众中来，到群众中去，走群众路线，虚心向人民群众学习，从人民群众中吸取营养，才能使自己的人生大有作为。

第二，走与社会实践相结合的道路。大学生不仅要刻苦学习书本知识，而且更要努力把所学的知识运用于改造客观世界和主观世界的实践中，因为社会实践是知识创新的源泉，是检验真理的试金石，也是青年锻炼成长的有效途径。而当今中国最重要的社会实践，就是全面建设小康社会、加快推进社会主义现代化、实现中华民族伟大复兴的实践。大学生应积极投入到这一实践中去，最大限度地实现自己的人生价值。

第五节　科学对待人生环境观的建立

创造有价值的人生，总是在一定的环境中进行的，人生价值能否实现以及实现的程度，取决于人生价值目标是否正确，也取决于如何对待人生的环境。

所谓人生环境，就是人们的社会实践活动所赖以展开的各种关系的总和。正确对待人生环境，主要就是要协调好四种关系：自我身心的关系、个人与他人的关系、个人与社会的关系、人与自然的关系，使我们构建起自我身心、个人与他人、个人与社会、人与自然的和谐关系，为价值目标的实现创造良好的环境。

一、协调自我身心关系

（一）身与心的关系

每个人都有身心两个基本方面。所谓身指的是人体的生理组织以及身体的机能；心指的是人的心理或称精神活动，通常用知、情、意来概括。

两者的关系：一般来说，身（生理）是心（心理）的物质基础。青年毛泽东在《体育之研究》一文中写道："体者，为知识之载而为道德之寓也。"文中他精辟地论述了身体是物质基础，没有健康的身体，人的知识、道德就没有了载体。身体同样是心理健康的物质基础。生理健康状况在某种程度上影响着心理健康。往往有的人得了重病或身体有残疾，就会整日心情忧郁，陷于焦虑、抑郁的情绪中不能自拔，心理健康就会受到损害。

心为身的精神机能。心理健康每时每刻都会影响人的生理健康。一个人如果长期处于高度紧张或抑郁状态下，由于其体内激素分泌、肌肉紧张度等的变化，会导致免疫系统受到某种程度的抑制，难以处于最佳工作状态，这时人的抵抗力就会下降，疾病也就乘虚而入。现代医学研究表明，人的躯体疾病，好多都是心理疾病躯体化的表现。如慢性病、癌症等。因此，心理健康在某种程度上甚至比生理健康更重要。二者相互作用，作为有机统一体对人的生活实践产生影响。一个人除了有健康的身体，更要有健康的心理，才能为实现人生价值创造良好的自我环境。

（二）新的健康观

健康包括生理健康、心理健康、社会适应良好以及道德健康，它是一个从单纯医学、卫生概念扩展为包括社会精神文明状况的综合概念。

长期以来，许多人认为"没有病痛和不适，就是健康"，甚至有人认为能吃能喝能睡就是健康。也就是说，人们习惯上把躯体完好无疾病作为人体健康的唯一标志，而忽视了其他因素。比如人的心理状况和社会适应状况。这种观念导致人们只重视躯体健康而忽视心理疾病，只重视身体锻炼与保健而忽视心理的训练与保持。随着社会的发展和人们认识水平的提高，人们越来越认识到，人不仅是一个生物体，而且有复杂的心理活动、生活在一定的环境中。影响人健康的不仅有生物因素，而且还有心理、社会因素。人的心理健康和生理健康是统一的。新的健康观应运而生。当代大学生应该重视心理健康。

（三）大学生保持心理健康的途径和方法

对于大学生来说，保持心理健康最根本的方法是树立正确的世界观、人生观和价值观，此外，还应学会一些具体的心理调节方法和艺术，提高自我心理调节能力。

1. 提高挫折适应能力

挫折在人的一生中是不可避免的，不要哀叹自己为什么那么倒霉，总要遇到不如意或是失败，其实每个人都会遇到挫折，只是有大有小而已。可能许多同学都曾学过"天将降大任于斯人也，必将苦其心智，劳其筋骨，饿其体肤，空乏其身"这句话。也就是说，做任何事情要想获得成功，必须得付出代价，而遇到挫折和失败是所付出的代价的一部分。遇到失败或是挫折并不可怕，关键的是你如何对待挫折，不能一遇到挫折就心灰意冷、一蹶不振。

首先，正确认识挫折。挫折既是客观的，又是主观的。挫折对人的影响与其说取决于挫折本身，不如说取决于对挫折的评价和态度。所以，面对同样的挫折，有的人焦虑不安、怨天尤人、悲观失望，有的人却心平气和、冷静应付、乐观进取。因此，要正确认识挫折，才能战胜挫折。应视挫折为正常，有正确的挫折认知方式，不能以偏概全、夸大后果，还要看到挫折的积极效应。

其次，增强耐挫力。耐挫力是一个人心理健康水平的主要标志之一。又称容忍力、挫折承受力，是指个体对挫折可忍耐、可承受的程度。耐挫力较强者，对挫折的反应往往较小、感受挫折的时间较短、挫折对他造成的消极影响小；而耐挫力较弱者，则容易受挫折的不良影响，容易因挫折而一蹶不振。一个人耐挫力的大小，往往要受到很多因素的影响。主要包括生理因素、生活经历、思想基础、个性特征、认知方式、期望水平和心理防御机制等。

再次，提高挫折调节力。耐挫力只是一种比较被动的挫折抵抗力，它主要起缓解压力、等待时机、保持心理行为正常状态的作用。而更积极、更有效的方式，则是对挫折直接进行调整、改变和排除，这种能力就是挫折调节力。其主要特征在于对挫折情境积极主动地适应，对心理矛盾自觉有效地调节，不断地协调外部环境和内部环境，使其有利于个体的发展和提高。这是一种积极主动的方法，它决定着一个人能否很好地把握环境、转危为安、反败为胜、化解困境、夺取最后胜利。这是一个人心理健康、个性成熟、人格健全与否的重要标志。

2. 建立科学的心理防御机制

所谓心理防御机制，是一种摆脱精神紧张状态的心理适应机制，通过调整自身的价值系统，从而改变自己对挫折的认知和情绪反应，以减少精神痛苦，维护自尊心，求得内心平衡。心理防御机制有积极和消极两种。积极机制如升华、补偿在缓冲心理挫折的同时，常常表现出一种自信、愉快、进取的倾向，可以使人暂时解除痛苦和不安，有助于个体积极战胜挫折。消极机制（文饰、潜抑、否定、幻想、抵消等）只是一种自欺欺人，因为现实问题并未解决，只能使人逃避现实，或陷入更大的挫折或冲突情境中，过分使用还可能引起心理疾患。心理防御机制在现实生活中是一种相当普遍的心理现象，它本身不是病态的，但若运用不当或过分，会影响个人对周围社会环境的适应，成为变态的表现。而一个人对心理防御机制的运用恰当与否，反映了一个人的性格特征和心理健康水平。对于大学生来说，学习和善于运用积极的心理防御机制来应付可能面临的严重挫折情境，以求得心理平衡和自我完善，是大学生健康人格发展的重要内容之一。但从本质上讲，心理防御机制的作用是被动的、暂时的，只能治标不能治本。它是在既定的挫折情境下，力图缓解心理冲突，减少焦虑情绪，使人更好地接受挫折，而不是力图去改变引起心理冲突与焦虑的情境，从而战胜挫折，去夺取成功。因此，运用心理防御机制不是解决问题的根本方法，重要的是要在思想上树立起辩证唯物主义观点，充分认识挫折对人生的意义，同时增进心理健康。

3. 养成快乐习惯，做个乐观者

我们很多人都以为如果自己健康、有成就、大家都喜欢你，自己就会快乐，其实，只有你保持快乐，才会更成功、更健康、更受人喜爱。不快乐的人总在等待快乐的到来，然而这种快乐多半会落空。我们并不是在解决某个问题、获得某种成功时才快乐，而应保持一种快乐的心境，使之成为一种习惯。如果你不快乐，并不是你没有快乐的理由，而是你没养成快乐的习惯。我们要有一双善于发现快乐、感受快乐的心。

4. 发掘自身潜能

【案例】

最大的宝藏

沙特有一位25岁的姑娘，长得很漂亮。可是，她不明原因地“哑”了20年。多方医治无效。一天，媒人领来一个比她大25岁的丑老头子，姑娘的父亲逼她嫁给他，一急之下，姑娘讲出了20年来第一句话：“我宁死也不嫁给他！”姑娘的哑症不治而愈。

中国《医部全录》记载：明朝年间，某地一姑娘得了一种怪病，打哈欠后两上肢再也放不下来了，家人只好请来郎中诊治。只见郎中看着病人说，治这病必须用艾叶炙肚脐下的丹田穴。说完，就动手去解姑娘的裙带，姑娘羞得忙用双手来护，不知不觉中两个上肢都放下来了。

从某种意义上讲，这属于医学范畴的事。但这对人生不无启迪。一个人只要处于一种特定的环境氛围中，然后给人以一个刺激，往往会激起人体内潜在的一种神秘力量，使原先的症状彻底解除。其实，许多研究人类潜力的科学家都曾指出，人的能力有百分之九十处于休眠状态，未曾探测开发。有部分专家甚至表示，其实人的能力有百分之九十五都尚未被用于生活、工作中。

人是极容易安于现状的，我们的惰性是阻碍进步的最大障碍，一旦走入这个死巷，就很少能够出来。有的人终其一生，也不知道自己的潜能到底有多大。假如我们多给自己一次崭新的尝试，多一点勇气，多一些勇往直前的干劲，或许，你会发现一个全新的自己。你不但能做，而且能做得很好。

5. 学会人际交往和宽容

人是社会的人，交往是人生发展的内在需要。当一个人的交往需要没有得到满足时 . 就会情绪低落，甚至会产生孤独、空虚、抑郁、自卑和恐惧等不良心理，严重的会在行动上表现出自我封闭、逃避现实、自暴自弃，或与外界冲突、对抗，甚至丧失生活的信心和勇气。处在青年期的大学生，这种交往的需要更加强烈。许多同学都有这样的体会，与朋友在一起共同从事一项有意义或有趣味的活动，可以放松紧张的情绪，可以集思广益、获得启迪，可使人变得轻松、愉快、效率倍增，可使生活丰富多彩。正如美国著名心理学家罗杰斯所说：“只要能够创造真诚相处、互相理解和彼此尊重的气氛，就会出现奇迹。人人都可以由僵化变为灵活，由静态变为动态，由依赖变为自主，逐步实现自己的全部潜能。”培根则说：“如果你把快乐告诉一个朋友，你将得到两个快乐；而如果你把忧愁向一个朋友倾诉，你将被分掉一半忧愁。”善于交往的人，常常是健康、快乐和成功的人。在人际交往中，人们的自信心往往会不同程度地受到他人评价的影响，而各种各样的心理障碍又往往与自信心的不足有关。因此，在交往中保持自信心，学会不过分在意他人的评价是十分重要的。如果一个人的自信心只能通过他人对自我的肯定来建立，那他不仅没有真正的自信心，而且在遇到困难时也很容易动摇。一些大学生之所以在人际交往中缺乏自信，往往并非真正缺乏能力，而是因为对他人的评价太敏感、太在意。他们常常被别人的评价所束缚，以至于不能清晰地思考、自如地表达，在人际交往中缩手缩脚。因此大学生应学会对自我和他人的评价做全面、客观的分析，培养起真正的自信。

宽容不仅是一种美德，也是交往成功的重要保证和心理健康的表现。宽容既表现为对他人的宽厚容忍、不斤斤计较，也表现为对自己的悦纳包涵，不过分苛求。悦纳自己、悦纳他人是心理健康的重要原则。

6. 适当的自我定位

自卑、自负、争强好胜、相互攀比、盲目竞争都是不恰当的自我定位。大学生要尽力避免。这样既有利于自身发展，又有利于心理健康。此外，不少大学新生都有一个不好的习惯，就是同一时间想做很多事情，仿佛同一时刻有许多事情压到自己头上，等着去处理、去完成。这是造成心理紧张、焦虑、烦恼的一个重要原因。一些新生常常感到自己有许多东西要学，有许多事情要做，但又不知从何入手，内心焦虑不安。这是一种有害于心理健康的不良习惯。当我们面对一大堆的事情会感到紧张、忧虑和焦急，这种感觉不是因为学习、工作引起的，而是因为我们的心理状态造成的，其原因在于“我应当一下子把事情干完”的想法。事实上，我们一次只能做一件事。如果我们不贪多求快，把自己的注意力集中在手头正在干的事情上，踏踏实实地一件一件地去干，就会感到轻松、充实，不再会有仓促和焦虑，而且可以把每一件事情干得更好。

7. 善于疏泄情绪

从心理卫生的角度讲，过分压抑自己的情绪，尤其是不良情绪，只会使情绪困扰加重，不利于心理健康。而适度的疏泄可以把不愉快的情绪释放出来，从而使紧张的心理得到放松。但要注意适度，否则既影响了自己，又损害了别人。

8. 多一点幽默感

一个能以风趣幽默的态度待人处世的人，往往可以变不快乐为快乐，并且还能给别人带来快乐。幽默是对紧张空气的调剂。在遇到挫折、处境困难或难堪时，用幽默的方式化解困境、维护自己的心理平衡，这是聪明的做法，也是心理修养较高的表现。大学生应努力实践。

9. 积极的自我暗示

自我暗示是通过运用内部语言或书面语言的形式给自己灌输某种观念，并使它影响自己的心理和行为。积极的自我暗示对人的情绪和行为有奇妙的影响和调整作用，既可用来松弛过分紧张的情绪，也可用来增强自信，激励自己。比如，进考场前，暗示自己："不要紧张""别着急，看清题""我一定能考好"等来保持自己的情绪平稳；当才能不能得到发挥时，鼓励自己："天生我才必有用""天将降大任于斯人也，必先……"，以此来重塑自信。在自我放松训练中也可运用积极的自我暗示来摆脱烦恼、焦虑、愤怒，达到内心的平静和安宁。

总之，维护和增进心理健康是我们毕生的任务，只要我们有塑造心理的自觉意识和行动，就一定能成为心理健康、生活快乐的人。

二、协调个人与他人的关系

每个人在社会生活中都要与他人打交道，与他人形成各种各样的关系。个人与他人的关系在本质上是社会关系尤其是社会利益关系的表现形式。明确协调个人与他人关系应坚持的原则，处理好个人与他人的关系尤其是个人与他人的利益关系，才能为人生价值的实现创造良好的人际环境。

（一）协调个人与他人的关系应坚持的原则

（1）平等原则。平等是人与人之间建立感情的基础。交往是平等的，尊重他人，才能赢得他人的尊重。在与他人进行交往时，要把双方放在平等的位置上，既不能觉得低人一头，也不能高高在上。在交往中要对自己有信心，对别人要有诚心，平等互利的交往，才可能持久。

【案例】

萧伯纳的教训

据说，英国著名戏剧家、诺贝尔文学奖获得者萧伯纳在一次访问苏联的时候，漫步在莫斯科街头，见到一位聪明伶俐的苏联小女孩，便与她玩了很长时间。分手时，萧伯纳对小姑娘说："回去告诉你妈妈，今天同你玩的是世界有名的萧伯纳。"小姑娘望了萧伯纳一眼，学着大人的口气说："回去告诉你妈妈，今天同你玩的是苏联小姑娘安妮娜。"这使萧伯纳大吃一惊，立刻意识到自己太傲慢了。以后，他经常想起这件事，并感慨万分地说："一个人无论有多大成就，对任何人都应该平等相待。要永远谦虚，这就是苏联小姑娘给我的教训，我一辈子也忘不了她！"

（2）诚信原则。诚信包含着诚实和守信两方面，是处理个人和他人关系的基本准则。诚信要求在交往中，彼此应当抱着心诚意善的动机和态度，相互理解、接纳和信任，重信用、守信义。孔子说："人而无信，不知其可。"诚信是无形的"名片"，关乎一个人的形象和品质。在现实生活中不少人"一切向钱看"，不讲诚信，连自己的亲朋好友都敢蒙骗，由此使得人际之间信誉度降低，严重损害了人与人之间的关系的和谐。面对诚信的缺失，光是呼唤是不够的，我们每个人都是建设诚信大厦的砖瓦，需要我们从自身做起，从身边的一件件小事做起，如：不要失信于人，对别人有求于我们的事，我们一旦答应了就要尽全力去办。如果确因客观原因无法完成，就应向人家解释清楚，求得对方的谅解；要尽可能本色地做人，不要总是戴着一副假面具与人交往，虚与委蛇；不要抱着“没有永远的朋友，只有永远的利益”的想法，以一种“利用”的心态与人交往，甚至做出“过河拆桥”的卑鄙之举；防人之心固然不可无，但也不必处处设防，总是用一种怀疑的眼光来看人，须知猜疑是人际关系的暗礁。只要我们每个人都以自己的实际行动恪守诚信，相信诚信之火定能成燎原之势，到那时和谐的人际关系何愁不能建立？

（3）宽容原则。宽容和诚实、勤奋、乐观等价值指标一样，是衡量一个人气质涵养、道德水准的尺度。宽容表现在对非原则性问题不斤斤计较，能够以德报怨，心胸宽广，大度容人。宽容别人是对对方的一种尊重、一种接受、一种爱心，有时候宽容更是一种力量。宽容本身也是一种沟通、一种美德。

天下没有两片相同的树叶，也没有两个完全相同的人。俗话说“尺有所短，寸有所长”，人的性格、特长各有差异，在处理人际关系中不能强求一致。人与人要和谐相处，就要有求同存异、相互谅解、不求全责备的宽广胸怀。既然我们自身都不完美，我们又怎能苛求他人完美无缺呢？在人际交往中，我们对他人的要求不要过分，不要强求于人，而要能让人时且让人，能容人处且容人。人非圣贤，孰能无过？一旦对方犯了错误，我们也不要嫌弃，应给他提供改过的宽松条件，原谅别人的过失，帮助别人改正错误。正所谓“海纳百川，有容乃大”，古语又说，“水至清则无鱼，人至察则无友”，在工作和生活中，人们总是喜欢和那些宽容厚道的人交朋友，正所谓“宽则得众”。所以，在人际交往中应抱着宽容的态度。

【案例】

记住恩惠　洗去怨恨

阿拉伯名作家阿里，有一次和吉伯、马沙两位朋友一起旅行。3人行经一处山谷时，马沙失足滑落，幸而吉伯拼命拉他，才将他救起。马沙于是在附近的大石头上刻下了：“某年某月某日，吉伯救了马沙的命。”三人继续走了几天，来到一处河边，吉伯跟马沙为了一件小事吵起来，吉伯一气之下打了马沙一记耳光。马沙跑到沙滩上写下：“某年某月某日，吉伯打了马沙一耳光。”

当他们旅游回来之后，阿里好奇地问马沙为什么要把吉伯救他的事刻在石上，将吉伯打他的事写在沙上？马沙回答：“我永远都感激吉伯救我，至于他打我的事，我会随着沙滩上的字迹的消失，而忘得一干二净。”记住别人对我们的恩惠，洗去我们对别人的怨恨，在人生的旅程中才能自由翱翔。

大学生个性较强，接触又密切，不可避免会产生矛盾。这就要求大学生在交往中不要斤斤计较，而要谦让大度、克制忍让，不计较对方的态度、不计较对方的言辞，并勇于承担自己的行为责任，做到“宰相肚里能撑船”，他吵，你不吵；他凶，你不凶；他骂，你不骂。只要我们胸怀宽广，容纳他人，发火的一方也会自觉无趣。宽容并不等于懦弱，相反，它是有度量的表现，是建立良好人际关系的润滑剂，能“化干戈为玉帛”，赢得更多的朋友。

（4）互助原则。互助表现在交往的双方相互关心、相互帮助、相互支持，既满足了双方各自的需要，又促进了相互之间的联系。

（二）正确认识和处理竞争与合作的关系

如何处理竞争与合作的关系是大学生在处理个人与他人的关系上面临的一个共同课题。

1. 竞争与合作的概念

竞争是互动的双方为了达到某种目的，在社会同一领域里与对方展开的竞赛争胜。

合作是指两个或两个以上的个人或群体为达到共同的目的而联合，为相互利益而协调一致的活动。

2. 正确认识和处理竞争与合作的关系

第一，正确认识竞争。

（1）竞争促进发展。竞争能推动社会发展，有助于激发个人潜能。

（2）应该正确对待竞争：

首先，要调整心态，勇敢地参与。尽管竞争有时显得不近人情，甚至可能要付出较大的努力和代价，只要竞争的目的是正当的，手段是合法的，就要勇于参与；

其次，要采取正确的竞争方式。竞争有两种方式：一种是拳击式的竞争，欲将对手置之死地而后快；另一种是跳高式的竞争，比谁跳得更高更好，共同提高，共同推动社会进步。知识经济时代人们不再把竞争仅仅看作是拳击式的你死我活，把同行当敌人，而是把竞争对手当作合作伙伴，把竞争变成合作和双赢的过程。那种为达到目的而不择手段或通过贬损对方来达到目的的竞争行为，是短视和卑鄙的表现，将遭到道德的谴责，甚至法律的惩罚。同学之间的竞争绝不可以不择手段，同时，作为当代大学生，应当敢于同各种损人利己的不正当竞争行为做斗争。

最后，客观评价自我，制定合理的目标。

第二，正确认识合作。合作是社会发展的力量源泉。古人说：“人……力不若牛，走不若马，而牛马为用，何也？曰：人能群，彼不能群也。”从某种意义上说，合作使人成为万物之灵。人类社会的发展和进步离不开合作，合作是社会发展的力量源泉。现代社会使合作的范围不断扩大,形式不断增多。合作可以开阔思路,集思广益,合理使用人力物力和财力,实现功能互补,提高经济效益;合作可以集百家之长,汇众人之力,促进社会发展。

合作是事业成功的土壤。我们今天面对的是一个竞争更为激烈、合作更加紧密的社会。竞争只有借助于合作才能获胜,合作能增强我们的竞争力。科学的发展,一方面高度分化,向纵深发展,另一方面又日益综合化。科学分化的结果,使任何一个个体都无法成为全才;科学综合化的趋势,使合作成为必要。学会合作是成功者的必备素质。知识经济时代是一个需要合作、离不开合作的时代。单枪匹马很难有所作为,必须依靠集体的力量,才能有所成就。大学生应培养合作精神。

第三,正确对待竞争与合作。竞争与合作是现代社会人际相互作用的基本形式。表面上看,竞争与合作是对立的;但从社会生活实践上看,竞争与合作又是相互伴随的。任何离开合作的竞争和离开竞争的合作都是片面的,所以我们应树立竞争意识和培养合作精神。要正确发挥竞争的积极作用,同时促进合作的发展,应处理好三种关系:

(1)处理好个人与集体的关系。任何竞争与合作都离不开个人的努力,集体的成果是个人努力的综合表现。二者是对立统一关系,没有个人努力的集体,是缺乏生机活力的松散集体,没有集体价值导向的个人努力是各行其是、矛盾丛生的个人努力。当二者出现冲突须有所取舍时,服从集体的利益,不失为明智的选择。我们应该在服从集体利益和共同目标的前提下,充分发挥个人的聪明才智,在个人积极努力的基础上,自觉投入到集体合作中去。

(2)处理好主角与配角的关系。在集体合作中,由于各自专业特长和实际工作需要,需要有的人做主角,有的人做配角。主角要充分调动配角的个人积极性;配角要胸怀大局,密切配合,以整体利益为重。总之,以工作为重,淡泊名利,把困难留给自己,便利让给别人,是处理好合作关系的重要原则。

(3)处理好成功与失败的关系。有竞争就有成功和失败。胜不骄,败不馁,不以一次成败论英雄,重新投入到新的竞争中去,才是积极的人生态度。

三、协调个人与社会的关系

(一)正确认识四种关系

人生是由复杂多样的社会关系和社会活动构成的。如何认识和处理个人与社会的关系问题,是马克思主义和非马克思主义在人生观问题上的争论焦点。只有协调好个人与社会的辩证关系,才能为人生价值的实现创造良好的社会环境。应正确认识四种关系:

（1）正确认识个体性与社会性的统一关系；
（2）正确认识个体个人需要与社会需要的统一关系；
（3）正确认识个人利益与社会利益的统一关系；
（4）正确认识个人权利、自由与承担社会责任、义务的统一关系。

（二）辨析“主观为自己，客观为别人”及“人性自私”

“主观为自己，客观为别人”及“人性自私”是近些年来在一些人中间相当流行的说法，“主观为自己，客观为别人”是对是错？很多同学不甚了了，甚至不少同学认为这句话是正确的。以下分析这句话。

在资产阶级上升时期，随着资本主义自由市场经济的发展，当时的哲学和政治经济学方面的代表人物，就把利己主义作为一种中心理论而加以系统化。他们的基本思想，是主张以利己主义为动力，干什么都是为了自己，因而对社会也就有好处，所谓“私恶即公利”说，认为连酗酒也对社会有好处，因为可以刺激酒业的发展。由于实际存在着的人与人之间社会关系的影响，使有些人感到个人利益不能不受社会和他人的制约，因而提倡以不损害社会和他人利益为原则的利己主义。在这种情况下，所谓“合理的利己主义”“利己的利他主义”等，也就应运而生。亚当·斯密这位英国古典政治经济学的重要代表人物，坚持认为利己是人的本性。但他在谈到资本家运用他的资本时，强调为了维护其自身利益，“自然会或者毋宁说必然会引导他选定最有利于社会的用途”。这就是说，资本家为了利己而利他，或为了利己而先利他，甚至还会将利他作为利己的前提。

学生疑问1：个人如果真正做到主观为自己，客观为别人，既为自己，又为别人，是很全面和周到的。在为自己的同时又能为别人，这岂不是比只顾自己、不顾别人要好得多吗？

教师答：一个人如果只是主观为自己，是不是一定能做到客观为别人呢？答案是否定的。“主观为自己”和“客观为别人”之间，没有必然的因果关系，因为不是任何情况下的“主观为自己”都能“客观为别人”，比如用假冒伪劣的东西害人，商人可赚大钱，消费者却被害苦了。

实际上，在这句话中，有两对矛盾交叉存在着：一是主观和客观的矛盾，一是为自己和为别人的矛盾。如果不分清楚这两对矛盾和它们之间的关系，就不能清楚地说明问题。

先说说为自己和为别人的矛盾。

为自己就是利己，为别人就是利他。主观为自己，是说为的主要是自己，或者说先为的是自己；而客观为别人，是说在主要为自己或首先为自己的前提下，为别人实际上处于不确定的状态，可能为，也可能不为，甚至还会害人。对为自己和为别人这对矛盾的正确理解和做法，是把两者统一起来，把为别人放在第一位，为自己放在第二位，也就是把公利放在第一位、私利放在第二位；在不断发展整体利益的同时发展个人利益，在个人利益与整体利益发生矛盾时，以个人利益服从整体利益。

学生疑问 2： 如果主观的想法是好的，就有通向客观的可能，就能起到客观为别人的作用。

这涉及第二对矛盾，即主观和客观的矛盾。如果说为自己和为别人之间的矛盾属于人生观问题，那么主观和客观之间的矛盾则属于哲学范畴，并且同世界观有关。说主观为自己的想法是好的，就能在客观上起到为别人的作用，此话诚然。问题的关键是：这主观的想法怎么会是好的，又怎么证明它是好的。所谓主观，是指人的意识、思想、认识、愿望等，而客观则是指人的意识之外的物质世界或认识对象。主观和客观的关系，是哲学思维方法中一个带根本性的问题。客观不依赖于主观独立存在着，客观决定主观，主观能动地反映客观和反作用于客观,对客观事物的发展起促进或阻碍作用。在主观和客观的关系中，主观的东西是否正确和完美，不是单靠主观这一个方面来实现的，而是靠主客观之间的统一。这种统一的基础是实践，统一的过程就是实践的过程。离开实践及其发展所形成的主客观之间的辩证运动，主观与客观就不仅不能互为作用，而且有时还会处于割裂乃至对立的状况，这样也就无从产生主观上想怎么样、客观上就会怎么样的情况。

这两对矛盾本属不同范畴，即道德范畴和哲学范畴。

在这两对矛盾的具体关系中，用主客观关系的哲学思维来说明为自己和为别人的道德关系，本来是可以的。但“主观为自己，客观为别人”这句话实际上却是通过不正确的哲学观念道出不正确的道德观念。在这里，主观和客观处于分割状态，不是从主客观的统一，而是单从主观方面选定道德取向；在道德取向的确定上，表面上是兼顾自己和别人，实质上是以自己为中心。其结果，就会是从哲学上的主观主义走向道德上的利己主义。

从动机和效果上来分析，所谓“为别人”实质是达到“为自己”目的的一种手段。思想史上，主张“合理利己主义”的思想家们早就认识到了这一点，并且直言不讳。因此,“客观为别人”,与我们所倡导的“为人民服务”有着原则的区别。

“主观为自己，客观为别人”的基本理论依据是人性自私论。人性自私论简单地说就是认为自私是人的天性，人人都自私。按照马克思主义的观点，自私不是人类的天性，而是社会历史的产物。在原始公社时期，人们是不自私的。那时，生产工具极为简陋，面对严酷的自然环境，靠个人单独劳动无法生存。人们必须互相照顾，共同劳动，共同占有和分享劳动成果。一切都属公有，没有私产，甚至每个个人都好像共同体的一个肢体，不能独立。那里，如果人人都只顾自己，只能是死路一条。这也就是说，自私给自私者带来的不是利益而是死亡。这样，谁还会自私呢？那时人们不自私，不是由于“人性本善”，而是生存条件使然。

自私的心理和行为根源于私有制。人们作为劳动者，容易体会到协作、互助、联合的好处；作为私有者，是相互分离和对立的。私有者之间的这种关系，催生和助长了只顾自己的心态和行为。当人们以私有者身份相互对待时，如在纯粹的买卖关系中，各自就只考虑自己的利益。自私不是出于神秘的“天性”或“人性本恶”，而是私有制这种社会关系的反映。

私有制存在了几千年，自私的心理也存在了几千年。但是，即使在私有制社会，自私也没有成为普遍的人性。事实上，并不是人人时时都自私。因为人和人的关系，毕竟不仅是也不能都归结为私有者之间的关系。人总是具有许多不同社会身份,处于多样的复杂的社会关系之中。人的本质是“一切社会关系的总和”。❶各种社会关系在每个人的思想和行为方式上都会打上烙印，各人所处的环境和所受的教育也不同，因而各有不同的心态和行为方式。因此，人有自私心，但不能据此认为人性自私。

此外，还可对现实生活中一些人口是心非、为了捞取个人名利而做一些“好事”的现象加以分析，对马克思曾经深刻批判过的“自我牺牲的利己主义”理论加以介绍，帮助学生对“主观为自己，客观为别人”这一说法有清醒的认识。

四、协调人与自然的关系

（一）正确认识人对自然的依存关系

自然界是人类存在和发展的前提条件。人来源于自然界又依存于自然界，人永远是自然界的有机组成部分。物质资料的生产和再生产以及人自身的生产和再生产，都是以自然界的存在和发展为前提条件的，没有自然界就没有人本身。

自然界的一切事物都有自己运动和发展的规律，人的活动必然受到自然规律的制约。如果人们不按自然规律办事，必然受到惩罚，按规律办事，才能获得成功。人类社会发展的历史就充分证明这一点。

生态破坏和资源枯竭，给人类的生存带来了危机，这种危机是全球性的，并且还有进一步恶化的趋势。这就要求人们必须寻求解决人与自然和谐相处的途径。人与自然和谐相处是构建社会主义和谐社会的总要求之一，是构建社会主义和谐社会的重要内容和重要目标。

（二）深入理解人与自然关系的实质

人与自然的关系以生产劳动为中介，而生产劳动一开始就是社会性的，人类

---

❶ 《马克思恩格斯选集》第1卷，人民出版社，1995年，第56页。

正是在与自然发生关系的过程中结成了社会关系，人与自然的关系实际上就是人与人的关系，是社会关系。因此，人与自然关系的协调，最终取决于人与社会关系的协调。

（三）科学把握人对自然的改造活动

必须牢固树立和落实科学发展观，处理好经济建设、人口增长和资源开发利用、生态环境保护的关系，推动整个社会走上生产发展、生活富裕、生态良好的文明发展道路。这就必须始终坚持计划生育、保护环境的基本国策，实现经济社会发展与环境保护、生态建设的统一，坚持资源开发与节约并举，把节约放在首位，切实加大投入，加强生态环境的治理和建设。

从当前来讲，必须从以下几个方面做出不懈的努力：一是在全社会大力倡导和确立尊重自然、善待自然的伦理观；二是在全社会大力倡导和确立科学精神，正确认识自然、认识并尊重自然规律；三是必须高度重视和加强环境污染的治理与生态建设；四是要大力发展循环经济，建设节约型社会。

第四章　大学生道德修养与道德品质的培养

人贵有德。大学生不仅应该掌握现代科学文化知识，同时还应该了解必要的道德理论知识，确立坚定的道德信念，将外在的道德转化为内在的道德要求，提高道德的主体性和自觉性，形成良好的道德品质，做一个德才兼备的人。

第一节　道德的起源与本质

一、道德的起源

中国是具有悠久历史文化的文明国度，自从进入文明社会以来，我们祖先便开始对道德问题做理论思考和探究，由此而分别出现了关于道与德的概念和诠释。

（一）道德的产生

道德观念和道德实践来源于人类初期生存的需要，发展于社会扬善、抑恶的要求。人类最早产生的社会意识有道德、艺术、宗教等形式，但是从历史和逻辑的角度看，道德是和人类浑然一体发展而来的，是最早产生的社会意识。人从自然走来，为了生存首先要改造自然，获取生活资料，但是人在自然面前的渺小，使人不得不靠集体的力量，与人交往。交往习惯的形成就意味着道德的产生。

早在两千多年以前，就产生了专门研究道德的学问，叫做伦理学。根据历史的考察，道德几乎是在人类社会形成以后就逐步产生了。可以说，有了人类就有了道德。为什么人类社会生活与道德形影不离呢？这是因为，人类社会是由人们彼此之间的各种关系组成，如家庭关系、师生关系、买卖关系等。人类社会为了自身的健康发展，就必须正确地处理和调整这些关系。否则，各种矛盾的激化，就会导致人类社会生活的混乱，如不能加以控制，最终就必将导致人类社会自身的毁灭。这样，道德作为调整人类社会关系的一种规范就应运而生了。

道德依靠什么力量，遵照什么标准来达到规范人们行为的目的呢？用对比的方法加以说明是浅显易懂的。

（二）道德是人类社会的基本规范

人类社会的行为规范有两大类：法律和道德。两者关系密切，相辅相成，彼此补充，共同规范着一个稳定的社会秩序。治理国家与社会，需要两种手段并用，少了哪一种都不行。邓小平说，在发展社会主义市场经济的过程中，出现了一些消极现象，我们主要通过两个手段来解决，一个是教育，一个是法律，坚持两手抓，两手都要硬。江泽民提出把“依法治国”和“以德治国”结合起来，正是反映了这一要求。这两种社会规范各有自己的特色。

1. 二者依靠的力量不同

法律是依靠国家强制力实施，它体现统治阶级的意志，由监狱、法院、检察院等专门机构来保证实施。道德是依靠传统的风俗习惯、社会舆论、内心信念来保证，具有自觉性的特点。

内心信念——是指人们对某种道德理想、道德观念和道德准则的正确性、正义性和崇高性的笃信，以及由此产生的履行道德义务的强烈责任感。内心信念是通过日常所说的良心来发挥作用的，其表现为：一是对自己的正确行为加以肯定，从而得到自我满足的安慰；二是对自己的错误行为加以否定，从而在良心上感到不安和羞愧。

社会舆论——是指在一定的社会生活范围内或在相当数量的人群之中，人们对某种事件、现象、行为等进行有意识的传播，或自发产生的情绪、态度和看法。社会舆论是道德评价的最重要手段，它主要是通过社会舆论、教育榜样的示范，以及人们关于道德的内在信念来实现的。人们通过社会舆论，使自己明辨是非，提高抑恶扬善的能力，从而坚持或改变自己的行为方向。

传统习惯——是指人们在长期的生产和社会生活中，逐渐形成和积累起来的一种稳定的民族情绪和社会心理，成为人们世代相沿习以为常的习俗和惯例。表现为：行为习惯或思维模式，即人们以一种特有的传统心理和观念去看待道德行为中的人和事，判断其行为的善恶，从而达到评价和调节行为的目的。

2. 二者遵守的标准不同

法律以罪与非罪为标准，明确规定哪些行为违法，哪些行为应该受到惩罚，表现了对违法行为的禁止。如果发生了违法行为，法律就要处罚它；道德以善恶为标准，表现为对人们行为示范和劝阻的统一。如果一个人的行为被评价为善的，是符合一定的道德规范的，就会受到鼓励，让更多的人效仿。如果一个人的行为被评价为恶的，非正义的，不道德的，就会受到谴责，使这种行为得到纠正和制止。

（三）道德的历史发展

古往今来，世事变幻，但天不变“道”亦不变，人类社会需要道德。道德不但随着社会发展而进步，而且有力地推动社会发展，成为社会安邦治国的重要手段，成为个人立身处世的行为规范。道德进步向人们展示这样一个真理：一个道德风尚优良的国家是有凝聚力的国家，一个道德情操高尚的公民是有希望的公民。追求高尚的道德品质和优化社会道德风气应是我们不懈努力的目标。

道德的发展是人们扬善、抑恶的需要，人在自然性方面，保存着动物的母爱和残忍，社会发展要求摆脱野蛮走向文明。人在社会性方面，由于社会不平等而使道德扭曲，但是，社会发展要求与人为善。今天，一方面由于世界联系的紧密，道德观念多样化，要求人们注意协调人与人的关系；另一方面由于人和生态的矛盾日益突出，要求人们注意协调与自然的关系。展望未来，道德无论怎样变化，都不能改变社会追求高尚的内在要求。

社会在发展，道德也在进步，但这并不影响道德作为社会意识而具有相对稳定的内容。所以，所谓道德是以善恶评价的方式来评价和调节人的思想行为的行为规范，也是人类自我完善的一种社会价值形态。道德包括两方面：一方面指一定的社会对社会成员的要求，表现为一系列的道德关系、道德标准和道德规范等；另一方面指人们对自己的要求，表现为道德意识、道德理想、道德判断、道德行为和道德品质等。根据定义我们可以结合实际从形式和内容两个方面来理解道德。

（四）道德的定义与特点

从以上的分析，我们可以给道德下一个定义：道德是调整个人与个人之间、个人与社会之间以及个人与自然之间关系的原则和规范的总和。它是以善恶为标准，通过社会舆论、内心信念和传统习惯来评价人们行为的行为规范。

道德作为一种意识形式有自己的特点，它不仅是行为规范，而且是价值形态，本质上是一定社会物质生活条件的反映。从道德的本质出发分析，它主要有三大特点，这些特点对于我们的认识和实践都是有意义的：

（1）主体性。因为道德是人们对客观的反映，认识各不相同，实践也各不相同。道德不只是一种外在的规范，而且是主体对道德规范自觉的认同和内化，有一个将道德义务转化为道德良心，将他律转化为自律的过程。作为道德主体的人，在这个转化过程中，其自我认识、自我完善、自我约束表现出能动性，有自己的选择。

（2）规范性。因为人们对客观的反映各不相同，所以在道德实践上需要形成共同的认识。每个人都有自己的意志，但是最终遵循着力的平行四边形矢量的方向前进。道德实践要求人们对自己的言行予以必要的约束和控制，这是社会物质关系对社会人的一种客观制约，是社会整体利益对个人利益的一种客观要求。人在社会中越是要自由发展，其行为就越不能随心所欲，只有克制自己，使自己的行为符合道德规范，才能为社会所接纳。康德说，有两样东西，越是经常持久地对之凝神思索，它们就越是使内心充满常新而日增的惊奇和敬畏：我头上的星空和我心中的道德律。天上的星空，按照宇宙自然律运行；人的生活，则应在道德规范的基础上展开。

（3）实践性。因为道德是人们对客观的认识，认识的目的是指导实践。使道德认识变为物质力量的桥梁是道德实践。道德实践的重要性在于道德认识的通俗而道德实践的困难。一方面是把道德规范付诸实践的困难，人们可以在小事上表现出道德，但是在大事上不容易；人们可以在公众场合表现出道德，但是在隐蔽场合不容易。另一方面是个人利益和社会利益在道德上结合的困难，一般人可以在个人既得利益触动不大的情况下，坚守道德情操；如果一个人在个人利益和社会利益激烈冲突的情况下，坚守道德情操是一件十分不容易的事情。所以，道德实践是检验一个人道德水平的试金石。

二、道德的本质

（一）在形式上，道德是一种社会行为规范

从古到今，凡是有人类活动的地方，都需要有调节人与人关系的行为规范，以处理与他人、与社会的关系，直至与自然的关系。作为社会的人，他们的一切活动，都是在一定的人与人关系中进行的。离开了社会关系，人既不能生存，也不能发展。所以人必须依据一定的社会关系选择自己的行为。人的行为都会产生一定的社会后果，这些后果对于他人和社会有利害、善恶、好坏的影响，为了鼓励人们积极行善，任何社会都需要道德规范。

（二）在本质上，道德是一种社会价值形态

社会价值形态是人们围绕利益而形成的意识形态。道德作为行为规范的目的不只是为了维系一定的社会结构，根本上是为了人类实现自己的利益。“善的本质是利益”（车尔尼雪夫斯基）。道德是一定社会物质生活条件的反映，道德又推动社会发展。道德与社会的相互作用是围绕着人们的利益发展的。无疑，一个社会的主流道德引导着社会的价值取向。历史上一切符合人类利益的道德，像劳动人民的道德，都是有价值的道德；反之，一切不符合人类利益的道德，像落后的道德都是有没有价值的道德。

在道德与善的关系上，道德是以善为目的的。道德是社会行为规范，也是社会价值形态，具有实践意义。而善是一种有益于社会和他人的目的，具有理论意义。古希腊的思想家柏拉图把前者称为具体的善，把后者称为永恒的善。中国伦理思想史上首先把善看作伦理纲常抽象的本质，性善与性恶的争论是本质问题的争论。而把修身养性看成是具体的道德。当然，在实践中人们并不刻意区别道德与善这两个概念。

第二节　道德的功能与作用

一、道德的主要功能

在道德的功能系统中，主要的功能是认识功能和调节功能。道德的认识功能是指道德反映社会现实特别是反映社会经济关系的功效与能力。道德的调节功能是指道德通过评价等方式，指导和纠正人们的行为和实践活动，协调人们之间关系的功效与能力。这是道德最突出也是最重要的社会功能。

除了认识功能和调节功能，道德还具有其他方面的功能，如导向功能、激励功能、辩护功能、沟通功能等，这些功能都是道德的认识功能和调节功能在某些方面的具体体现，都建立在这两种功能的基础之上。

二、道德的社会作用

（一）为巩固社会经济基础服务

任何一个社会占统治地位的道德，都是维护这个社会上的经济制度的。封建社会倡导“三纲五常”的封建道德，借以巩固封建制度。资产阶级兴起后，则抨击了封建道德压抑人性，不合理性，而大力倡导个性解放和个人主义，促进了资本主义制度建立。在社会主义社会，提倡为人民服务、集体主义的道德规范，也是着眼于巩固公有制经济基础的。

（二）维护社会生活秩序

社会生活中，矛盾无处不在，也无时不在。正确化解这些矛盾，社会才能协调发展。每个人都是处在矛盾之中，面临很多矛盾关系。如同学之间，6人同处一室,各人兴趣爱好、生活习惯各不相同,矛盾在所难免。如果大家都能相互体谅，互相尊重，以诚相待，矛盾冲突就会减少；如果一个人自私自利，斤斤计较，凡事只顾自己，不管别人，关系就很难处理，就会矛盾丛生。推而广之，班级、学校、社会都是一样的道理。道德在维系社会秩序方面的作用不可低估。

（三）教育和培养一代新人

道德具有重要的教育作用。不管是现实生活中那些道德高尚的人的言行，还是文艺创作中的那些典型，我们看后都会受到极大的感染，它教育我们正确认识各种关系，正确地选择各种行为，成长为有德之人。

学校教育的功能是很宽泛的，简单地说，一部分是工具性的，如传授知识、培养技能；一部分是目的性的，即塑造人，使人具有高尚的人格，良好的思想品德。知识技能很重要，这是无可争议的。但是，知识技能被什么样的人掌握，为什么目的服务的问题更重要。德在人们的全面发展中居于主导地位，它是人才成长的动力和导向。

当然，道德绝不是万能的。某人杀人劫财，如果不以法律的强制手段加以制裁，而仅仅施以舆论的压力，仅仅让其承受良心的谴责，不仅起不到惩戒本人的目的，也起不到有效预防他人的目的，可能会导致群起而效仿。社会就会陷入混乱。小平同志提出“两手抓”，全面论述了物质文明和精神文明的关系，两个方面都要搞好才是中国特色的社会主义。这对我们正确地理解道德的社会作用有指导意义。

第三节　对中华民族优良道德传统的继承和弘扬

一、中华民族优良道德传统的历史渊源

中华民族的优良道德传统，一般来说，是指以儒家伦理道德为主要内容并包括墨家、道家、法家等传统伦理道德思想的精华。

从中国几千年的历史看，儒家思想居于主导地位，其他各家也有自己的一席之地。由于学派相互矛盾，又相互影响，儒家的伦理思想又总是以不同的方式吸收其他各家各派的合理思想。例如，东汉以后，佛教传入中国，并一度成为“显学”，当时的许多伦理思想家们都受到佛学的影响。有一点值得注意的是，在长期的历史过程中，经历了若干发展阶段。有的历史时期，传统伦理道德思想中的优良传统得到了弘扬，而有的时期，其消极因素不断发展，甚至扭曲了其传统的伦理思想。

二、中华民族优良道德传统的主要内容

（一）强调整体精神，强调为社会、民族、国家的爱国主义思想

所谓整体精神，就是个人利益服从整体利益，当两者发生矛盾时，要“公而忘私”“舍生取义”，为国家、民族、社会的利益不惜牺牲自己的个人私利。古代仁人志士有许多警句，（孟子、范仲淹、顾炎武）从义利的角度看，讲究“先义后利”“见利思义”，鄙视“见利忘义”“重利轻义”的行为。受这种传统文化积淀的影响，生活中的中国人很讲究人情。

整体精神的确立与中国古代宗法社会结构有很大的关系。过去，一个聚居的地方往往形成为一个家族，很多这样的家族就成了社会。全部的社会组织，都是在父子、君臣、夫妇之间的宗法原则指导下建立起来的。所以，中国封建社会，既是在皇帝统治下的一个政权机构，也可以说是一个庞大的家族。在家族中，族

长实行家长制统治，权力很大。在这种宗法制度下，人们的宗法意识根深蒂固，血缘观念强。而且特别注重亲族的远近与长幼关系。如汉语中严格区分叔、伯、舅和婶、伯母、姨，而在英语中无区别；这种关注血缘的传统一直延续到现在，亲戚之间的互帮互助很平常，视为当然；在这种宗法制度下，人作为宗族的一分子而存在，个人绝对隶属于宗法组织，个人必须服从于宗法团体，个人的意义由集体赋予；这样当个人利益与宗族利益矛盾时，先公后私是必然的选择。同样，当整个宗族整体的利益被侵犯时，每个人都愿意拼死保卫。

宗法制度形成了人们的整体精神，但也带来了很多不好的东西。“一人得道，鸡犬升天”“任人唯亲”“夫贵妻荣”“父尊子显”等。但我们在这里讲的整体精神与中国古代宗法社会结构的宗法制度又有完全的不同。我们在这里强调为社会、民族、国家的爱国主义思想。

（二）推崇“仁爱”原则和人际和谐

在人与人的相处中，古人特别强调要“推己及人”“关心他人”，也就是“爱人”。孔子讲“己所不欲，勿施于人”，在与人相处中，特别是发生矛盾时，应当从自己的欲望、感情、意志、追求等方面，设身处地为对方考虑，这样，人与人之间就能增进理解，相互体贴和帮助，容易化解矛盾。其实，我们在很多场合，如果能想一想“己所不欲，勿施于人”的道理，很多矛盾都能化解，人际关系也就和谐多了。

孔子还讲，“我不欲人之加诸我也，吾亦欲无加诸人”，意为在与人相处时，应当尽量不要损害别人，力求不妨碍别人的利益，凡是我不愿意别人施加于我的一切事情，我都应当自觉地不加到别人的头上，以免使别人受到伤害。我不希望别人骂我，我也不能骂别人；我不愿意别人伤害我，首先我自己不可以去伤害别人。无愧于“圣人”称号。

孔子是从单个人的修身养性的角度提出问题的，后来的人又从中引申出了人际关系和谐发展的重要意义。古人云：“天时不如地利，地利不如人和”“和气生财”“和为贵”。

（三）讲求谦敬礼让，强调克骄防矜

在中国传统道德中，谦敬既是个人自身修养的美德，也是为人处事的道德要求。谦即自谦，虚以处己；敬即敬人，礼以待人。谦敬与礼让是联系在一起的。中国传统道德在提倡谦敬礼让的同时，强调应克骄防矜。

（四）倡导言行一致，强调恪守诚信

诚信之道在于言必信，行必果，言行一致，表里如一，讲究信用，遵守诺言。

"诚者天之道也，思诚者人之道也。"

（五）追求精神境界，把道德理想的实现看作是一种高层次的需要

中国传统道德认为，人之所以不同于动物，就在于人有道德。因而，人除了物质需要之外，还有精神需要，而精神需要中最高尚的需要就是道德需要。孔子有个学生叫颜回，住在破旧的房子里，一碗饭一杯水，生活穷困潦倒。别人过这样的生活往往忧心忡忡，可是颜回"不改其乐"，过得有滋有味。孔子称赞他说："贤哉回也！"颜回真是一个道德高尚的人啊！他认为在物质生活基本满足的情况下，人应当追求一种崇高的精神生活，并把这种对精神生活的追求，看作是人生的最大快乐。这种精神境界对大多数人而言，是不容易达到的。

（六）重视道德践履，强调修养的重要性

中国古人不仅提出了人要追求什么样的道德理想，而且提出了实现这种追求的方法：那就是认识和行为的统一，加强自我修养。在认识上明白了该做什么，在实践中就坚持这样去做；认识到做什么是不道德的，就应当坚决避免这样的做法。"知行统一""言行一致"。假设你在放学的路上（多人在场），捡到一个钱包，你会交还失主，因为你认识到拾金不昧是道德的，据为己有是不道德的。但并不能说明你是一个真正高尚的人。假设你在深夜无人时捡到一个钱包，你会怎么办？传统道德认为，这叫"慎独"，没人在场时也跟有人监督一样。自我修养必须坚持"慎独"的原则，才能真正成为一个高尚的人。

以上是对中国传统道德的基本概括，它们都是中国传统文化的珍贵遗产。

三、继承和弘扬中华民族优良道德传统

（一）对人类文明发展中优秀道德成果的认识

世界上的许多民族，在人类发展的不同时期，对人类文明、人类的伦理道德的发展都做出过不同程度的贡献。毛泽东同志在《新民主主义论》中曾经指出："中国应当大量吸收外国的进步文化，作为自己文化食粮的原料。"这里所说的文化，也包含着伦理道德在内。中华民族优良的道德传统虽然有着独有的民族特点，但我们决不能故步自封，唯我独尊，而是要善于吸收世界其他民族的优良道德加以改造，并结合中国社会主义实践的现实，创造和不断完善中国特色社会主义伦理道德体系。

江泽民同志在庆祝中国共产党成立 80 周年的讲话中指出："世界是丰富多彩的。各国文明的多样性，是人类社会的基本特征，也是人类文明进步的动力。应尊重各国的历史文化、社会制度和发展模式，承认世界多样性的现实。世界各种文明和社会制度，应长期共存，在竞争比较中取长补短，在求同存异中共

同发展。”“中华优秀传统文化中很多思想理念和道德规范，不论过去还是现在，都有其永不褪色的价值。”在文艺工作座谈会上，习近平要求“以古人之规矩，开自己之生面”，在新的时代条件下传承和弘扬中华优秀传统文化，实现中华文化的创造性转化和创新性发展。“对历史文化特别是先人传承下来的道德规范，要坚持古为今用、推陈出新，有鉴别地加以对待，有扬弃地予以继承。”

（二）对待传统道德的正确态度

一个总的原则：批判继承。对其中合理的积极的成分，加以吸收为我所用；对其中的反动落后的东西、消极有害的成分加以抛弃。对于批判继承的过程，毛泽东做过一个非常形象的说明。他说就像人们吃东西，经过口腔嚼烂送到胃里，分解为精华和糟粕两部分，然后排泄其糟粕，吸收其精华，这样才对我们的身体有利。如：传统“孝”的思想在今天仍具重要意义。在家庭中，父母应该关心、爱护、养育子女，子女应当孝敬父母，体贴自己的双亲，并在父母年老丧失劳动能力的情况下，要主动地担负起赡养父母的义务，这在任何时期都是必要的。大学生应当是一个孝敬父母的人。当然，传统道德中“孝”的思想应当批判地继承。孝顺父母，并不是要无原则地顺从。所以，宋明理学家鼓吹的“君叫臣死，臣不得不死”“父叫子亡，子不得不亡”“不孝有三，无后为大”等，是对孝的绝对化、片面化的理解，应当持批判的态度。习近平总书记2013年在山东考察的时候说：“一个国家、一个民族的强盛，总是以文化兴盛为支撑的，中华民族伟大复兴需要以中华文化发展繁荣为条件。对历史文化特别是先人传承下来的道德规范，要坚持古为今用、推陈出新，有鉴别地加以对待，有扬弃地予以继承。”

第四节　弘扬社会主义道德

一、社会主义道德建设与社会主义市场经济

现在有一种论调，如今都搞市场经济了，发展就是硬道理，对个人来说挣钱就是硬道理。一个人挣的钱越多，对社会发展的贡献就越大，就应当受到尊重，就是有道德；相反，个人的良心值不了几个钱。

市场经济条件下要不要提道德建设？我国是以经济建设为中心，是不是意味着以经济建设为全部？其实，在这些问题上，我们党和政府的立场一贯是明确的。在改革开放之初，邓小平就明确指出过：如果我们的改革开放虽然发展了物质文明，但带给我们的是一个两极分化、道德堕落、风气败坏的社会，那我们的改革开放就失败了。

市场经济与道德建设是一个相互促进、相互制约的关系。市场经济的发展，

推动着社会道德的进步；加强社会道德建设，又促进市场经济的发展。

在现阶段，提出加强道德建设，以德治国有着十分迫切的意义。因为在市场经济的初期，由于原有的一些道德规范不适应市场经济的发展，而新的道德规范又未建立起来，在经济领域中出现了一些无序现象。这种道德失范，使各种不良现象都出现了。道德观念发生了很大的变化。

社会主义道德建设要坚持以为人民服务为核心，以集体主义为原则，以爱祖国、爱人民、爱劳动、爱科学、爱社会主义为基本要求，以社会公德、职业道德、家庭美德为着力点。

道德需要建设:（1）作为一种外在的行为规范，道德的力量是有限的。因为其依靠力量——社会舆论、内心信念、传统习惯的力量有时很苍白。（2）道德一旦为人所掌握，力量无穷；对一个道德高尚的人，法律是多余的。道德有一个从外在——内化的过程，其中教育是基础。

二、社会主义道德建设的核心和原则

（一）社会主义道德建设要以为人民服务为核心

道德建设的核心，也是道德建设的灵魂，它决定着社会道德建设的根本性质和发展方向，从实质上看，也就是一个“为什么人”的问题。自古以来，一切剥削阶级的道德建设的核心，都是为少数人服务的；只有无产道德建设的核心才是为广大人民群众服务的。社会主义道德建设以为人民服务为核心，这是有深刻的理论依据和重要的现实意义的，这反映了社会主义社会的经济基础、政治制度和思想文化的客观要求，是同社会主义的最终目的一致的。社会主义道德作为社会主义社会的一种意识形态，既产生于特定的经济基础和政治制度，又要能动地作用于这一经济基础和政治制度，为维护、巩固和发展自己的经济基础和政治制度服务。

1. 道德建设必须要有一个统率一切道德原则和规范的核心

一般来说，道德建设必然会有一个统率一切道德原则和规范的指导思想，也就是我们所要说的道德核心。历史上各个时期的道德都一样，只是当时的人们不愿意直接、公开地说出来而已。例如，在封建社会，它在道德建设上所极力倡导的，是“三纲五常”的道德规范，是“礼义仁智信”的道德要求，在这些规范和要求中就贯穿着一个核心，就是维护封建社会的等级要求，维护这个社会的尊卑关系。为什么当时人们不愿说出来呢？原因很简单，因为封建阶级是剥削阶级，是压迫人民和剥削人民的阶级，他们不愿意向劳动人民公开他们所提倡的道德核心；再如，在资本主义社会中，也提出了功利主义、利他主义、利己主义、个人主义等道德原则，诚实、守信、俭朴、宽容等道德规范，这其中也贯穿着一个核心，就是“以个人为中心，一切为了个人”，但大多数资产阶级思想家也不愿意公开说出来，他们对个人主义的解释往往只强调它的个人价值、个人尊严、个人自由等方面，因为它们所要维护的社会，是一个允许人剥削人的社会，是一个主张两极分化和贫富悬殊的社会。

道德核心的问题，归根到底也就是一个“为什么人”的问题。自古以来，一切剥削阶级的道德，都是为少数人服务；无产阶级的道德核心，才立足于为大多数人服务，对于这一点，没有必要加以回避，因为“共产党人从不隐瞒自己的政治主张”。

2. 为人民服务是社会主义道德建设的核心

第一，为人民服务是社会主义道德要求的集中体现。

在社会主义社会，要做一个有社会主义道德的人，就一定要有为人民服务、为社会献身的精神，就要时刻想到国家、集体和他人，想他人所需，为他人所益。近几年来，涌现出许许多多的模范人物，如徐虎的服务是随叫随到，不分昼夜，宁可一人脏，换来万家净；李素丽关心乘客，真诚地对待乘客；张海迪以自己的残病之躯给别人治病，在城关医院一年多，为五千人进行治疗。有人问她为什么能拖着病残的身子为人们做事。张海迪这样回答，马克思说过，能使大多数人幸福的人，他自己本身也是幸福的，我想做这样的人。为人民服务是张海迪的生命支柱，支持着这个病残的青年在坎坷的生活中奋斗，支持这个三十多年无法走路的姑娘开拓出了一条广阔的生活道路，支持这个残存三分之一尚有活力的身躯，放射出光和热，成为一代楷模。从这些先进事迹中，人们可以清楚地看到，社会主义道德的核心，是由崇高的为人民服务精神所体现的。同时也看到，正是在这种不断地为人民服务中，这些先进人物的道德境界也不断得到升华，影响着更多的人向他们学习。

第二，为人民服务是由社会主义经济基础决定的，是建立新型人际关系的客观要求。

为人民服务思想反映了社会主义社会的经济基础、政治制度的客观要求。邓小平指出：“社会主义的本质，是解放生产力，发展生产力，消灭剥削，消除两极分化，最终达到共同富裕。”我国社会主义经济，是以公有制为主体的多种所有制经济共同发展的经济，经济建设最终是要达到广大人民群众共同富裕的目的。我国目前虽然仍处于社会主义初级阶段，但是以社会主义生产关系为基础的社会关系已经建立。在所有制的形式上，我国虽然实行以公有制为主体、多种经济形式共同发展的基本经济制度，但社会主义公有制经济是我国生产关系的主流和本质，它代表了社会主义的发展方向。在人与人的关系上，大家都是平等的，只有社会分工的不同，没有高低贵贱之分。每个人都既为社会、为他人劳动，也在为自己劳动，在劳动中结成了平等互助合作的关系。在分配领域中，我国实行以按劳分配为主体、多种分配方式并存的个人收入分配制度。因此，为广大人民群众服务，特别是为工人、农民和知识分子服务，是我们的根本目的。强调社会主义道德建设的核心是为人民服务，就是要发挥社会主义道德的能动作用，关心人民、爱护人民、扶危济困、帮贫救难，以维护人民利益为最高要求，从而形成一种团结和睦的新型人际关系和热爱社会主义的氛围。

从社会政治制度看，我国是一个人民当家做主的人民民主专政的国家，人民才是历史的创造者和推动者，我们社会主义道德建设，必须同“国家富强，人民幸福”的奋斗目标紧密结合起来。可见，“为人民服务”既是我国社会主义经济制度的要求，也同我国社会主义民主政治的发展相一致。

第三，改革开放和发展社会主义市场经济的新形势给为人民服务注入了新的时代内容。

——市场经济以社会化大生产为基础，在社会化大生产的条件下，一方面社会分工越来越细，越来越专业化；另一方面社会协作越来越广泛，越来越紧密。个人越来越离不开群体，整个社会围绕商品生产和交换而被联结成相互依存的有机体，这在客观上有利于形成“我为人人、人人为我”的社会环境，有利于强化人们的群体意识、整体意识和服务意识。

——在市场经济条件下，商品生产经营者追求的是商品的价值。而商品的价值能否在市场交换中实现，主要取决于该商品是否符合消费者的需要。因此，商品生产经营者必须考虑消费者的需求，必须千方百计地为社会提供物美价廉的产品和优质高效的服务。

——市场经济是一种竞争经济。经营者要在激烈的市场竞争中立于不败之地，就必须遵循诚实守信、平等互利，合法经营、敬业爱业的伦理精神和道德原则，注重商品的质量和做好服务。早在200多年前，英国古典经济学家亚当·斯密就指出，商品生产者为个人利益而工作，有一只看不见的手引导他去满足社会的需要，结果个人的利益得到了实现。这只“看不见的手”就是市场机制。这也就是说，他是不自觉地为社会服务的。很多人提出了“顾客是上帝”“客户是中心”等口号，实施了“顾客满意”战略，简称“CS”战略。“CS”是“顾客满意”的英文缩写。“CS”兴起于20世纪90年代的美国、日本等国，是一种全新的行销战略。它要求企业以顾客为导向，建立优质服务网，让顾客感到百分之百的满意，从而使企业效益倍增。这说明，即使是在一般市场经济中，极端利己主义也是行不通的。

3. 努力实践为人民服务的道德

两个认识问题：现时代，实践为人民服务是否必要？是否可能？现实中，一些人却对提倡为人民服务产生了怀疑甚至动摇，认为现在是市场经济，奉行的是物质利益原则和等价交换原则，再提全心全意为人民服务不合时宜了，甚至把为人民服务改成“为人民币服务”。

第一，社会主义的市场经济的条件下，为人民服务的道德仍然是必要的。

在我国，有不少深谙国情和经营之道的企业家就是这样做的。如海尔集团、石化集团、三九集团、康佳集团、长虹集团等，它们之所以成为国内外有影响的企业，有的甚至跻身于世界500强，其中一个重要原因就是他们不仅注重企业自身的盈利，更注意社会用户的利益，千方百计地提高自己的产品质量和售后服务。相反，那些只顾自己赚钱，不顾消费者利益，甚至危害消费者利益的企业，则是短命的。在社会主义市场经济的条件下，企业要取胜，一是靠挖潜改造、技术革新、加强管理，从生产环节上下功夫；二是靠优良的售后服务。在技术条件差别不大的条件下，服务的优劣决定企业的命运。

在一些资本主义国家也提倡为社会服务，为他人服务。1998年6月，克林顿总统就曾在公开场合劝告美国人通过志愿工作更多地为他人服务，为社区服务。在美国西点军校里，挂着许多各国英雄的画像，其中就有中国的雷锋。他们把雷锋全心全意为人民服务的思想看作是人道主义的表现，认为这是一个军人应该具备的思想。一些美国记者看了《离开雷锋的日子》这部电影后深受感动，在美国《时代》周刊上发表文章，建议美国人都来看看这部影片。文章说："在一个物质享乐主义快速取代理想主义的世界里，乔安山的美好德行可能会暂时受到轻视，但总有一天会受到社会的广泛关注。"

当然，社会主义市场经济要求为人民服务，并不等于人们都能认识到这一点，自觉地为人民服务。有些人为了追求个人利益，粗制滥造，搞坑蒙拐骗，假冒伪劣，损人利己。这就要加强道德教育和法纪教育，弘扬为人民服务的精神。所以，江泽民说："越是在发展社会主义市场经济的条件下，越要加强人生观、价值观的正确导向，提倡全心全意为人民服务，提倡无私奉献精神。"只有这样才能克服市场自身的一些固有弱点和负面影响（如唯利是图、金钱价值泛化等），才能为市场经济发展提供科学的动力源泉和价值规范，才能促进和保证社会主义市场经济的健康发展。

第二，现阶段，实践为人民服务是可能的。

为人民服务可以通过不同层次、不同形式表现出来，是先进性要求与广泛性要求的统一。

——全心全意为人民服务。这是为人民服务高层次的要求，表现为一心为公、大公无私、毫不利己、专门利人等，这是对共产党员和先进分子的要求。在这方面，我党老一辈革命领袖为我们做出了榜样。在民主革命时期，毛泽东在领导中国革命，为全中国人民谋求翻身解放的伟大斗争中，他的一家就献出了六位亲人的生命。新中国成立后，他带领我们积极探索适合中国国情的建设道路，为人民呕心沥血，忘我工作。1950年，淮河发大水，毛泽东看到电报上写着，许多灾民衣食无着，爬到树上，失足落水而亡，被毒蛇争咬而亡，不禁潸然泪下，他顿足道："不解救人民，还叫什么共产党！"从此，淮河两岸响起了毛泽东的誓言："一定要把淮河治好！”敬爱的周恩来总理在任共和国总理的26年中，始终把自己摆在人民公仆的位置，为人民殚精竭虑，忘我工作。特别是在“文化大革命”那种极其困难的情况下，他日理万机，废寝忘食，每天工作长达十七八个小时，有时甚至超过二十小时。所以人们说，周总理是累死的。1976年1月8日，周总理逝世后，人们以最隆重的方式悼念他，十里长街，数十万人垂泪为总理送行，诉不尽对总理的悼念之情。周总理已经和人民永远融为了一体，他把党的宗旨化为自己的灵魂。我们党的领袖是这样，广大党员干部也是如此。在六七十年代，我国曾涌现出雷锋、焦裕禄式的先进代表，现在又有新一代人民公仆的典范孔繁森。孔繁森家在山东，家中有年近九旬的老母、三个未成年的孩子和动过大手术的妻子，家里确实离不开他，但组织上决定他支援西藏，他二话没说，十年间二度进藏，在“世界屋脊的屋脊”、全国海拔最高的西藏阿里地区忘我工作，艰苦奉献。为了寻找阿里地区的发展优势，他几乎跑遍了全区所有的乡。他关心群众疾苦，不顾自己身患重病，为群众送医送药送温暖。他不能照顾自己的妻子儿女，却收养了两个藏族孤儿。他说：“我要以自己的实际行动证明，共产党是真正为人民服务的。”

——爱岗敬业，这是为人民服务的普遍性要求。表现为，在与人相处中，要尽量做到替别人着想，力求有利于他人，有利于社会，使自己的行为能够给他人和社会带来有益的结果，在人民需要的岗位上兢兢业业地工作，立足本职，实现自己的最大人生价值。李国安是一名团长，他在自己的岗位上做出了突出的贡献，实现了人生价值。干一行，爱一行，勤勤恳恳地做好本职工作，同样是为人民服务，如普通工人徐虎、李素丽就是其中的代表；同志间相互关心、爱护、帮助是为人民服务，热心公益，助人为乐、见义勇为、扶贫救困也是为人民服务；个体户合法经营，照章纳税不损害他人利益，靠自己的诚实劳动取得正当利益，他的行为同时也是为他人服务的，这种既利己也利人的行为，在道德上应当给予肯定，也是在为人民服务。

如果说做到全心全意为人民服务有困难的话，做到爱岗敬业并不是一个高不可攀的目标。因此，对全体公民提出为人民服务的要求，并不是不切实际的幻想，而是切实可行。作为当代大学生，应努力实践为人民服务。

（二）社会主义道德建设要以集体主义为原则

何谓集体主义？集体主义作为社会主义道德的基本原则和价值导向，是要在社会主义社会中提倡集体利益与个人利益在集体利益基础上的辩证统一。它包含着相互联系、相辅相成的几个方面。

1. 集体利益高于个人利益

社会主义集体主义强调集体利益高于个人利益，提倡在个人利益与集体利益发生矛盾时，个人要顾全大局，以集体利益为重，在必要情况下，个人应当为集体利益而牺牲个人利益，要用自己的生命来维护集体和社会的利益。这是集体主义原则的最重要内容和最根本要求。

集体利益与个人利益的关系，从根本上说，在社会主义社会中是一致的，但两者也常常会发生一些矛盾。在强调集体利益高于个人利益的前提下，不论是个人还是集体，都应当而且必须对这种矛盾加以认真的审视。对于一个基本真实的集体和对于一个有思想觉悟的道德主体来说，在一般情况下的个人利益与集体利益之间的矛盾，是可以而且能够通过某种方式而得到解决的。

在社会主义条件下，集体利益既体现着集体的普遍的、最终的利益，也体现着每个集体成员的真正的、根本的利益。只有更注重集体利益，集体成员中的个人利益才有可能最好地得到实现和保障。"顾全大局"是集体主义原则的一个重要要求。

当个人利益与集体利益发生矛盾时，个人要顾全大局，自觉以个人利益服从集体利益。如你要代表学校参加一项重要比赛，但恰好好朋友来访，发生矛盾，你应该坚持集体利益至上。当国家和人民利益受到严重威胁（外敌入侵、抢险救灾、与歹徒搏斗等），个人应当挺身而出，直至献出自己的宝贵生命。"见义勇为""无私奉献"是集体主义原则的要求。如在小孩落水，歹徒行凶的场合，围观者不管是党员还是群众，都应受到道德的谴责；有人建议设立"见死不救罪"，不妥。见义勇为只应当是道德义务，不应当上升至法律义务，否则有违公平正义的价值取向。

2. 重视个人的正当利益

集体主义并不否定个人的正当利益，这是尤其需要强调的。并不是说任何情况下都必然要个人做出牺牲，更不是说任意要个人无条件地牺牲。

社会主义集体主义在强调集体利益高于个人利益的前提下，同时强调集体必须尽力保障每个成员的个人正当利益的满足，促进个人价值的实现，并力求使个人的个性和才能得到发展，这也是集体主义的应有之义。

集体主义在强调个人利益与集体利益的辩证统一的思想中，已经包含着对个人利益的高度重视。那种认为强调集体主义就会束缚个人、限制个人的观点，是对集体主义的一种误解；那种把集体主义看作是"敌视个人"的观点，更是一种错误的认识。

社会主义的现实生活充分证明，只有个人的正当利益得到保障，个人的价值和尊严得到实现，个人的积极性和创造性才能够得到发挥，集体的事业才会兴旺发达起来。

3. 促进个人和集体的不断完善

这是集体主义的落脚点。个人只有靠集体奋斗才能实现自身的正当利益。在解放前，被压迫的人们曾经苦苦思索一个难题：靠个人能够雪洗国仇家恨吗？靠个人能够打垮反动派吗？不能，于是人们加入革命队伍，为共同解放而奋斗；在当前经济建设时期，人们也在苦苦思索一个难题：靠个人能够振兴中华吗？靠个人能够赶超世界先进水平吗？不能，于是人们为改革和现代化团结奋战；在1998年的抗洪斗争中，人们也不能不思索一个难题：靠个人能保住长江大堤吗？靠个人能抗得住滔滔洪水吗？不能，于是人们舍小家，保大家，用奉献赢得胜利。当然，集体的发展完善要靠个人的共同努力。这是一个辩证统一的过程。

集体主义作为社会主义道德的基本原则，它要求集体和个人都要不断地纯洁和完善自身，从而使集体利益和个人利益能够在二者的辩证统一的关系中不断得到发展。

古希腊哲学家柏拉图和他的学生曾有过一段对话。学生问：老师，一滴水如何才能使它不干涸？柏拉图说：很简单，把它放到大海里。这段对话对我们理解个人与集体的关系很有启发。个人只是沧海中的一粟，而人民群众则是汪洋大海。作为个体的人是离不开社会集体而独立存在的，在人民群众集体面前，个人如同一滴水，离开了大海就会很快干涸。因此，只有将个人的智慧和力量纳入集体实践的洪流之中，才能使个人的能力得到充分的发挥。

第五节　恪守公民基本道德规范

一、我国公民基本道德规范

（一）公民道德的概念

公民道德是一个国家的公民应当遵守的最基本的道德规范和道德要求，是调节身份平等的社会成员之间的伦理关系和行为规范的准则。2001年10月，中共中央正式发布实施了《公民道德建设实施纲要》。这是贯彻落实江泽民关于依法治国与以德治国相结合的一项重大措施，也是我国新世纪思想道德建设的一件大事。在这个文件中，首次提出了“公民基本道德规范”的概念与内容。

（二）公民基本道德规范的提出及其意义

《公民道德建设实施纲要》指出：“在新的历史条件下，从公民道德建设入手，继承中华民族几千年形成的传统美德，发扬党领导人民在长期革命斗争与建设实践中形成的优良传统道德，借鉴世界各国道德建设的成功经验和先进文明成果，努力建立与发展社会主义市场经济相适应的社会主义道德体系，对形成追求高尚、激励先进的良好社会风气，保证社会主义市场经济的健康发展，促进整个民族素质的不断提高，全面推进建设有中国特色社会主义伟大事业，具有十分重要的意义。”这就从一个战略的高度，概括了在我国加强公民道德建设的重要意义。

1. 如何看待突出公民道德建设地位的必然性

第一，开展公民道德建设活动，是新形势、新环境下中国大发展的需要。

从国际上说，和平与发展仍然是当今世界的主题，同时也是两大问题，这两大问题至今一个也没有解决。中国要抓住难得的和平环境，加快发展的步伐。中国成功加入世界贸易组织，既获得了发展的机遇，也面临着更加尖锐的竞争和挑战。

从国内来说，一是开始全面建设小康社会；二是必须加快改革开放和现代化建设的步伐；三是必须确保顺利实现第三步走的战略目标。

这样的国际国内的新形势、新环境，对我国社会全体公民的思想道德来说，必然提出了新的任务和新的要求，现在的道德体系、道德建设的思路和道德建设的办法，客观上都有一个适应当前新形势、新环境的问题。

党的十一届三中全会以来，特别是党的十三届四中全会以来，伴随着我国改革开放和现代化建设事业的深入发展，我国的公民道德建设也迈出了新的步伐。《公民道德建设实施纲要》（以下简称《纲要》）对此用了这样的概括：“爱国主义、集体主义、社会主义思想日益深入人心，为人民服务精神不断发扬光大，崇尚先进、学习先进蔚然成风，追求科学、文明、健康生活方式已成为人民群众的自觉行为，社会道德风尚发生了可喜变化，中华民族的传统美德与体现时代要求的新的道德观念相融合，成为我国公民道德建设发展的主流。”道德建设上取得这些成就，为在新的形势和环境下加强道德建设，创造了基本的前提条件。

第二，开展公民道德建设活动，是解决当前存在的道德问题的客观需要。

基本的目标是要解决《纲要》所指出的“社会的一些领域和一些地方道德失范”的问题，包括《纲要》所着重提出的“是非、善恶、美丑界限混淆，拜金主义、享乐主义、极端个人主义有所滋长，见利忘义、损公肥私行为时有发生，不讲信用、欺骗欺诈成为社会公害，以权谋私、腐化堕落现象严重存在”这样一些问题。如果不及时有效地解决这些突出存在的问题，就必然会损害正常的经济和社会秩序，损害改革发展稳定的大局。

2. 公民道德建设是以德治国的重要载体

第一，依法治国，拥有明确的、有效的载体，这就是宪法和各种具体的法律法规以及行政规章制度。由于以德治国主要是着眼于用道德的说服力和劝导性，去提高社会成员的思想认识和道德觉悟，因而，不可能比照依法治国那样，制定出由专门机构和专职人员强制执行的各类细致的道德规范，以严格限制人们的行为，只能通过可以有效影响人们的心灵、影响人们的良心的形式和手段，作为“治国”的载体。积极的、主动的、有针对性的，有发展目标和阶段性安排的公民道德建设活动，无疑是最有效的提高社会成员的思想认识和道德觉悟的形式和手段。

第二，公民道德建设的一个基本思路，是使社会全体成员既成为道德教育的对象，又成为道德建设的直接参与者，而不只是让社会的某一些成员置身其中，另一些成员却成为局外人。每一个具有中华人民共和国国籍的人，都应当积极投身于公民道德建设活动之中，这既是自己当然的权利，也是自己应尽的义务。因此，从不谙世事的儿童，到饱经风霜的老人；从普通劳动者，到国家领导干部；从道德觉悟较低的后进者，到具有高尚道德境界的先进分子，都是公民道德建设活动的主体，也是公民道德建设活动的创建人，每一个追求道德进步的人，都必将成为公民道德建设的受益者。因此，公民道德建设活动是覆盖全社会各个领域和各个成员的，具有最大的广泛性和群众基础，对于全社会的道德风尚的改变，具有巨大的影响力。

（三）公民基本道德规范主要内容

《纲要》虽将我国公民道德的基本规范表述为五句话、二十个字，但实际上概括的是十个道德规范，即每一句话由两个规范组成，分解开来看，就成为：爱国、守法、明礼、诚信、团结、友善、勤俭、自强、敬业、奉献（爱国守法，明礼诚信，团结友善，勤俭自强，敬业奉献）。

在公民道德的建设过程中，在使这些基本道德规范家喻户晓、人人皆知、人人皆行的过程中，一件十分重要的工作，就是要对这些规范做出恰当的解读：

第一，“爱国”的要求。“爱国”规范对公民的基本道德要求，应当包括两个方面：一是要牢固树立中华民族的意识和国家利益至上的意识，自觉维护祖国的独立、统一、尊严和利益；二是要为把中国建设成为富强、民主、文明的社会主义国家做力所能及的贡献。

第二，“守法”的要求。“守法”规范对公民的基本道德要求，在于应当强调公民守法，不只是出于对法律的畏惧，更重要的是出于对法律的自觉认同。强调一个有道德的公民，应当积极地学法、懂法和按法律办事。

第三，“明礼”的要求。“明礼”规范对公民的基本道德要求，从狭义上讲，就是讲究起码的礼节、礼仪和礼貌，在公共场合、职业场所和家居生活中，言行举止得体、适宜；从广义上讲，就是讲文明，特别是遵守社会公德，如爱护公共财物、维护公共秩序、遵守交通规则、不随地吐痰、不乱扔垃圾、不大声喧哗等。

第四，“诚信”的要求。“诚信”规范对公民的基本道德要求，基本内涵是诚实、诚恳、信用、信任，也就是忠诚老实，诚恳待人，以信用取信于人，给予他人以起码的信任。

第五，“团结”的要求。“团结”规范对公民的基本道德要求，基本内容是强调在追求共同理想目标的基础上，公民通过弘扬集体主义精神和团队精神，形成各个行业、各个部门、各个单位、各个人群的凝聚力，最终汇集为全民族、全社会的凝聚力。

第六，“友善”的要求。“友善”规范对公民的基本道德要求，基本内容是友好、友谊、友情、善良、善意、与人为善等，强调人与人之间的互相关心、互相帮助、互相爱护、互相谦让的和谐关系。

第七，“勤俭”的要求。“勤俭”规范对公民的基本道德要求，基本内容是勤劳、勤奋、勤快、俭朴、节俭等，强调立足于中国人口多、耕地少、人均资源有限等国情，深刻认识到勤俭建国、勤俭持家、勤俭办一切事业对于中国经济社会的可持续发展，对于中华民族的伟大复兴的重大战略意义。

第八，“自强”的要求。“自强”规范对公民的基本道德要求，基本内容是自尊、自励、自立，强调生命不息、奋斗不止、刚健有为、积极进取的拼搏精神。

第九，“敬业”的要求。“敬业”规范对公民的基本道德要求，基本内容是忠于职守、精益求精、德艺双馨、恪守职业道德。强调职业可以有分工不同，却没有高低贵贱之分，对职业的敬重，是职业责任感的前提条件，也是自觉履行职业道德的前提条件。

第十，“奉献”的要求。“奉献”规范对公民的基本道德要求，基本内容是克己为公、服务社会、助人为乐、造福于人。既提倡高境界的对社会、对他人的无私奉献精神，又强调每个公民首先应立足于自己的社会角色和职业分工，尽己所能，做到“岗位奉献”。

（四）诚实守信是公民道德建设的重点

《说文解字》中说：“诚，信也；信，诚也。”“诚”多指“内诚于心”，“信”则偏重于“外信于人”。诚信主要包括两层含义：一是要以信用取信于人；二是对他人要给予信任。诚信道德应成为公民的立人之本、家庭之道、经商之宝、交友之道、为政之道。在社会主义市场经济条件下，人们的道德意识和道德观念的多样性，不同层次社会成员道德水准的差异性，特别是受利益驱使，尔虞我诈、弄虚作假等问题，都表明坚持以诚信为本，在加强公司道德建设中就显得尤为重要。

加强公民道德建设，要紧紧抓住“诚信”这个重点，不断夯实公民道德的信誉基础。历史证明：不讲信誉的人是没有前途的人，不讲信誉的民族是堕落的民族，不讲信誉的社会是混乱的社会，不讲信誉的国家是没有希望的国家。

诚信原则，不仅贯穿于公民道德建设的全部内容和整个进程，而且也是社会主义市场经济建设不可缺少的道德准则。市场经济秩序，其发展和完善都需要与市场经济相适应的道德秩序，而市场经济道德的要义就是诚信。

1. 诚信是社会经济发展的道德基础

“诚信”道德规范，是个人与社会、个人与个人之间相互关系的基础性道德规范，也是市场经济领域中一项基础性的行为规范。没有了诚信，人们的经济生活、政治生活、社会生活就失去了基本的维系和支撑；缺少了诚信，经济发展和社会进步就缺少了前进的动力和可靠的保证。

2. 诚信是建立市场经济体制的一项基本原则

第一，诚信原则具有深厚的经济基础。孟德斯鸠有句名言，“哪里有贸易，哪里就有法律”，意即只要有买卖活动，就有调整这种买卖活动的法律制度。人类自从出现了以营利为目的的商品经济后，就开始要求交易当事人所交换的商品的价值对等和经济利益平衡；又因为交易过程的不断复杂化，使得市场交易成为一种带有风险的活动。因此，参与交易的真诚的当事人必然会希望和要求其他当事人的真诚参与，也希望自己因他人的不真诚而招致损害时，能以某种手段获得补偿和惩罚不真诚的当事人。这种手段就是在法律中规定的诚信原则。它开始是以交易习惯的方式存在的，后来才以成文法的形式存在。所以，诚信原则的产生是为了适应市场交易的需要而出现的，是市场交易的必然表现。

第二，诚信原则是规范市场主体行为的最高准则。诚信原则是直接产生于社会经济的一项原则，但是它绝非被动地服从和适应社会经济的发展：自它产生的那一时刻起，便以其能动性对现实经济发挥着巨大的促进作用。这种促进作用表现在其在经济交换过程中的规范作用，即在市场经济体制下，诚信者最经济、最有利，不诚信者不仅不经济，而且要付出沉重的代价。

第三，诚信是发展社会主义市场经济的生命线。在市场经济条件下如果市场主体不能做到诚实守信，就根本无法同外界打交道。市场经济越发展，信用要求就越严格，应当说，这样一些基本的理念已经逐步成为社会的共识，作为社会主义市场经济主体的我国企业也越来越重视信用和荣誉的问题，许多企业把信誉看作兴业之本。像我国青岛的海尔集团、浙江的万象集团等一批知名企业在国际市场上已经享有很高的信誉度。然而从社会的经济生活看，诚信依然面临着严峻的挑战，制假售假现象屡禁不止，各种伪劣商品充斥市场；故意性的经济、金融诈骗以及盗版侵权案件时有发生；经理人缺乏信用，合同不能履行，企业间的相互拖欠十分普遍；银行应收未收的债务、逾期贷款、呆账、坏账数额呈上升趋势。信用危机已经严重地影响了社会主义市场经济的健康发展，给国家、企业和个人造成了严重的损失。在中国已经加入 WTO 的情况下，经济领域的诚信危机问题如果不能从根本上加以解决，将制约我国企业走向国际市场参与国际竞争，融入世界经济主流的步伐。也会成为招商引资、国际合作的重大隐患。弘扬诚信美德，构建全新的社会信用体系，已经成为社会主义市场经济健康发展的当务之急。

我们应当清醒地看到诚信原则与市场经济的发展是息息相通的。一方面，市场经济需要一条强制性的法律原则来规范交易主体和交易行为；另一方面，市场经济的任何主体都不能离开善意真诚、守信不欺和公平合理的理念规范。当前，我国正处于建设市场经济的关键时期，诚信危机不仅阻碍了市场经济建设的进程，而且还会阻碍我国经济的繁荣昌盛。因此，我们必须要把诚信原则作为我国市场经济体制建设的一项基本原则，以诚信原则来指导和规范市场经济的建立和健康发展，将诚信作为市场经济的基本原则，也是确保经济活动有效性的重要因素。我们在诚信建设中要积极创新，在现有的基础上采取综合治理，逐步推进，更好地促进社会主义市场经济的健康发展。

3. 诚信道德是法治社会的基本道德规范

第一，诚信是法治社会最基本的法律原则。从历史上看，诚信在更广的范围内作为一种道德要求始终为人们所推崇和倡导，而且作为法的概念、规则或原则，其发展的历史也是源远流长的。在西方，早在古罗马法中就有关于诚实、信用的法律规定。它最初起源于罗马法中的一般恶意抗辩诉权，是法官在裁判案件中一种寻找当事人真意以做出合理判断的方法。但由于当时的社会秩序以身份关系为基础，个人无独立地位，意思自由难以实现，诚信原则自然也无从谈起。在中国，自秦汉以后，就有涉及诚信内容的法律规定的记载。如历代法律几乎都规定诬告反坐，即对故意捏造事实向司法机关控告他人的人，处以他所诬告的罪的惩罚。这是对不诚实、不讲信义的人最典型、最严厉的法律制裁。

随着商品经济的发展，特别是市场经济的建立，人们对诚信的要求愈加普遍和强烈，各国的法律都更多地表达出这种要求，特别是大陆法系的国家。现在世界上许多国家不但在其民法、商法、公司法、反垄断法、产品质量法、刑法等法律中详细提出了有关"诚信"的具体规范要求，明确了相应的法律责任，并且依法在社会各领域中建立和完善了各种制度和措施以实现这些规范。

我国现行法律中也有许多关于诚信的要求，如《民法通则》就有规定，"民事活动应当遵循自愿、公平、等价有偿、诚实信用的原则"，从而确立"诚实信用"是民事活动应当遵循的一条基本原则，它要求当事人在进行民事活动时必须具备诚实、善意的心理状态。这一原则不但对当事人进行民事活动起着重要的指导作用，而且在完善立法机制，承认司法活动的能动性方面具有更重要的作用。除此之外，我国的《消费者权益法》《公务员法》《刑法》等重要法律，也都从不同领域和角度提出了关于经济信用、行政信用和司法信用等法律要求。

第二，诚信是法治社会应具备的基本道德素养和美德。诚信是国家和社会所要求的最基本规范，他不但是道德规范的重要内容，同时也作为法律规范的有机组成部分反映并体现着社会发展的最基本要求。"人无信不立"。诚实守信是人类区别于动物而形成文明社会的最重要的标志之一。因此，我们必须通过道德教育，使人们充分认识到，现代社会，诚实守信是一个人应该具备的基本道德素养和美德，是为人处世，建立社会关系的立身之本。道德教育在于鼓励和倡导一种诚信的道德风尚和人格修养，它主要是以"应该"的方式给人以劝导和指引。但在进行“循循善诱”的道德教育的同时，我们一定不能忽视通过法治教育使人们深刻理解诚信对于法治社会的必要性。

第三，诚信是维护社会秩序稳定的重要基础之一。诚信既是个人应具备的一种基本素质，同时也是法治社会不可或缺的一种素质。它不仅能够维护和促进社会的经济交往，而且在包括政治和文化在内的各种社会关系中发挥着安全和效率的保障作用。特别是在市场经济条件下，诚信是商品生产等价交换、公平竞争的最基本道德要求和法律要求，是市场机制良好运行的必不可少的黄金规则。离开了诚信，不但会使经济交易成本上升，公平和正义无法实现，还会因此引发很多矛盾和冲突，从而使社会秩序走向无秩序甚至混乱。

第四，坚持以诚信为本，是实施依法治国与以德治国方略的需要。道德与法同属行为规范的范畴，二者虽有区别，但却相互作用，相互补充。法律约束相对道德约束而言，法律是强制性的低层次的既定范围的，道德是自律性的高层次的更宽范围的。在现实生活中，违法必缺德，但缺德不违法的现象还是较为常见的。只有法治与德治并举，才是治国安邦的根本之策。而无论是法治还是德治，都必须以诚信为本。没有了诚信，德治就显得苍白无力；没有了诚信，法治就变得无所适从。法律法规是要靠人去执行去实施的，是否违法及违法到何程度应予以什么样的惩处都要靠人去裁定。执法是否公平、公正、公道，这里就有一个执法者的职业道德问题，法治的环境问题，法律制度的信誉问题。

二、大学生与诚信道德

大学生是未来社会的栋梁，是社会主义市场经济顺利发展的重要保证，是有中国特色社会主义事业的建设者和接班人，是否具备诚信的道德品质成为判定大学生是否成为合格公民的基本准则。从总体上看，大学生有良好的道德素养，诚信道德状况主流是好的，但由于受各种不良因素的影响，不少学生的诚信道德不容乐观，令人担忧，已严重危害大学生群体的形象。因而，加强大学生诚信道德建设，既是贯彻落实《公民道德建设实施纲要》的要求，也是促进大学生健康成长的需要。

（一）诚信道德有利于大学生的身心健康

从心理学的角度讲，信任是渴望尊重的一种心理需求，诚信是人际交往得以继续和发展的前提，人生在世，不可避免要和别人交往，只有待人真心诚意，表里如一，坚守信用，才会赢得他人的信赖，得到别人的理解和帮助，这样的交往使人产生愉悦、坦然的心情，而这正是一种积极的精神状态。若生活中没有诚信，则每个人都不得不耗费大量的精力物力以防止被欺骗，结果人人都生活在紧张和压抑之中，生活的幸福感被大大降低，心理亦容易产生障碍，甚至引发心理疾病。

所以，诚信道德有利于大学生保持身心的健康。

（二）诚信道德有利于大学生塑造良好的道德品质

良好的道德品质对人的文化科学知识的学习和进取创造能力等整体素质起着导向、动力和支撑作用。而塑造良好的道德品质离不开诚信道德，试想，一个大学生连对人诚实守信都做不到，他会去爱国？会自觉地遵纪守法？一贯诚实守信的人，人们都会说其道德品质是良好的，同时对其道德人格也会给予肯定，因为从道德认识、道德情感、道德意志来看，他都能做到真心实意、表里如一、言行一致。而不能做到诚实守信的人，人们一般都会说他的道德品质有问题，道德人格存在缺陷。所以，诚信道德不仅是良好道德品质的一部分，同时也有利于其他良好道德品质的形成。

（三）诚信道德有利于大学生立志成才

在整个大学阶段要求大学生根据现实社会条件的不断变化，努力使自己成为建设国家的人才。而在自己立志成才的过程中，避免不了的要学习专业知识，在专业知识学习的过程中，离不开诚信道德品质，只有做到了诚信，在学习的过程中，才能脚踏实地，才会学到真正的知识；同时在养成良好道德品质的过程中，也离不开诚信道德品质。所以，诚信道德有利于大学生立志成才。

（四）诚信道德有利于大学生将来立业

“立信才能立业”。一个人想要立足于社会，干出一番事业，就必须具备诚实守信的品德。拥有诚信品质的人能够诚实待己，面对自己的真实情况，既不狂妄自大，因旁人的赞美或奉承而忘乎所以；也不妄自菲薄，因他人的否定或偶尔的失败而气馁自弃。拥有诚信品质的人总能看到他人看不到的事实，达到他人达不到的成功。同时，易于与他人合作，增加获取成功的机会。所以，诚信有利于大学生毕业后走向社会，成就自己的事业。

三、努力提高道德修养的途径

首先，自觉地学习、思考、体验、提升道德修养的境界；其次，积极主动地进行自我教育、自我激励，发扬成绩，克服不足。

（一）积善成德，树立正确的善恶观念

1. 提高道德认识

从知、情、意、行的关系看，认识是情感产生的依据，是意志锻炼的动力，是决定行为的思想基础。在社会生活中，人民群众之所以从善如流，归因于良好道德传统的影响和正确道德观念的确立，能够明辨是非、爱憎分明；一些人之所

以产生不道德行为，归因于不良道德风气的影响和缺乏正确的道德观念，分不清是非、善恶、荣辱、美丑的界限。在市场经济条件下，一些人急功近利、损人利己，归因于极端个人主义的思想影响下的道德观；很多人急人所难、助人为乐，归因于集体主义思想影响下的道德观。

注意道德理论学习是提高道德认识的题中之义。邓小平说过：不注意学习，忙于事务，思想就容易庸俗化。如果说变质，那么思想庸俗化就是一个危险的起点。显然，庸俗是不道德的表现。摆脱庸俗的途径是：从一般道理上懂得什么是好、坏、善、恶，从而在情感上趋善避恶、在行动上择善而行。进一步摆脱庸俗的途径是：立足道德理论学习，坚信集体主义道德原则和社会主义道德规范的科学、合理、正义性，在内心形成坚定不移的道德信念，促进良好道德品质的形成和发展。

注意抵制错误道德观念是提高道德认识的必修课题。在市场经济条件下，道德观念剧烈碰撞，缺少鉴别能力的人在遇到复杂情况或与自身利益相关的情况时，较难做出正确的道德判断或道德选择，以致是非不清、善恶难辨、美丑颠倒，成为错误道德观念的俘虏。一个人在基本道德认识的基础上，要不断审视周围各种道德观念的影响，认识错误道德观念的危害，勇敢抵制错误道德观念的侵蚀，使自己的道德认识在风浪搏击中得以提高。

2. 树立正确的修养观

树立马克思主义的修养观，就是把高尚的道德观念内化为自身的品质。恩格斯认为，科学家应有"逻辑修养和辩证法修养"；列宁强调："政治上有修养的人是不会贪污的。"毛泽东在民主革命时期，就号召提高"我们党的马克思列宁主义的修养"。周恩来 45 岁时专门自订了七条"修养守则"。在马克思主义者看来，人民的事业和现实的责任，要求我们在实践中通过"自我教育"和"自我改造"，提高自身道德水平。

首先，树立正确的修养观是由人民的事业所决定的。道德是劳动人民社会实践的产物，是劳动人民同大自然作斗争以求得生存发展而形成的，是在劳动人民同落后思想道德作不调和的斗争中发展的。道德的发展史就是人们提高道德修养水平的历史。社会主义道德符合社会发展的客观规律，也展示了劳动人民的道德理想，但是，道德理想的实现还是要靠劳动人民自身的实践。大学生为人类幸福的理想而奋斗，就必须把个人的完善和人类的幸福相结合，首先提高自我教育、自我改造的能力，处理好人与人之间的关系，在道德上完善自己，才能最终造福于人类。

其次，树立正确的修养观是由现实的责任所决定的。社会主义的本质是要消灭人剥削人的制度，解放生产力、发展生产力，最终实现共同富裕。这是人类最伟大的道德实践，也是我们每个人面临的活生生的道德实践。在我们的社会主义现代化建设中，大学生不仅是物质文明的建设者，也是精神文明的建设者。大学生不仅是社会公德的实践者，既为别人服务又为自己完善，也是先进道德的实践者，为国家和人民无私奉献。因此，在道德实践中，大学生不仅要一般地处理好人际关系，更重要的是要全心全意为人民服务，在现实生活中不断提高为人民服务的道德修养水平。

3. 追求崇高的道德境界

追求高尚的道德境界既是修养的目的，又是修养的途径。修养途径有二，一是用外在的道德规范来约束自己，另一是用道德境界来鞭策自己。对于后一种方法，一个人追求的道德境界越高，他的道德水平也越高。中国古代把道德境界的追求看作修养的根本要求，那么今天我们修养应该追求什么样的道德境界呢?

道德境界不同于道德规范那么明确，它是在理性认识和炽烈感情基础上形成的高尚气节和道德理想。首先，表现为保持高尚气节。孟子的“富贵不能淫、贫贱不能移、威武不能屈”、范仲淹的“先天下之忧而忧，后天下之乐而乐”等千古佳句，展示了杰出人物为国家、为民族无私奉献的高风亮节。自尊、自信、自强，是中华民族几千年来赖以生存和发展的伟大精神。赤忱爱国、自强不息、乐于奉献，是我们民族最可宝贵的精神财富。中华民族的精神和气节是我们引以为自豪的宝贵财富。其次，表现为追求远大理想。从孔夫子的“大同书”到康有为的“大同书”既展示了中华民族的社会理想，也展示了中华民族的道德境界，中华民族的仁人志士就是在这种理想的召唤下，实践爱国主义、集体主义、社会主义，推动社会进步的。为此，追求远大理想也表现为对道德楷模的追求，在我们民族的历史上有无数的英雄伟人为一代代后人树立了榜样，使优良道德得以发扬光大。

20 世纪中国历史上的三位伟人之所以能够站在历史潮流的前列，很重要的一点是他们有崇高的道德境界。

孙中山面对百姓生灵涂炭，决心推翻腐朽的清王朝统治，他以为中国劳苦大众服务的道义，以崇高的人格风范，唤起民众力量，取得了辛亥革命的胜利。

毛泽东在年轻时就有决心为工农摆脱苦难的道德思想，把马列主义理论和中国革命实际相结合，团结人民浴血奋战，使中国人民推翻封建主义、帝国主义和殖民主义的压迫，实现了生存的基本权利。

邓小平在中国当代历史发展的关键时刻，以人民利益为重、一切向人民负责的道德境界，领导中国人民开创社会主义现代化事业，改革开放创造了世界的奇迹。在数十年的社会主义革命和建设的实践中，群星灿烂，周恩来、雷锋、王进喜、焦裕禄、钱学森等共产党人，他们都有崇高的道德境界，为人民和社会做出了杰出的贡献。

大学生朝气蓬勃，应该发扬高尚的精神，追求远大的理想，不断升华自己的道德境界，在崇高的道德境界召唤下，提高道德修养水平，促进个人才干发展。

（二）自觉运用“慎独”“自省”“自责”“自励”“改过”的修养方法

道德是安邦治国的重要手段，历史上各国都倡导人民提高自我修养水平，因此中外历史上有很多的修养方法。长期重视社会伦理的中华民族，形成了很多的修养方法，孕育和磨炼了无数的杰出人物。结合实际，大学生应该继承和掌握的主要修养方法有：君子慎其独、知耻近乎勇、积善以成德等。

1. 君子慎其独

中国古代一向比较注重人际之间的道德纲常和个人修养，其中，“慎独”是著名的自我修养功夫，慎独行为是对道德修养的最高要求。

慎独出自“四书”的《中庸》,意思是“君子”越是独自一个人没有监督的时候，越要小心谨慎，行善不行恶。显然，慎独特别强调个人自觉实践道德行为的意义。当一个人独处的时候，他做了好事别人看不见，他做了坏事别人也不知道，这时，他的行为善恶全凭自己的良心评判。这是对人的道德水平的真正考验，而这种考验对于提高人的道德自律和道德修养是大有益处的。

“慎独”虽然是古代的伦理范畴，但是在现代社会，有其新的含义和意义。刘少奇在谈到共产党员的修养时说过：“即使在他独立工作、无人监督、有做各种坏事的可能的时候，他能够慎独，不做任何坏事。”这是对“慎独”的现代注解。在日常生活中，人的一举一动不可能也不应该时时受到监督。作为一个大学生，一个主体意识日益增强的现代青年，贵在自重、自爱和自律，无论是群居还是独处，不管是公开还是私下，都应以相同的道德标准要求自己，做到表里如一、善始善终、人前人后一个样。

2. 知耻近乎勇

金无足赤、人无完人。在人的道德成长过程中，难免有这样那样的行为过失或道德缺陷。人非圣贤，孰能无过。关键要做到闻过则喜、知错必改。人的道德水平正是在不断纠正错误过程中提高的。知错不改，是人生的大敌。孔子说：“过而不改，是谓过矣。”即有错误不改正，那就是真正的错误了。孔子又说：“过而改之，是不过也。”有错误能改正，就可以避免再犯错误了。

有道德的人在自己的错误面前，自然而然地会有一种羞耻感，有了羞耻感，就可能产生改正错误的决心和勇气，古人说“知耻近乎勇”。羞耻感对社会而言，是文明的产物，是人类文化的特征之一。对于个人来说，羞耻感又是一个人文明程度的标志和道德水平的表现。正常的人都有对自己名誉的一种维护意识，自己的过失有损于荣誉，便会产生羞耻感。为了避免羞耻，就会有避免重犯错误、追求道德的行为。从这个角度上说，羞耻感实际是一个人潜在邪念和恶行的自我抗体,这种抗体可以保护和挽救一个人的道德生命。正如西方哲人德谟克利特所说:“对可耻行为的追悔是对生命的拯救。”

作为大学生犯错误是难免的,列宁曾说过允许青年人犯错误,就是这个意思。有的大学生知错就改,也有的大学生对自己的不道德行为虽有羞耻感,却没有改正错误的勇气。显然,用文过饰非来掩盖自己的不道德行为,以自欺欺人的方式逃避良心的自责,只是权宜之计。这里需要学习前人的经验,增强“自讼能力”,有错不怕别人知道,更不要欺骗自己,要敢于揭露自己,把自己的错误暴露于世,促使自己改正错误。

(三)反复实践,躬身践履,提高道德修养的自觉性

道德实践是道德问题的归宿。人的一切认识、情感、信念、意志都应该以正确的行动为结果。道德说到底不只是一个理论问题,更是一个实践问题。道德实践,既是人们道德品质的表现,也是道德评价、道德教育、道德修养的直接对象,更是社会或群体道德意识、原则和规范的现实基础。

道德实践强调从我做起。中国古代重视道德的践行,孔子认为“仁”这一最高的道德境界,对我们来说,并不是遥远而不可达到的,只要我们坚持不懈地努力就可以达到这种境界。人们之所以不能达到这种境界,是因为不能执著追求的结果。为了达到这种理想境界,要求克己、养心、慎独,强调自己从一点点、一步步做起。

道德实践还强调从小做起。大学生的道德实践不只是防微杜渐和洁身自好,更在于主动发挥道德的作用,为社会、为他人谋求福利。道德实践是一个将自我内在的意识通过道德善行向外推及的过程。相比其他的意识形式,道德的理论易懂、行动难做,即通常说的知易行难。从小处着手可以逐步解决知易行难的问题。《道德经》讲道:“天下难事,必作于易;天下大事,必作于细。”强调从身边小事做起,在我们周围有许多貌似琐碎的小事,却很能体现人的道德品质。像不剩饭粒、不折花木、随手关灯、排队买饭等日常小事,正是我们大学生入手之处。“勿以恶小而为之,勿以善小而不为”。道德行为的价值固然越大越好,但大德往往是以小德为基础,由许多小善积累体现出来的。雷锋同志一生并没有惊天动地的伟业,他的高尚品德正是体现在平凡的一件件小善之中。在我们这个世上,大多数人一生平凡,只要择善而行,问心无愧,对社会和国家有利,那么就可以在恒久的德行中提高生命的质量。

无论什么样的修养方法,归根结底就是要把正确的认识变为实际行动。人类的优良道德传统代代相传,劳动人民并没有经历什么正规的、系统的道德教育,但是,他们往往向别人展示慈母之心、无私爱心,根本上在于他们现实的态度、博大的胸怀、踏实的行动。

大学生道德素质的提高，教育是基础，更重要的是在实践中接受教育。大学生要紧紧抓住影响道德观念形成和发展的重要环节，通过广泛的道德实践，认识现实的道德要求，懂得什么是对的，什么是错的，什么是可能做的，什么是不应该做的，什么是必须提倡的，什么是坚决反对的。这样，一方面参与了社会的道德建设，另一方面，也提高了自己的道德水平。

改革开放以来，随着经济和社会的发展，社会主义精神文明建设也有良好的发展，社会主义的主旋律日益深入人心，为人民服务的思想不断发扬光大，科学、文明、健康生活方式成为人民群众的自觉行动。在社会主义道德建设的发展中，人民群众创造了各种各样的道德建设活动，大学生积极参与这些活动，可以受到良好的道德熏陶。

第五章　大学生责任意识的养成

人生活在客观世界中，和客观世界有不可割裂的联系；人生一辈子，有父母、兄弟、姐妹、子女，有配偶、朋友、同事等许多的社会关系，人因社会关系而来到这个世界，在社会关系中成长和生活。在这些关系中，人扮演着一定的角色，必须做一些事情，或承担一定的责任。意识到这种责任，并自觉去承担它，是思想道德修养的基本要求。

第一节　责任与责任意识

一、责任解析

责任，是我们每一个生活在一定社会关系之中的人与生俱来的，“作为确定的人，现实的人，你就有规定，就有任务……”。无论是何人，都对自身、对他人、对集体、对国家和社会负有一定的责任。思想道德修养的过程，就是人们逐渐认识自己在人生成长中的责任，形成深刻的责任意识和责任感的过程。

责任，指的是一个人对工作、对群体和社会应尽义务的自觉状态。在中国思想史上，责任最初有两种含义：一是表示臣民对君王、帝王对“天”的尽职和效忠；二是表示个人应对自身行为的不良后果和过失负责。根据《汉语大词典》，“责任”一词有三重含义：其一，使人担当起某种职务和职责；其二，分内应做之事；其三，做不好分内应做的事，因而应承担的过失。在西方思想史上，苏格拉底把责任看作是“善良公民”为国家和人民服务所应具备的本领和才能。伊壁鸠鲁和亚里士多德等人阐发了责任是表示人应对自身行为的后果负责的思想。伊壁鸠鲁说：“……我们的行动是自由的。这种自由就形成了使我们承受褒贬的责任。”常译成中文“责任”一词的英语单词有 duty，responsibility，capability，liability。其中 duty 译为“义务，职责，责任”；responsibility 译成“责任，责任感，负担，职务，任务，能力，可靠性”；capability 译为“应受处罚，有罪（行为）”；liability 译为“责任，义务，负担，不利，缺点，负债”。从以上由语义学的角度对责任概念所做的分析中，可以看出其含义是在不断改变和发展的，责任概念具有多义性，在不同的场合和环境中，有不同的含义。在一般日常生活中，“责任”一词被广泛使用，含义丰富，但归结下来不外乎实质和形式两方面的要素。

实质要素分为客观要素和主观要素。客观要素即义务，责任的产生基于对一定义务的违反，没有义务就没有责任；而义务的违反是一种事实状态，不以人的意志为转移，因而义务是责任的客观要素。主观要素即归责。义务之违反的事实是否必然引起责任的产生，这就取决于行为者主观上有无过错和社会对其所做的评价，表现为“谴责”“非难”“公平”“合理”。形式要素即负担或约束力，它是责任实质要素的外在表现形态，是责任得以存在和实现的要素。一个完整的责任概念，应当由客观、主观和形式三要素组成。根据义务的性质、归责的要求和约束力的形式不同，人们通常所说的“责任”可以分为三类：其一，基于道德义务之违反而以社会心理意识约束力为表现形式的道德责任；其二，基于纪律义务之违反而以社会团体约束力为表现形式的纪律责任；其三，基于法律义务之违反而以国家强制性为表现形式的法律责任。

总之，责任范畴是同人的规定、职责、使命和任务紧密相连的。马克思、恩格斯指出：“作为确定的人，现实的人，你就有规定、就有使命、就有任务，至于你是否意识到这一点，那是无所谓的。”

人有各种各样的需要，有相应的动机或曰欲望，希望得到满足。换句话说，人希望自己的意志和行为是自由的，不受约束。但是，心理需要的满足离不开物质和环境，意志和行为自由的主观离不开客观必然性的制约。在意识和行为中，人与客观世界的关系问题体现为自由与必然的关系问题。

人做什么或不做什么，表面看来是主观随意的，其实都在一定程度上受到客观必然性的制约。马克思在谈到人的行为选择时说过：“如果他要进行选择，他也总是必须在他的生活范围里面、在绝不由他的独自性所造成的一定的事物中间去进行选择的。”也就是说，个人不可能超越客观环境提供的可能性去随心所欲地选择做什么或不做什么。

首先，客观必然性制约着行为的动机。人们究竟以什么作为自己行为选择的出发点，他企图达到什么目的，跟他所处环境、时代的物质条件有关。马克思说：“人类始终只提出自己能够解决的任务，因为只要仔细考察就可以发现，任务本身，只有在解决它的物质条件已经存在或者至少在形成过程中的时候，才会产生。”古诗云，古人不见今时月，今月曾经照古人。在科技水平较为低下的古代，像诗仙李白那样想象力极为丰富的人，也未曾产生过乘宇宙飞船登月或坐飞机周游列国的动机。青藏高原的牧民也不会天天向往帆板运动的乐趣，夏威夷群岛的居民也不会想着要过上“天苍苍，野茫茫，风吹草低见牛羊”的生活。

其次，客观必然性制约着人们的行为方式，制约着人们实现目的的手段和途径。苹果熟了会从树上掉下来，人类的飞天之梦要在发明了功率强大的飞机之后才能实现。从广州到北京，明代赴京考试的书生要骑马或步行几个月，现在人们乘火车或飞机，只需一天或几个小时就可到达。

再次，客观必然性制约着人们的行为效果。目的能否实现，一方面取决于主观努力，另一方面受制于客观条件，俗话“谋事在人，成事在天”，说的就是这个道理，只不过它过分夸大后者的作用。在行动中，主观不努力，就如同守株待兔；不考虑客观条件，其后果就会是刻舟求剑，缘木求鱼。

然而，人生既有受制于客观必然性，受制于自然规律和社会历史条件的一面，也有认识客观规律，利用客观条件，自觉、主动地进行实践活动，进行选择和创造新生活的自由和能力。审视人类文明，反思自己的人格——智慧、技能、情感、意志品质等，就会承认人类的意志自由。尽管它是相对的，然而也是宝贵的。它建立在人们对客观必然性的认识之上，人们只有认识了这种必然性，并积极主动地去实践、去创造，才能获得这种自由。

恩格斯说：“自由不在于在幻想中摆脱自然规律而独立，而在于认识这些规律，从而能够有计划地使自然规律为一定的目的服务”，又说，“意志自由只是借助于对事物的认识来做出决定的那种能力”。

人生受客观必然性的制约，又有相对的自由，这两点规定了人生必须承担一定的责任。由于前者，人应当和必须做些什么或不做什么，而不能为所欲为、无所不为，亦即它规定了人生责任的必要性；由于后者，人能够选择做些什么和不做什么，而不能无所欲为，无所作为，亦即它规定了人生责任的可能性。认识人生，必须同时认识到这两点，缺一不可。如果人生完全受制于必然，个人没有丝毫自由，那么人生可以不承担责任，因为无责任能力；如果漠视人生的必然，夸大人生的自由，认为人是绝对自由的，可以为所欲为、无所不为，那么责任本身已不存在了，也就谈不上要负什么责任了，这种情况实际上是不存在的。鲁迅的小说《阿Q正传》的主人公阿Q曾飘飘然地说，他爱谁就是谁，他喜欢谁就是谁。可他实际上有这种自由吗？一个人，如果坚信自己至少还比阿Q高明一些的话，就应认识到，人生应当有所不为，有所必为。

二、人我关系及其对人生责任的规定性

人我关系即一个人自己与他人的关系。它包括自然性的人我关系和社会性的人我关系。自然性的人我关系是人天生面临的一种人际关系，包括血缘关系和地缘关系。血缘关系主要有父母和子女关系，兄弟姐妹关系及由此衍生出来的血缘亲族关系。地缘关系是由于生长在同一地域而产生的关系，如同乡关系、邻里关系等。社会性的人我关系是人在后天的社会生活中，包括学习、工作、恋爱婚姻和其他社会交往中结成的关系，如同学关系、师生关系、夫妻关系、朋友关系等。

对每一个人，人我关系都是一种必然。首先，血缘关系和地缘关系是天生的，人不能选择自己的父母、种族、家乡和祖国。人不可能离群索居，必然在社会生活中和他人发生联系，尽管他人可能是张三，也可能是李四，但具体对象的不同并未改变人我关系的内容和性质。在这种必然的人我关系中，每个人都扮演着一

定的角色,它规定着个人应承担的责任,或曰义务。这种责任既是一种天然的规定,又是一种社会生活的要求;既体现了传统文化的积淀,又反映了时代的要求,具有时代特色;有的责任表现为风俗习惯和道德规范,也有的责任表现为法律和政治要求。例如,为人父母,就有抚育子女的责任;为人子女,就有赡养父母的义务。做教师的,要关心学生,诲人不倦;做学生的,要尊敬老师,学而不厌。夫妻间要互敬互爱,同事间要团结协作,朋友间要真诚守信,对一般的社会公共交往要具有人道主义精神,等等。人我关系中的这些要求,总括起来,用孔子的话说,就是“己所不欲,勿施于人”,“己欲立而立人,己欲达而达人”,用近代德国哲学家黑格尔的话说,就是要“使自己为人并尊重他人为人”。

三、人生的责任意识

(一)从责任到责任感

责任是外界条件对行为主体的客观要求,是对人的行为的外在约束和规范,是他律。人如果意识到这种责任并认同它、接受它,将外在的要求内化为内心的自觉意识,就成为责任感。这时,外在的要求转化为内心的自觉,他律转化为自律。

从责任到责任感的这种转化,第一步是行为主体对责任的认识。认识到客观世界及社会是人生的首要前提。在长期的进化和社会生活中,人类的认识能力有了极大的发展。这是人类和其他动物的重大区别。我国汉代学者王充说:“天地之性人为贵,贵其知识也”,认为人与禽兽不同的特点在于具有较高的认识能力;清代学者戴震在阐释孟子的性善论时说:“人以有礼仪,异于禽兽,实人之知觉大远乎物则然,此孟子所谓性善”,认为性善根源在于优势的认识能力。人类认识能力与人的责任感的这种关系,表明理性与感性、科学与道德都是相通的。爱因斯坦曾说过:“现在这代人往往注意我们这些人发明了什么,有什么著作,实际上我们这些人的道德行为对世界的影响从某种意义上来讲更大。”他在评介居里夫人时说:“第一流人物对时代和历史进程的意义,在其道德品质方面,也许比单纯的才智成就方面还要大。”

从责任到责任感的转化,第二步是行为主体对认识到的责任的认同和接受。对个人的心理与意识活动来说,如果第一步是认知过程,则这第二步是情感过程,前者是一种事实判断,人认识到“是这样”,后者是一种价值判断,人觉得“应该这样”。或是由于喜爱,或是由于敬畏,人把认识到的某种外在的要求承认为自身的一种必须,是自己之为自己而言不可或缺的东西,这样,外在的要求转化为内心的自觉。人不再是被动地、消极地服从异己的力量,而是主动地、积极地去承担和履行责任——它已成为人生不可或缺的一部分,成为人内心的一种需要,没有它,生命的皮囊就会像气球一样,轻飘而不踏实。

（二）责任感——人生的强大动力

当人在感情上认同和接受了责任，责任的要求便成为人之内心的一种自觉，成为人的社会性动机的内容，成为人生活的强大推动力。责任感对人生行为的推动作用，表现在以下几方面：

首先，责任感使人克服内心的某些情绪，产生努力奋斗的愿望和热情。对某些人，在人生的某些阶段或境遇中，由于种种原因，可能会感到无所可为，没有什么东西驱使自己去努力奋斗，去拼搏，久之，心灵有了惰性，变得疏懒，感到“没劲”“无聊”、寂寞和空虚，这样，人生或是因懒惰而无所作为，或会走另一个极端，因耐不住无聊而胡作非为。相反，如果意识到人生的诸多责任，内心有强烈的责任感、使命感，就会全力以赴去履行责任，完成自己的使命。人生就会因此而充实，自然也就驱除了许多可能的烦恼。诸葛亮在其著名的《出师表》中称自己要“鞠躬尽瘁，死而后已”，正是因为心中有强烈的责任感。

责任感使人在面临许多种选择时，做出取舍，选定道路，确定目标。因此可以说，责任感是人生的向导。世界是丰富多样、复杂多变的，人生总是面临着许许多多的可能。可以说，人生的每一阶段，都面临着十字路口。做什么不做什么？先做什么后做什么？什么为主什么为次？对富有责任感的人来说，做出选择并不难：人总是要先做必须做、应该做的事，然后才做其他的事。否则，就会本末倒置，无所适从。须知，人生责任不会因为人没有责任感而消失，正如在“掩耳盗铃”过程中，铃声不会因那人掩起耳朵而消失。没有责任感，漠视责任而行事，其后果也和掩耳盗铃差不多。

再次，责任感使人产生坚韧不拔的意志和坚持不懈的恒心。强烈的责任感、使命感使人觉得必须完成某种事业，产生不达目的绝不罢休的决心，以及克服困难、百折不挠的毅力。贝多芬在致其弟弟的信中曾说：“我尚未把我感到的使命全部完成之前，我觉得不能离开这个世界。……在患难中支持我的是道德，使我不曾自杀的，除了艺术之外也是道德。”司马迁因替人辩护而被处以腐刑，身心受到极大伤害。他在著名的《报任安书》中，谈到自己的痛苦：“仆以口语遇遭此祸，重为乡党所戮笑，以污辱先人，亦何面目复上父母之丘墓乎？虽累百世，垢弥甚耳！是以肠一日而九回，居则忽忽若有所亡，出则不知其所往。每念斯耻，汗未尝不发背沾衣也。”在这样的处境中，司马迁没有沉沦。是什么支撑着他呢？是写出《史记》，以“明天人之际，通古今之变”的使命感。

第二节 人生责任的基本内容及特征

人生责任，可以分为道德责任和法律责任。道德责任即是指人们对自己行为的善或恶、是或非所应承担的责任。它依靠社会舆论、风俗习惯和个人信念的力量来保证履行。法律责任是宪法和法律中明确规定的，并用国家强制力保证公民对国家或社会及他人必须履行的义务。道德责任和法律责任又渗透于人对自我的责任、对他人的责任、对社会的责任之中，并通过它们反映出来。

一、人生责任的基本内容

人生责任的基本内容可从三个维度来审视。

（一）第一个维度：对自我负责

人对自我负责，即是对自己的人生历程负责，其基本的要求就是珍惜生命，并追求有价值的生命，具体来说，可概括为："自爱、自尊、自律、自强。"

自爱，即爱惜自己的身体、人格和名誉，是人生自我责任的基础。做人的责任意识最初是从每个人对自己的生命爱护的原始欲望，逐步发展为社会性自爱的责任意识的过程。它包括两个阶段：第一，求生存的原始欲望，从而派生出人的自我保存的内在要求。第二，自觉的人格追求，这是伴随人的青春期而来的根本性的转变。此时，人的自爱意识已经发展到一种新的境界，渴望被他人接受，被他人理解。只有进入这种境界，自爱才具有了行为责任的意义。

自尊，是与自爱紧密联系在一起的一种自我肯定的态度。自尊表现为承认和重视自我在社会中的存在价值，喜欢和热爱自我的情绪以及接受自我的意向。一个人如果缺乏自尊就没有人格的追求，就无法体现他的个性，也就否定了自己的存在。自尊为自我责任的确立打下坚实的基础。

自律，表现为主体自觉地按照"应当如何"的要求对自己的行为所产生的约束力，体现了一种深刻的理性精神。要真正做到自爱、自尊，就必须能够并且善于选择自己的行为，自觉地约束和控制与责任目标不符合的行为。只有达到了自律，才会成为一个有教养的、高尚的人。

自强，是自爱、自尊、自律的升华。它既是人对自己能力和行为所产生的信任和感情，也蕴含着一种不满足的现状、不断向上的奋进精神，是行为者对自己提出的内在要求。正是因为有了这种积极奋进的精神，才使得自我责任处于一种自觉的、积极的状态中，而不是消极被动的。因此，在履行人生自我责任的过程中，自强不仅包含深刻的自我批评精神，同时，也为我们实现自我责任提出新的目标，并要求为此做出不懈的努力和奋斗。

（二）第二个维度：对他人负责

个人必须对他人承担一定的责任。个人能够在社会中生存，是因为有他人的存在。如果没有他人的存在，社会就不成其为社会，个人也不能存在。人与人之间的这种相互依赖性，在生产力低下的原始社会是如此，在具有社会化大生产特征的现代社会更是如此。这就决定了人与人之间必须相互承担责任，每个人的生存都依赖于他人对其负责，是他人对其负责的结果。同样，个人的发展也必须依赖他人的帮助。个人的知识和能力不是先天就有，不是无所不知、无所不能，而是需要他人的帮助和教化。个人的成长进步是受惠于他人对其负责的结果，因此，任何人也都有责任帮助他人发展。在人生价值的实现过程中，既需要个人主观努力，也有赖于他人的配合和协作，这在科学技术迅速发展的今天，更是如此。而且，人生价值的内容本身，就包含着对他人承担一定责任。正如邹韬奋先生所说："自己无论怎样进步，不能使周围的人们随着进步，这个人对社会的贡献是极其有限的，绝不以'孤独''进步'为满足，必须负担责任，使大家都进步，至少使周围的人都进步。"

个人对他人负责最集中表现为人生的角色责任，或是人际关系中的角色责任。人生的角色责任是人们在社会中，由于扮演不同的社会角色所承担的职责和任务。人际关系中的角色责任是人与人之间的社会关系中的角色责任。在现实社会关系中，每个人都要扮演一定的角色，都有该角色所担负的职责和任务。这种社会角色有自然性人际关系带来的，有社会性人际关系引起的。

个人对他人的责任最基本的要求是：要关心他人，帮助他人。社会中的每一个体，都应该同情、关心、爱护其他社会成员，特别是应该关心周围的普通劳动者、普通知识分子、普通妇女儿童等。要关心和帮助他人成长与进步，将自己的人生经验、学识和技术等毫无保留地传授给他人。同时，也要真诚地帮助他人改正其缺点和错误。若害怕批评得罪人，对他人的缺点和错误视而不见，听而不闻，明知不对，少说为佳，这实际上是一种对他人不负责任的表现。有许多人，由于各种主观和客观原因，陷于各种灾难、困苦、不幸和失意之中。对于身陷逆境的人，尤其是那些因受到不公正待遇而处境困难、生命垂危，以及遭遇各种挫折打击而受到很大痛苦的人，要给予更多的关心，尽力帮助他们解决困难，消除痛苦，并在精神上给他们以慰藉和鼓舞，以增强他们战胜困难的信心和勇气。关心和帮助他人，还意味着要以言论和行为来制止那些危害他人生命、财产的行为，与危害他人利益的人作坚决的斗争。但是，对于一切愿意接受教育改造的人，则同样给予关心和帮助，促使他们重新做人。

（三）第三个维度：对社会负责

人生的社会责任是一个人对祖国、对民族、对人类的繁荣和进步，对他人的生存和发展所承担的职责和使命。在社会生活中，个体承担对社会的责任是一种客观必然。

首先："忠诚祖国，振兴中华"是当代个人对国家和民族负有的历史责任的首要使命。爱国主义是人们千百年固定下来的对自己祖国的一种最深厚的感情。这种感情使人们把个人和祖国的命运联系在一起，履行对祖国的义务，努力去维护民族的独立、生存和发展。它是一个民族团结奋斗、自强不息、蓬勃发展的牢固精神支柱和强大动力。我们中华民族素有爱国主义的光荣传统。“天下兴亡，匹夫有责。”强烈的爱国主义情感是激励世代中国人民为中华民族进步、振兴而前赴后继的巨大精神力量。今天，在社会主义条件下，面对着世界范围内第三次技术革命浪潮的冲击和世界各国综合国力的比较和竞争，建设现代化的社会主义强国，使中华民族奋起腾飞，走在世界民族之林的前列，则是摆在全体中国人民尤其是青年一代肩上光荣而又艰巨的伟大历史使命。

以“忠诚祖国，振兴中华”为己任，就要把个人奋斗的目标融会到全国人民所追求的共同目标和崇高理想中，献身于建设社会主义现代化事业，献身于促进和维护祖国的统一事业；就必须不断地学习，掌握先进的科学技术，成为现代化建设的内行、专家和创造者。

其次，“服务人民，奉献社会”是个人的基本职责。其基本要求是：第一，一切要从人民的利益出发。个人要把人民大众的利益和社会的整体利益摆在首位，置个人利益于大众的整体利益之中而不是凌驾于其上，个人利益服从大众的整体利益，在必要的时候，为了大众的整体利益，甚至自觉牺牲个人利益。第二，一切向人民负责。个人的一切言论行为，要力求给人民带来益处，凡是有益于人民的事情，能够减轻和解除人民疾苦的事情，就应当尽力去做；凡是有损于人民的利益，给人民带来或加重痛苦的事情，应当避免和反对。第三，无论个人在社会从事何种职业，承担什么角色，都必须奉行“服务人民，奉献社会”的准则，做到爱岗敬业、诚实守信、办事公道，遵行职业道德，去除以权谋私、以业谋私等不正之风。

最后，对人类的未来负责，是个人对社会的最根本责任。

人类社会赋予无产阶级的伟大历史使命是“无产阶级只有解放全人类，才能最后解放自己”。历史上只有无产阶级的阶级利益同全人类的根本利益是一致的，能够在铲除剥削制度的斗争中创造客观条件，消灭一切不道德现象的根源和后果，真正对全人类的共同命运和共同发展负责。

对人类的未来负责，要求每个人都要致力于个人的完善与全面发展，致力于帮助他人完善和发展，致力于全体人民的完善和发展，由此推动社会的繁荣进步。今天，作为中国人，我们应当致力于把中国的事情办好，就是争取中国对人类、对世界有较大的贡献，对人类的未来负责。

二、人生责任的特征

人生在社会历史运动中存在，人生在人我关系的世界中展开，人之本质决定了人生责任的主要特征，具体表现为：

人生责任具有客观性。人生责任是社会生活对于他的客观要求，每个人对他人、对社会必须承担起一定的责任，否则会受到社会舆论的谴责以至于法律的制裁。人生的责任是绝对的。每个人都必须对他的一切负责，因为他也同时必须对他的环境负责，对影响他自我负责的一切社会条件负责；同时，社会必须给每个人以自我负责和对社会负责的条件和主动权利。

人生责任具有能动性。这种能动性来自人的思维能力。人们进行一切活动都是有意识、有目的的，所以在实现人生责任的过程中，在自己行为的选择上以及行为的后果上，都体现了主观能动性。正是由于个人是客观存在的具有相对独立性的人，个人对自己行为意义的认识，几种行为的选择，行为过程的规划等等，都有自己的主观能动性，而不是像机器那样，由他人操作的，所以个人必须对自己的行为承担一定的责任。也正是因为这，我们才应该信奉这样一句话："我们面临着抉择，就是说，我们面临着责任。"个人所面临的抉择，就是对社会承担一定的责任。

人生责任具有明确的规定性。人在社会生活中所应担负的责任是有明确的规定性的，这种规定性有的是见诸于文字，有的则没有见诸于文字。见诸于文字的规定性和没有见诸于文字的规定性，在现实生活中，它都是明确的，必须承担的。从人在社会中所扮演的职业角色来看，凡是有劳动能力的人，都要从事一定的社会劳动，选择一定的具体工作，而凡是社会发展所需要的社会工作，都必然客观地形成自己的职责范围和特殊任务，为其他的职业工作所不能代替，这就使得社会分工体系中的每一种具体工作的责任都有明确的规定，不管这种责任是否成文或不成文，都为社会所公认，都是每一个人开始工作之前就明确的，在工作之中所必须承担的。

人生责任具有一定的强制性。人生责任的强制性表现为法定和非法定两种情况。法定的强制性，一般来说比较严格；不法定的强制性，相对来说只是比较严肃。但是，不管是法定的强制性还是非法定的强制性，都是强制性，只是程度不同而已。这种强制性，一是要求人们担负责任，二是追究人的不负责任的过失。例如，社会中各行各业的具体责任，其表现虽然相互不同，各有各的特殊要求，但它们都是在社会分工体系中的组成部分，共同分担着整个社会的责任，每一项具体的责任都直接关系到其他方面责任的实现。越是在现代社会里，越是在分工精细的情况下，这种具体的活动就越是处在系统的制约之中。社会要维系自己的正常协调的良性运转，就要用强有力的手段来保证各项具体责任的实现，以推动整个社会的发展。在这种情况下，如果有谁没有担负起责任，就要追究谁的责任，这本身就是强制性的表现。

人生责任具有与权利、自由的统一性。马克思主义强调，个人的权利与义务（责任）之间，存在着辩证统一的关系。一方面，个人的行动自由权利是他的社会义务、社会责任的必要前提。“一个人只有在他握有意志的完全自由去行动时，他才能对他的这些行为负完全责任。”如果没有权利，就不可能或不应当存在行为的责任，也不会产生对社会的义务和责任。因此，任何社会成员在为社会尽义务、履行社会责任时，必须以拥有一事实上的权利为前提。另一方面，从来就不存在拒绝一定社会义务和责任的抽象的主体权利。任何理智而清醒的社会成员，当他们在一定条件下形成直接的社会权利要求进而转化为法定权利时，总是相应地承担社会义务，使自己的行为及权利尽可能符合社会一般意志的要求。因此，马克思的结论是：“没有无义务的权利，也没有无权利的义务。”

人生责任具有与物质、精神生活的相关性。利益的相关性一般表现为：担负的责任大，相对来说获得物质利益就多；反之，担负的责任小，相对来说获得的物质利益就少，两者是一种正相关的关系。这种与物质利益相关的责任，主要表现在人的职业责任之中。这是因为，物质利益原则是现阶段推动生产力发展的、基本的、持久的动力，它与个人的责任是密切联系在一起的。一个人在工作活动中所承担责任的大小和在工作活动中完成责任的好坏，将决定着他将获得物质利益的多少。人生责任还具有与精神生活的联系性。这种与精神生活的联系性较之于与物质利益的相关性，范围更广泛，意义更深刻。人生责任与精神生活的联系性，表现为尽责任的程度与精神生活的充实程度成正比关系。如果一个人尽的责任多，那么，他的精神生活就比较充实；同样，在尽责任的过程中，努力的程度大，精神生活也比较丰富。即使是物质生活差一些，精神也比较快乐。

第三节　人生责任的履行

人生是一个实实在在的过程，人生责任的履行是人生实践的基本要求，从这个角度而言，有三个方面应该认真思考。

一、增强责任心，强化责任感

科威特著名作家穆尼尔·纳素夫说：“责任心就是关心别人，关心整个社会。有了责任心，生活就有了真正的含义和灵魂。这就是考验，是对文明的至诚。它表现在对整体，对个人的关怀。这就是爱，就是主动。”“俄国革命的镜子”托尔斯泰也曾说过：“一个人若是没有热情，他将一事无成，而热情的基点正是责任心。”“有无责任心，将决定生活、家庭、工作、学习成功和失败。这在人与人的所有关系中也无所不及。”有了责任心，就能主动地关心别人，对他人负责。同样，有了责任心，就会忘我工作，对社会负责任，担负起人生的责任。反之，如果没有责任心，或者说责任心不强，就不可能充分发挥能动性，也不可能主动地担负起人生的责任。

责任感是关于责任的承担和承诺的履行，是一个人对自己的言论、行动、许诺等持认真、积极主动的态度而产生的情绪体验和反应。责任意识是人的自我意识中最基本、最深的层次。自我的本质，就在于它是一定社会关系中的责任主体。因此，一个人只有深刻地认识和体验到个人的生存和发展依靠社会的发展和别人的劳动，以及社会的发展也离不开每个人的共同努力，他才会可能产生“国家兴亡，匹夫有责”的历史责任感，也才会把“人人为我，我为人人”落实到行动，才会从我做起、从现在做起，自觉承担起对社会、对他人的责任。一个行为只有当它出于对社会和人民利益的责任时，才具有道德价值；一个人只有出于责任，履行责任，对社会和人民作出贡献时，才能实现其价值。这就需要社会对其社会成员进行坚持不懈的教育，不断强化每一个人的责任意识，完成责任从他律性向自律性的飞跃，从而使责任主体“从心所欲而不逾矩”地服从责任、履行责任。

道德就是履行责任，在这个意义上，不论以往的道德教育以何种形式出现，我们都可以说，道德教育实际就是责任教育，就是教人负责地行动。因此“责任教育在历史上始终占有重要的一席之地。”德国古典哲学创始人康德，把责任作为道德哲学的核心，开了义务伦理学的先河。中国历来重视责任教育。尧舜禹汤文武的“卑宫室而尽力乎沟洫”，孔子的“当仁不让”，顾炎武的“天下兴亡，匹夫有责”，李大钊的“铁肩担道义”，无不显示着对国事民瘼的崇高责任感。从当代世界文明发展的趋势看，联合国教科文组织在《学会生存》这一报告中，就明确提出，教育发展的方向之一，是使每个人承担起包括道德责任在内的一切责任；1989 年该组织将“面向 21 世纪的教育”国际研讨会的主题确定为“学会关心”，呼吁一种道德关怀与道德责任。美国自九十年代开始兴起的品格教育，特别注重教授价值观。品格教育主要代表人里可那在《品格教育》一书中，把“尊重（Respect）和责任（Responsibility）”视为普遍道德价值观的核心，是学校必须教授的 3R 课程（读 Reading、写 Writing、算 Arithmatic）之外的第 4R 和第 5R 课程，它们对个人利益和社会利益都有客观的重要价值。

如果说，责任的重要使责任教育成为永恒，那么，现实中见惯不惊的责任丧失则使责任教育变得刻不容缓。即使不能完全否认我们在道德上已经取得的效果，但也必须指出：社会公德失落、职业道德下滑、家庭道德混乱、生态观念淡漠却是不争的事实。面对血泊中的求救者有人竟然从容地讨价还价；见义勇为者却因救火毁容而遭受百般歧视；医生误把手术刀遗忘在患者腹中；大学生硫酸泼黑熊；“跟着感觉走”造成离婚率居高不下；风烛残年的老人和身患残疾的幼童被遗弃街头；大气污染的恶果是地球臭氧层日益稀薄；滥砍滥伐、破坏植被导致土地严重沙化，沙尘暴肆虐……社会保证每个成员的选择权利，但同时要求人们为自己的行为负责，以维护社会安定，保证人际和谐，保护生存环境，完善人的德性。

二、忠于职守，培养敬业精神

事业与职业往往具有十分密切的内在联系，在很大程度上，职业是事业的基础。相对职业来说，忠于职守，具有敬业精神是最基本的职业道德，同时，也只有具备这种基本职业道德，才有可能使职业向事业升华。发展社会主义市场经济，必须对人才合理配置问题提出新的要求和挑战，但是，越是完善的市场经济就越是要求从业人员有强烈的工作责任感，不管从事哪种工作，只要在岗位一天，就要忠于职守，具有敬业、精业、乐业精神。

早在春秋时期，孔子就提出“敬事而信”。后来《礼记·学记》更明确提出“敬业乐群”一语。其所谓“敬事”“敬业”均指的是聚精会神、全心全意地做好自己的工作。朱熹曰：“敬者何？不怠慢、不放荡之谓也。”这种“不怠慢、不放荡”的敬业精神，正是从业人员搞好本职工作所应具备的思想品格。故朱熹又曰：“敬字工夫，乃是圣门第一义……无事时，敬在里面；有事时，敬在事上，有事无事，吾之敬未尝间断。”只有做到“敬业”，才能产生巨大的思想动力，进而达到乐业，自觉地“乐事劝功”，并由此产生“勤业”意识。“勤”就要舍得花力气，不惜“劳其筋骨，饿其体肤”；“勤”，就是要百折不挠，勇往直前，以“人一能之已百之，人十能之已千之”的拼搏精神，艰苦奋斗，自强不息。故荀子曰：“良农不为水旱不耕，良贾不为折阅不市，士君子不为贫穷怠乎道”。“勤”又是与“精”联系在一起的，“勤”是“精”的先决条件。故韩愈曰：“业精于勤，荒于嬉；行成于思，毁于随，”只有做到“精勤不倦”，才能达到“精益求精”的境界。总之，敬业、乐业、勤业、精业意识，是搞好一切工作的思想基础。从业人员只有具备这一品格，才能做好本职工作。这种敬业精神，对于我们今天的职业道德建设仍具有十分重要的借鉴意义。

在市场经济条件下，竞争激烈复杂，市场变幻无穷，新产业不断涌现，夕阳行业无情地被淘汰，因此人员一定的流动性是不可避免的。但这并不等于说在商品经济条件下，人们可以蜻蜓点水般地在各个行业间跳来跳去，劳动者不需要爱岗敬业的精神。就以资本主义国家发展的历史而言，商品经济的早期发展还是得力于某种文化氛围形成的敬业精神。德国宗教社会学家马克斯·韦伯关于欧洲社会资本主义萌芽的研究指出：新教伦理中的“天职”观念，成为推动资本主义工商业发展的经济伦理。马丁·路德在宗教改革中提出：人在现实世界中所从事的工作，都是上帝为他安排的“天职”，他应当努力工作，多赚钱，并以此来增加上帝的荣耀。只有在现世尽了天职的人，死后才会得到上帝的救赎，灵魂安息天国。客观地说，在资本主义发展初期，这种观念发挥了缓和矛盾、维系人心的作用。日本是新兴的资本主义国家，古代时深受中国儒学的影响，与中国社会的情况极为相似。但是19世纪打开国门之后，他们成功地将儒家伦理与资本主义经济模式结合在一起，创造了所谓的东亚经济奇迹。新儒学第三代传人、美籍华人学者杜维明先生在介绍日本的“儒学资本主义”时指出：日本人工作时有一种“安分守己，敬业乐群”的精神，所以他们能够在工作中表现出兢兢业业、一丝不苟的严谨态度，不计报酬的奉献精神，不畏艰险、不辞劳苦的奋斗勇气，以一种“工作狂”的形象出现在世界上。这种敬业精神并不主要来自经济的刺激，而是来自儒学所遗传给人们的“安分守己”“乐天知命”传统。干一行，爱一行，专一行，守纪律，勤钻研，出成绩，是敬业精神所要求，也是尽责的表现。一方面，没有广大员工的敬业精神，也就没有企业单位的“伟业”。敬业爱岗，是职业道德的构成要素，是企业单位的灵魂和核心。倘若员工只是把工作当作得过且过的“客家异乡”，那么企业的生命力无疑会每况愈下。古印度有一个擎钵大臣的故事，说的是国王想选择一个意志坚强、对事业能自始至终的人为辅臣。他看中一个人后便令其捧着盛满油的钵绕城一圈，若所持的油落一滴就要斩首示众。其人途中遇到认为其必死而号哭的亲友，百姓的围观，美女的诱惑，醉象的疾奔……但其人却“擎满钵油，至彼园观，一滴不落。”国王不由地叹服“虽遇众难，其心不移。如是人者，无所不办。”另一方面，没有员工的精业也就谈不上其敬业。“精业”要求员工技术娴熟，业务精湛，素质够硬，基本功扎实，并付诸行动。韩昌黎曰：“业精于勤荒于嬉”。人若能如旋转的陀螺般发挥本能至最大的极限，凡事全力以赴，全神贯注，世上又能有什么样的“靶子”，一箭射去而不能“举无不中”呢？

三、艰苦奋斗，实现人生责任

奋斗，原义是“奋力格斗”，《宋史·吴挺传》中有这样一句话：“金人舍骑、操短兵奋斗，挺遣别将尽力夺其马。”引申义是为实现特定目标而作不懈的努力。奋斗在人生责任的实现中，是一个重要的手段和巨大的杠杆。

随着社会的不断进步和发展，人们选择职业与从事事业的空间和内涵都在扩大、丰富。从“跳槽热”到人才流动的合理化，表明人们的观念在悄悄地改变，这在一个社会由封闭走向开放的过程中，无疑具有进步的意义。固然，成功的事业离不开正确的选择，而所谓“正确”至少包括两个基本方面：一是符合社会发展的客观规律，最大限度地满足社会需要；二是客观地扬己之长，避己之短，能发挥自己最大的优势。但是，成功的事业并不能只停留于选择，能否成功的关键还在于是否对自己的选择付出努力，做出奋斗。而且应该看到，这个过程是没有平坦的大道可走的，必然遇到各种困难和挫折，甚至失败。因此，对事业有强烈责任感的人，既要善于选择，又要敢于为选择拼搏，同时要有长期吃苦耐劳、艰苦奋斗的准备和勇气。任何事业的成功，都不是唾手可得的，而是需要自觉进取、扎实从事的。青春期的个性特征在一定意义上决定了青年人比较容易缺乏意志力，尤其在优越的生活条件下成长的人更明显。

第六章　大学生爱国主义精神、民族团结观的养成

第一节　爱国主义与民族精神

爱国主义是中华民族的光荣传统。我们所讲的爱国主义，作为一种体现人民群众对自己祖国深厚感情的崇高精神，是同促进历史发展密切联系在一起的，是同维护国家独立和广大人民的根本利益密切联系在一起的。

爱国主义在不同时代有不同的内涵，是一个历史范畴，在社会发展的不同阶段、不同时期有不同的具体内容。在新民主主义革命时期，爱国主义主要表现为致力于推翻帝国主义、封建主义和官僚资本主义反动统治的斗争，把黑暗的旧中国改造成为光明的新中国。在现阶段，爱国主义主要表现为献身于建设和保卫社会主义现代化的事业，献身于促进祖国统一的事业。

所谓民族精神，是指一个民族在长期共同生活和社会实践中形成，为本民族大多数人员所认同的价值指向、思维方式、道德规范、精神气质的总和。民族精神集中体现了一个民族在一定的自然环境和社会历史条件下生存和发展的独特方式，反映了一个民族心理特征、文化传统、精神风貌，是一个民族赖以生存和发展的精神支柱。在五千多年的发展中，中华民族形成了以爱国主义为核心的团结统一、爱好和平、勤劳勇敢、自强不息的伟大民族精神。中华民族精神博大精深、源远流长，是中华民族生命力、凝聚力、创造力的不竭源泉，是社会主义核心价值体系的重要组成部分。爱国主义是民族精神的核心，是实现中华民族伟大复兴永不枯竭的精神动力。

一、中华民族精神的内涵

（一）爱国主义

中华民族在五千多年的发展中，爱国主义始终发挥着民族精神的核心作用，不仅创造了举世闻名的灿烂文明，而且度过了一个个使民族濒临危亡的历史关头。正是出于对祖国的热爱，对祖国主权和利益的捍卫，才有我们今天繁荣稳定的局面。

热爱祖国是贯穿中国历史发展的一条主线，也是中华民族精神的核心。

中国人民在党的领导下，在革命和建设的实践中，创造和培育了以爱国主义为核心的“井冈山精神”“长征精神”“南泥湾精神”“延安精神”“大庆精神”“北大荒精神”“抗美援朝精神”“雷锋精神”“‘两弹一星’精神”“抗洪精神”“航天精神”等新的民族精神。弘扬和培育民族精神，要立足于中国特色社会主义建设事业的伟大实践，不断丰富民族精神的内涵，使民族精神得到大力弘扬。

（二）团结统一

团结统一是中华民族的立身之本。中华民族素以重视整体利益而著称于世。在漫长的历史发展过程中，中华各民族人民共同劳动、生活，一起维护着祖国的大好河山，进而形成了团结统一的民族精神。

“四海之内皆兄弟”和“四海之内若一家”这两个为中国人熟悉而偏爱的成语，正是中华民族偏重团结、呼唤统一的最好体现。

（三）爱好和平

几千年来，中国人始终重视“与人为善”“推己及人”，建立和谐友爱的人际关系。始终重视“亲人善邻、协和万方”,形成平等相待、互相尊重的睦邻友好关系。“和”的思想不仅深深地融入中华民族的血脉里，而且得到了世界上许多民族的尊重和赞同。热爱和平是中华民族精神的崇高体现。不管是过去还是现在，中国人民都秉承了这种精神，正因为如此，中华民族在世界上享有“和平的民族”之誉，中国人民享有“和平的使者”之称。

（四）勤劳勇敢

勤劳勇敢是中华民族的优良品格。中国人民历来视勤劳为安身立命之本，强调“民生在勤，勤则不匮”，同时又主张勇往直前。正是这种勤劳勇敢的创业精神和传统美德，夯实了中华民族绵绵不绝的生存根基。在几千年的发展中，她以繁荣的经济、灿烂的文化艺术和光辉的科学技术成就自立于世界民族之林，形成了自己丰富独特的民族文化传统。今天我们倡导这种精神，就是要充分调动全体人民的积极性、主动性和创造性，艰苦奋斗，开拓创新，再造辉煌。

（五）自强不息

《易经》有云：“天行健，君子以自强不息。”从古至今，自强不息的精神深深熔铸于中华民族的灵魂之中。长征精神、香港和澳门的回归、战胜“非典”疫情、“神州六号”的成功发射等，都充分体现了中华民族的勇气智慧和自强不息的强大精神力量。

二、大力弘扬和培育民族精神

（一）中华民族精神的弘扬

关于民族精神的弘扬，毛泽东1938年10月在《中国共产党在民族战争中的地位》一文中精辟地说过："我们这个民族有数千年的历史，有它的特点，有它的许多珍贵品。对于这些，我们还是小学生。今天的中国是历史的中国的一个发展；我们是马克思主义的历史主义者，我们不应当割断历史。从孔夫子到孙中山，我们应当给以总结，承继这一份珍贵的遗产。"习近平总书记在十三届全国人大一次会议上的讲话中，深刻阐述了中国人民在书写波澜壮阔的中华民族发展史、创造博大精深的中华文明进程中，培育出来的历久弥新的中华民族精神，这就是伟大创造精神、伟大奋斗精神、伟大团结精神、伟大梦想精神。讲话强调，有这样伟大的人民，有这样伟大的民族，有这样伟大的民族精神，是我们坚定"四个自信"的底气，是我们风雨无阻、高歌行进的根本力量。大力弘扬伟大民族精神，必将为实现"两个一百年"奋斗目标提供强大精神动力。

"现实中国是历史中国的发展。"我们不应当割裂历史，也不能割裂我们的历史。毫无疑问，几千年来民族发展的宝贵精神遗产，是我们不可多得的精神资源；继承和弘扬这笔民族的精神遗产，是我们实现民族伟大复兴的重要力量，也是我们自立于世界民族之林的精神旗帜。那么我们应当弘扬什么样的民族精神呢？习近平总书记在十三届全国人大一次会议上的讲话中说："伟大民族精神是夺取新时代中国特色社会主义伟大胜利的党和人民心中光芒四射的灯塔。始终发扬伟大创造精神，辛勤劳作、发明创造，就一定能够创造出一个又一个奇迹；始终发扬伟大奋斗精神，革故鼎新、自强不息，就一定能够达到创造人民更加美好生活的宏伟目标；始终发扬伟大团结精神，团结一心、同舟共济，就一定能够形成勇往直前、无坚不摧的强大力量；始终发扬伟大梦想精神，心怀梦想、不懈追求，就一定能够实现中华民族伟大复兴。"

（二）中华民族精神的培育

民族精神的"弘扬"，主要是指在实践中"发扬光大"已有的民族精神，包括中华民族在古代形成的传统精神和中华民族在近代形成的革命精神。而民族精神的"培育"，则包括两个方面：一是用已有的民族精神来教育、熏染青少年乃至是整个国民，二是培育现所未有但又是现在或未来所需的新的民族精神。"弘扬"强调的是在实践中弘扬民族精神，"培育"侧重于民族精神的文化心理之"建构"。"培育"不仅仅包括现有民族精神的传播，更是包括新民族精神的形成。所以民族精神的"培育"不仅指已有的民族精神，也指新生的民族精神。

第二节 爱国主义与弘扬时代精神

一、时代精神的内涵

时代精神，是一个民族进步的精神动力。中国革命和建设的每一次胜利，都与其形成的时代精神密切相关。在 80 多年奋斗的各个历史时期，先后形成了井冈山精神、延安精神、雷锋精神、焦裕禄精神、孔繁森精神、“两弹一星”精神、航天精神等一系列闪烁着时代光芒的伟大精神，影响和激励着一代代中国人，深刻地改变了一个个时代的面貌。

时代精神的内涵十分丰富，其中改革创新居于核心地位：

（1）弘扬以改革创新为核心的时代精神，必须大力推进理论创新、制度创新、科技创新、文化创新以及其他各方面的创新。实践基础上的理论创新是社会发展和变革的先导。要使我们的事业不停顿，首先理论上不能停顿。制度创新是其他一切创新的重要保障。科技创新能力是国家竞争力的核心。大力推进文化创新是繁荣发展社会主义先进文化的需要。

（2）弘扬以改革创新为核心的时代精神，要自觉投身于改革创新的伟大实践。创新的基础在人才，弘扬改革创新的时代精神，必须培养一大批具有创新精神的人才。要在全社会形成尊重人才、吸引人才、用好人才的制度环境、文化环境和舆论环境，努力为培养创新型人才营造良好的社会氛围。创新的希望在青年。

二、民族精神与时代精神的关系

民族精神和时代精神既相互区别，又相互联系。民族精神集中表现在一个民族的生活实践和精神生活中，是一定民族的社会存在的反映。而时代精神则体现在一个时代的生活实践和精神生活中，是一定历史时代的社会存在的反映。同一时代精神可以表现在不同民族的社会意识形态中，使其带有民族的特色。同一民族精神在不同的历史时代会不断丰富、发展，使其具有时代的内涵和特点。时代精神具有民族性，民族精神具有时代性，二者相互交融。时代精神和民族精神都是代表历史发展、引领社会前进的强大的精神力量，所以，可以说，两者在本质上是有机统一的。

第三节 加强对大学生爱国主义教育与民族精神的培育

一、当代大学生对爱国主义和民族精神的认识

对“爱国主义”这一概念，当代大学生是既熟悉又陌生的。当代大学生的爱

国主义情绪有着自己的特点：模糊性与不成熟性，凹凸性，高传导性和可建设性。大学生爱国主义情绪对社会运行有着正负两方面的功能。随着个人阅历的丰富和社会化进程的逐步推进，大学生的爱国意识有了迅速发展，但是由于认知能力、自我调控能力和知识经验的局限，大学生的爱国主义情绪具有模糊性、不成熟性的特点，同时，感性认识与理性认识相互交织，对爱国主义的认识不够深刻、不够稳定，爱国主义意识对行为的调控能力有限。

总体上，当代大学生认同和秉承民族精神的优秀成分。并且体现出以下几个特点：第一，当代青年有强烈爱国主义精神；第二，当代青年有高度的理性精神；第三，当代青年有求真务实的精神。20世纪90年代以来，青年把对民族文化的认识同国情结合、与改革的实践相联系，逐步走上了文化理性。尤其是实现恢复对香港、澳门行使主权等一系列重大事件，极大地激发了广大青年的民族自尊心和自豪感、青年地爱国情感得以凝聚，民族意识愈加激发，经过多年的比较、辨识和选择，民族精神已经得到当代青年地普遍认同和坚持，已经成为他们共同地精神价值追求和意识。

历史和现实证明，培育民族精神离不开爱国主义教育。爱国主义教育是与国俱存又与时俱进的。

二、培育大学生爱国主义和民族精神

中华民族几千年来，虽然在历史上合合分分，分分合合，但主流、主导的趋势是联合是统一。学过中国历史的都知道，历史上的杰出人物，如秦皇汉武、唐宗宋祖乃至清朝的康熙皇帝等，正是符合各族人民的统一意志并得到了人民的支持，才为国家的统一创造了不朽的业绩。由此可见，中华民族的团结统一具有深厚的民族情感和历史基础。

我国是个多民族的国家，自秦始皇统一中国以来，伟大的中华民族就一直保持着统一的历史。新中国成立后，各族人民第一次真正成为国家的真正主人。因此，在中国共产党的领导下，维护民族团结，促进祖国统一，这不仅是每个中国人的职责和义务，也是每个中国人正确处理个人对民族、个人对国家，民族对民族、民族对国家的新时期爱国主义的重要内容。

对大学生进行爱国主义教育，首先要对大学生进行历史教育，使其从中华民族发展的历史中汲取丰富的爱国主义营养。其次，要使爱国主义与社会实践活动相结合。社会实践对于大学生了解社会、了解国情，增长才干、培养品格，增强爱国情感和社会责任感，具有不可替代的作用。

在培育大学生民族精神和爱国主义的同时，每一个大学生都要坚持从自己做起，从现在做起，从一点一滴做起，把对祖国、对人民深沉的爱，把个人的远大理想和抱负，化作励志图强、报效祖国的实际行动，为建设民族精神、时代精神大厦添砖加瓦。一切思想文化阵地、一切精神文化产品，各类主题宣传教育、各类精神文明创建活动，都要积极传播民族精神、时代精神，大力讴歌民族精神、时代精神，发扬爱国主义精神。

在培育大学生民族精神和爱国主义思想的同时，更应该教导他们要理性爱国。爱国应该是理性而不狂热。爱国主义中的确存在着可能的非理性因素，爱国主义者容易在维护民族尊严和国家利益的同时，产生孤立主义、对抗意识和保守排外的思想倾向。每当国家之间发生突发事件以来，以殴打外国留学生、冲击日本料理店来表达爱国主义情感的时候，我们需要仔细地甄别，这是不是真正的爱国主义？这个时候，我们应当旗帜鲜明地做出回答：这不是理性的真正的爱国主义，我们要与这种狂热划清界限。

开放而不狭隘。真理再走一步就成了谬误。如果我们对自己的民族的热爱过了头而导致狭隘的优越感，则这种爱国主义就有被人利用为反对改革开放的武器的危险性。当代中国的爱国主义不应该狭隘地固步自封，而应当具有兼容并包的雅量，在传承中华文明优良传统的基础上，乐于接纳人类普世价值，大力倡导民主、自由、法治和人权；不应该狭隘地抱残守缺，而应当敞开胸怀吸纳世界上一切优秀的文明成果为我所用，使自己强盛起来，并为世界的和平与发展作出贡献。

理性而不狂热，开放而不狭隘，这便是和平发展的中国所需要的爱国主义的主要特征。这种爱国主义，符合中国的利益，也符合世界的利益。

民族精神和爱国主义与祖国的前途、命运、发展紧密联系在一起，而大学生就是祖国的未来，所以，民族精神培育和爱国主义教育对大学生是不可或缺的。

第四节　全球化进程中的爱国主义教育

爱国主义教育是高校思想道德素质教育不可分割的重要组成部分，在全球化浪潮的冲击下，青年大学生的思想有了新的变化，不少人对爱国主义产生了模糊的认识，影响了高校爱国主义教育的效果。因此，我们要向大学生讲清全球化的实质，清除错误的认识，在全球化进程中强化高校爱国主义教育。

一、全球化进程给高校爱国主义教育带来的新挑战

在经济全球化进程中，由于世界市场的形成，科学技术的不断进步，跨国公司的蓬勃发展，国际贸易的迅速增长和国际金融市场的急剧膨胀，使整个世界日益地结合在一起，各地区、国家和民族相互依存，不可分割已成为一种发展趋势。全球化向大学生展现了美好的一面，对大学生产生了巨大的吸引力，由于对全球化缺乏全面而正确的了解，不少大学生产生某些模糊的思想认识，直接影响到全

球化背景下高校爱国主义教育的实施，带来了新的挑战，这些思想认识上的变化值得我们认真研究和思考。

（1）地球村意识成为主流意识，国家主权民族意识有所减弱。在全球化的大趋势下，不少大学生对全球化理论有一定的接触，特别是在网络上的虚拟现实的相辉映下，大学生中有不少人错误地认为：全球化是人类社会发展的唯一出路。如今世界市场已经建立，各地区、国家和民族相互依存，联系进一步紧密，实现了世界大同，跨国公司在国际社会的作用越来越大，应当用地球村意识取代国家民族意识。抱有这种思想的人在大学生中有相当的市场，有的甚至错误地认为：互联网已打破国家界限，实现了世界资源的共享，国家主权、民族意识已无任何存在的意义，认同西方社会炒作的“国家主权无能论”的观点。这类错误的认识，使高校爱国主义教育受到了冲击。

（2）和平与发展的时代主题意识得到增强，国家安危意识有所减弱。在全球化大潮中，和平与发展是当今世界的时代主题，这种思想意识也已广泛被大学生认可和接受，但由于受外界传媒的误导，不少大学生仅看到世界和平一面，而忽视了世界仍然存在不安定的因素和充满危机的事实，对我国所面临的，来自以美国为首的西方社会及敌对国家的威胁和周边不安定的因素认识不够，国家安危意识较为淡薄。

（3）全球化进程中世界情感有所增强，大学生的爱国主义和社会主义情感受到冲击。全球化进程中不少大学生的世界情结日益增长，他们关心世界安全与和平，环境保护意识深入人心，绝大多数的大学生是在爱国主义和爱社会主义的基础上产生“爱世界”的情结的。但也有一部分人认为自己是“世界公民”，应当以爱世界为主，认为爱国主义和爱社会主义具有一定的局限性和狭隘性。这种错误的思想意识，直接影响了高校爱国主义教育的效果。

（4）接触外来文化的机会增多了，关注和接触本民族文化的时间减少了。全球化进程中，特别是互联网的广泛应用，约有90%以上的大学生是从互联网上获取知识和信息的，他们中的不少人通过网络增加了接触外来文化的机会。其兴趣点主要聚焦于外来思想和文化，或多或少的忽视了对中华优良传统文化的学习和了解，受文化帝国主义的影响，有的甚至拒绝接受中华文化，出现文化上的崇洋媚外的新现象，削弱了对传统文化的热爱，直接导致了爱国热情的减弱。

二、帮助大学生正确理解全球化进程中的爱国主义

（一）帮助学生正确理解全球化的实质

对全球化进程的历史，学术界有不同的看法和争论，但有一点是有共识的，即全球化是以发达的资本主义国家为主导的，建立在市场经济体制的基础上的，

以跨国公司为推动力的世界范围内的资源优化配置，经济上表现为全球经济市场化或市场经济全球化；政治上表现为企图用资本主义制度统一世界。在这一过程中，世界各国经济在走向市场化和开放过程中相互依赖的程度不断加深，呈现出生产、贸易和金融三个方面的全球化；跨国公司起主体作用；知识与人才国际性流动速度加快等特征。但全球化是一把双刃剑，其作用有积极的一面，也有消极的一面。因此，要把全球化作为高校道德素质教育的重要内容，帮助大学生正确认识全球化的正负两方面的作用和正确理解全球化的实质。全球化的积极作用表现为：首先是经济全球化促进了世界经济总体发展。全球化实现了资源配置的全球化，使世界资源配置趋向优势化并实现资源共享，促进了世界产业结构和各国产业结构的重新调整，使产业结构更趋向合理化。其次是经济全球化促进了世界的和平与发展。经济全球化使各国之间的相互依赖性逐渐增强，经济利益上的相互交织，相互诱惑，增强了各国的对话、交流和合作，有利于消除各国之间的隔阂与矛盾，促使世界的共同繁荣和发展。再次是经济全球化促进了政治、文化、意识领域的接触、对话和交流。全球化进程中，世界已连接为一个整体，而不是分裂的个体，任何世界性的问题都必须依靠各国通力合作才可能得到妥善解决。这就改变了以往东方国家与西方国家、发达国家与发展中国家在政治、文化、意识形态以及其他方面存在的对抗状态，走向接触、对话和交流。最后是经济全球化有利于科学技术的进步。由于生产的发展，市场竞争十分激烈，推动了科学技术的创新和进步，使科学技术成为新的经济增长点。

全球化在向我们展示其积极作用的同时，其负面作用也暴露无遗。最为明显的是经济化产生了经济霸权和政治霸权。全球化进程中起主导作用的是发达资本主义国家，一方面它们凭借经济和技术优势，主导着世界经济秩序，从维护本国利益出发，对发展中国家进行经济干涉以谋求经济霸权；另一方面向发展中国家强行推行西方的价值观和社会意识形态，进行和平演变。在利用发展中国家的平价劳动力的同时，借口世界产业结构调整，把生产污染的产业调整给发展中国家，转嫁了生态危机，由于发达国家的实力优势获取更快的发展，而发展中国家受制于实力原因发展速度较慢，进一步加剧了贫富的两极分化。

（二）向大学生讲明全球化进程爱国主义教育的重要性

在全球化进程中，和平与发展是时代的主题，东西方国家之间的斗争和矛盾，从直接的对抗性形式转向竞争与合作的非对抗性形式。虽然斗争的形式发生了变化，但斗争的内容却从单一的军事威胁，转向全方位的威胁，经济、政治、信息、主权、文化、国防等更宽的领域。在竞争和合作中为了各自国家的利益，矛盾冲突更加尖锐化，在这种背景下爱国主义教育的重要性再次呈现出来，高校爱国主义教育不仅不能削弱反而应当加强。

（1）全球化进程中各国利益凸显，要求对高校大学生加强爱国主义教育。在经济的有机联系加强的同时，加剧了各国的竞争，为了使本国在竞争中立于不败之地，占据全球化进程的制高点，各国比任何时候都更为关注对本国的国家利益的维护。发达国家为了本国的国家利益，不惜对发展中国家进行经济制裁和政治干涉，如美国至今仍拒绝签署大气候的《京都协定书》，"9·11"事件后，为了本国的国家利益，立即交纳了一直拒不缴纳的联合国会费。对发达国家而言，全球化是其维护和发展国家利益的最佳工具，是向发展中国家推行"西化""分化"的最有效的途径和手段。在这种背景下，我们必须帮助大学生认清全球化的实质以及所带来的挑战，加强对大学生进行爱国主义教育。

（2）全球化进程中爱国主义的本质仍然是爱国主义与爱社会主义的有机统一，在此基础上其内涵有了新的发展。全球化进程中世界的联系加剧了，人们的世界情感增强了，维护世界的持久和平，消除贫困和饥饿，维护生态环境治理污染，打击恐怖主义等世界性的问题成为人们关注的焦点。但全球化不可能改变发达国家作为主导的世界经济和世界政治秩序，爱国主义仍然是我们应当高举的旗帜。当然，在全球化进程中我们也应当正视新的时代特征，在坚持当代的爱国主义与社会主义结合的基础上，要在大学生中提倡爱世界的情感，要向学生讲明当代爱国主义中有爱世界的内涵。当前要爱世界必须首先爱自己的国家，中国是一个有影响的大国，搞好自己的经济和保持本国政局的稳定就是爱世界，也是为全人类的和平与文明进步做贡献的最直接的方式。因此，要在全球化进程中树立国家利益至上的思想意识，自觉维护国家的利益，只有这样才能使爱国情感和爱世界的情感真正交融于一体。

（3）全球化进程中在和平与发展主题的背后，隐藏着在西方国家全方位渗透的阴谋。在经济全球化进程中，西方社会所大肆炒作的全球化，一是政治全球化，鼓吹"国家主权无能论""人权大于主权"，企图建立一个"全球管理机构"领导世界，要以资本主义制度统一世界；二是鼓吹"文化全球化"，倡导实质为西方价值观的"全人类共同文化价值观"，推行文化帝国主义；三是鼓吹意识形态全球化，加紧向社会主义国家推销资本主义制度和进行意识形态的渗透，企图用"全球意识"取代马克思主义。全球化在以美国为首的发达国家的手中，变成向发展中国家进行经济、政治、文化、意识形态等领域渗透的渠道和工具。因此，我们要对大学生进行爱国主义教育，强化反渗透、反"西化"和反"分化"的工作，用爱国主义建筑反渗透和反西化的防渗墙。

三、关于全球化进程中高校爱国主义教育的两点思考

爱国主义是人们忠诚、热爱、报效祖国的一种集情感、思想和意志于一体的社会意识形态，是在人类社会历史进程中形成、发展和巩固起来的一种团结、凝

聚国家和民族，推动历史发展的强大精神力量，也是调节个人与国家民族关系的基本政治、道德和人生价值规范。全球化在大学生中产生不少的错误思想认识，给爱国主义教育带来了冲击。如何从根本上加强高校爱国主义教育，笔者认为应从以下两方面入手，加以充实和完善。

一方面，高校爱国主义教育的内容要系统化和层次化。当代大学生已具备思考和分析问题的能力，对他们进行爱国主义教育，在内容构建上和选择上要符合大学生思想发展的系统化和层次化需要。因此，要使爱国主义教育内容科学化、系统化、层次化，以培养大学生的爱国主义情感、思想和意识，高校爱国主义教育应当包括如下重点内容。

（1）以中国历史特别是近现代史为教育主线，结合中华民族优良传统，重点培养大学生的民族自尊心、自信心和自豪感。只有了解自己国家的历史，才能培养出爱国热情。中国是一个具有几千年悠久历史的文明古国。但在近现代因外敌入侵，遭受近百年的屈辱，只有在中国共产党的领导下，走社会主义道路才实现今天中华民族的崛起和复兴。在全球化进程中对大学生进行系统的历史教育和民族传统教育，培育大学生对国家对民族的最基础的热爱之情，以形成以民族自尊心、自信心和自豪感为核心的民族精神。

（2）以社会主义实践和当代国情为切入点，对大学生进行当代爱国主义时代特征的教育，培养大学生爱国、爱党、爱社会主义的理性认识。爱国主义是一个历史范畴，在不同历史时期具有具体的时代特征，当今我国爱国主义的时代特征是爱国主义与爱社会主义的有机结合。对大学生进行爱国主义教育，必须讲明爱国主义与爱社会主义的紧密结合，是当今爱国主义的本质特征，应当从有中国特色社会主义的实践出发，对大学生进行社会主义核心价值观的教育。使大学生把对祖国的热爱之情与热爱党、热爱人民和热爱社会主义制度紧密起来，形成集情感、思想和意志于一体的爱国主义的社会意识形态。

（3）以中华民族的优良传统和革命传统为重要内容，重点对大学生进行人格塑造和培养社会责任感。全球化的各种竞争归结起来是人才的竞争，是人才素质的竞争。大学生是社会主义事业的建设者和接班人，其素质和人格状况如何，关系到社会主义事业的前途和中华民族的兴衰成败。对大学生进行爱国主义教育的目的之一，就是要对大学生进行人格塑造和培养大学生的社会责任感。只有具有健全人格和强烈的社会责任感的人，其爱国情感才能稳固长久。要通过人格塑造和培养社会责任感，帮助大学生正确处理和理解国家的需要与个人发展的关系，把个人发展目标，个人价值的实现，职业的选择与国家的需要最紧密地结合起来，在今后的社会生活中，在职业岗位上最大限度地实现大学生的人生价值。

（4）以我国在全球化进程中所面临的各种挑战为教育内容，培养大学生忧国忧民的忧患意识。我国今天仍然面临着来自以美国为代表的西方国家包括军事、经济、政治、文化、国家安全、意识形态等方面的威胁，这种威胁不但没有因为全球化而削弱反而加强了。改革开放以来，中国的综合国力有了根本性增强，中国被美国视为是美国的潜在敌人。为此，美国一直对中国实行“遏制”政策，利用台湾问题来阻挠中国的统一，把中国纳入“日美防卫体系”范围，进行军事威胁恐吓，经济上则进行“遏制”，文化上进行意识形态的渗透，利用邪教和宗教问题干扰中国内政，利用《十条诫令》为指导对中国进行和平演变。这一切表明，全球化进程中我国的国家安全、经济安全、金融安全甚至国家主权，都处在外来势力的威胁之中。只有教育大学生在和平的时期认清我国面临的国际形势，居安思危培养忧患意识，才能使大学生把爱国热情落实到具体的爱国行动上，一切以国家民族利益为重，在社会生活中自觉维护国家利益和国家安全。

另一方面，强化高校爱国主义教育必须从加强爱国主义理论建设着手。长期以来，高校十分重视对大学生进行爱国主义教育，为了强化教育效果，进行了许多有益的探索，如精心选择教育内容，进行方法途径等的创新，取得了很好效果。但长期以来却忽视对爱国主义理论的研究，理论建设不够，教育活动多表现为内容和材料的堆积。由于缺乏理论基础和指导，使爱国主义教育长期处于经验感性阶段，未能上升到科学理性层次。大学生具有强烈的爱国热情，已不满足从情感这单一的层面理解爱国主义，他们渴望能从更高的理论层次上理解中国当代的爱国主义。针对这种情况，我们要从理论上加强对爱国主义的理论研究和建设，研究的重点应当放在爱国主义基本理论，爱国主义情感的形成机制，爱国主义从情感到思想，从思想到意志的形成和发展的基本规律等理论的研究和探讨，争取早日建立我国爱国主义理论体系和教育理论体系。在加强对爱国主义基本理论建设的同时，应当从实际需要出发，组织编写适用于各级各类学校的爱国主义教育教材，规范和指导全球化进程中的爱国主义教育，使爱国主义教育上升到科学理性层次。

第五节 大学生国家形象观教育的建构

一、国家形象与国家形象观

一般认为，国家形象是一国政府所追求的战略目标，是谋求国家战略利益的重要手段，但是，随着全球化的深入发展，科技文化实力的作用日益凸显，公民社会的日益形成，国家形象的塑造不再仅仅是政府的事情，已日益成为一国国民对该国忠诚的义务了。可见，对于国家形象的宣传与研究，既是重视“软实力”研究的结果，也是全球化的必然要求。形象，是指存在于主体与客观环境之间的外在面貌与内在特征的具体表现。国家形象代表性的定义是指“一国内外公众对国家综合实力、外显活力和未来发展前景的总体认识和评价，是该国自然、经济、政治、社会、科技、文化、历史、生态、国民、领袖等各个方面在公众头脑中反映后形成的总体印象、看法和态度。”国家形象观则是指对一国国家形象的具体认知与评估。2013 年 12 月 30 日，习近平总书记发表重要讲话，首次从战略高度明晰了我国国家形象的独特内涵：“塑造我国的国家形象，重点展示中国历史底蕴深厚、各民族多元一体、文化多样和谐的文明大国形象，政治清明、经济发展、文化繁荣、社会稳定、人民团结、山河秀美的东方大国形象，坚持和平发展、促进共同发展、维护国际公平正义、为人类作出贡献的负责任大国形象，对外更加开放、更加具有亲和力、充满希望、充满活力的社会主义大国形象。”

二、国家形象观教育的含义

国家形象观教育，是指以国家形象为基本内容对受教育者进行的教育。国家形象观教育作为高校一种教学观念来实践，必须包括如下重要内容：

（一）国家形象观教育与大学生道德素质教育的关系

必须明确的一点就是，国情教育是形势教育的重要内容，是我们进行道德素质教育的基础。一个国家的国家形象是该国国情的重要体现。因此，国家形象观教育内含于国情教育之中，是在转型与崛起时期的中国这一大背景下对我国道德素质教育理念的深化，是在新形势下对国情教育的合理拓展，是一个国家外在形象与内在品质的集中体现，是道德素质教育的有机组成部分。

（二）当前大学生对中国国家形象的认知与定位分析

国家形象的认知与定位是国家发展模式、方向、战略的集中展现，是国家形象的基点和核心。毫无疑问，今天的中国正在经历着前所未有的转型，已经彻底颠覆了此前落后的形象，一个“富强、民主、文明、和平、正义、负责、合作”的国家开始屹立于世界民族之林。大学生作为中华民族的精英群体，他们对中国是否有一个全面、客观、清醒的认识尤其重要。大学生对中国国家形象的认知和定位，应该围绕以下几点展开：第一，大学生对中国现代性的解读。解读当下中国社会转型当中的现代性，不能回避以下问题：一是中国的传统与现代的重叠性；二是中国本土文化与外来文化的冲突（兼容）性。第二，大学生对中国发展模式的评估。中国的经济成就是建立在外向型的劳动密集型的低端发展模式之上的，走的是一条高能耗、低附加值的发展道路，这种发展模式由于不可持续必须转型升级。大学生应该清楚地意识到科技文化创新的重要性与必要性，因为这是中国强大的根本途径，是打造国家形象的重要手段，是国家软实力战略的重要环节。第三，大学生对中国社会现实的认知。国际社会对中国的认知由浅表到不断深入，尤其是伴随着“一带一路”建设、构建人类命运共同体的不断推进，国际社会对中国的“大国担当”更加认同。如果大学生只看到社会表面的繁华或者只看到社会的不足，而对于转型时期存在的各种问题与机遇没有全面清楚的认知，那么他们就不能科学地认识当下的中国，就会对中国的国家形象产生误解与偏见。可见，上述三大问题，是当代大学生形成正确的国家形象观的重要规制与载体。

（三）以重大事件为个案，分析外界对中国国家形象的误读与大学生的反应和对策

一个文明、富强、富有活力的中国形象已经展现在世界面前，中国在国际事务中负责任和坚持国际道义的原则与立场的良好表现，已经使得中国积累了良好的形象资源。但问题是，世界对中国国家形象的认知与解读，是否符合中国的实际情况？外界对中国的认知与中国的实际形象事实上是否存在偏差？产生这样的形象认知偏差的根源在哪里？大学生是否能够对这种偏差进行科学的分析与判断？可见，从大学生群体的认知视角，着重分析他们对外界媒体和政界的中国国家形象观的认知与反应，引导他们理性爱国，自觉维护中国国家的良好形象，是极其重要，也是可行的。基于这个层面的分析，不难看出，大学生面对歪曲与误解时往往带有极具感情色彩的表情符号，如愤怒、质疑、鄙视等，而且通常能够外化为具体的反击行为。在面对此类问题时，绝大部分大学生尤其是海外留学群体的价值取向也是明确的，能够同分裂、恐怖主义势力进行坚决斗争，国内外媒体不乏有此类的报道。如留学德国的博士生周坚将毁谤中国形象的德国主流杂志《明镜》周刊告上德国联邦宪法法院；留德华人 H 先生（化名）联系了同在慕尼黑的 Q 先生、K 先生以及另外两名华人勇闯分裂主义组织“世界维吾尔代表大会”的德国慕尼黑总部，当面质疑揭穿热比娅等分裂分子的谎言。

（四）当前大学生展现与提升我国国家良好形象的可能途径与策略分析

大学生作为国家的知识精英，是最能够对我国国家形象产生重要影响的群体。这种影响主要包括两大区域：一是在国内，施动者主要是本土大学生知识精英群；一是在海外，施动者主要是海外留学生群。无论是本土大学生还是海外大学生，他们展现与提升国家良好形象的有效性途径应该包括以下几方面：一是不断地提高自身的科学文化素质、思想道德素质，自觉践行社会主义核心价值体系，通过自身的良好素质与表现，塑造与体现国家的良好形象；二是将民族大义、爱国热情转化为可以具体操作、符合自身发展的步骤与细节；三是利用媒体、网络等工具坚决同歪曲中国形象的言论作斗争；四是在面对重大的国际危机与灾难时，既要坚持原则，又要具有世界眼光、国际胸襟与人道主义精神，充分运用自身的观

念、原则与行为真正支撑起中国的大国责任；五是积极参与对外文化交流，自觉地将自身定位为“国家形象大使”，既要注意自身的言行举止，又要将中国开放、文明、繁荣的形象带给外界等。

（五）加强大学生国家形象观教育的路径选择分析

在思想政治理论课教学中如何有效地对大学生进行国家形象观教育，其有效性路径应包括：第一，在课堂教学中，结合《当代世界经济与政治》《形势与政策》《思想道德修养与法律基础》等课程相关教学内容开辟专题讲座，向大学生系统的分析外界如何看待中国、造成这种现状的原因以及如何改正这种误读与歪曲等。这些教学内容为爱国主义教育增添了新的内容与题材，拓宽了学生的知识视野，加深其对国际局势与国家间关系的了解，因此这一教学内容的开设受到了学生的欢迎，收到了较好的教学效果。第二，在实践教学中，积极引导学生参与社会实践，将国内重大纪念活动主题同高校实践教学紧密结合起来，从实践层面上展开对学生的国家形象观教育，让学生形象地了解中国的方方面面，最终形成一个全面客观的认识，这样有助于拓宽当代大学生对国情认识的知识面，增强对国情的感情认识，把握现实国情的本质特征。此外，大学生应该努力增强“世界公民”意识，合理利用北京“奥运会”、上海“世博会”等世界性的文化交流平台，充分发挥志愿者的公益服务精神，利用自身的智力、知识、技能和体力等方式，加强对外交流，增进相互了解，将一个开放、文明、强大的中国形象展现在世界面前。

三、推进国家形象观教育的意义

通过对大学生开展国家形象观教育，提高他们的思想政治素养、培养他们正确的历史文化观和爱国主义精神，使大学生进一步认清当前的国际形势，正确把握中国与世界的关系，深刻地理解中国选择和平发展道路的历史必然性，从而使他们更好地投身于社会主义建设的洪流中。因此，当前加强大学生的国家形象观教育就具有极其重要的现实意义。

（一）加强大学生国家形象观教育是落实爱国主义的必然要求

综观世界发展局势可以看出，各国都越来越注重本国文化软实力的发展，纷纷制定文化发展战略，以图占据世界科技与文化制高点。中国自改革开放以来，因应世界发展大势，积极融入世界体系，经济、政治、科技与文化等方面不断发展壮大，取得了举世瞩目的成就。随着中国经济层面的崛起，文化建设也日益提上日程，社会主义核心价值体系就是在这一背景中应运而生的。这一理论的提出，是中国在新形势下审时度势的理论创新，是凝聚全民共识、弘扬民族精神的必然要求，更是推动中国持续发展的文化与精神动力。

当今时代，文化越来越成为民族凝聚力和创造力的重要源泉、越来越成为综合国力竞争的重要因素。因此，我们的战略任务是要提高国家文化软实力，要推动社会主义文化大发展大繁荣，要建设社会主义核心价值观众，增强社会主义意识形态的吸引力和凝聚力，要弘扬中华文化，建设中华民族共有的精神家园，并且不断地增强中国文化的国际影响力。这些论述深刻表明，我们党对文化建设、国家形象的文化塑造给予了前所未有的重视。我们应该切实把社会主义核心价值观融入国民教育和精神文明建设全过程，转化为人民的自觉追求，应该切实把社会主义核心价值观作为文化实践中国家形象塑造的重要内涵，进而促进国家文化认同的巩固。通过积极的引导，使大学生在思想道德实践中牢牢树立国家形象意识和公民意识，充分认识到自身的实践活动对于国家形象塑造的重要意义，从而全面把握、深刻理解塑造国家形象这一战略任务的实质和内涵。

（二）加强大学生国家形象观教育是科学认识国情、正确把握中外关系的重要举措

国情教育是道德素质教育的重要内容，是教育主体向教育客体传授基本国情知识和分析认识国情的基本路径。科学的国情观是深刻理解和自觉贯彻党的路线、方针和政策，做好各项本职工作的重要基础。当代中国的前途命运日益紧密地同世界的前途命运联系在一起。世界对中国的影响不断深化，中国对世界的影响也在不断地提升。这种发展态势必然要求当代大学生在认识自己的国家时必须统筹国内国际两个大局，完整地把握中国与世界关系。要对中国国家形象进行正确、恰当的定位，既能看到本国的优点，又能洞悉国家发展进程中的不足，做到既不盲目自大，又不妄自菲薄。因此，国家形象观教育作为大学生国情教育中的重要组成部分，应该予以普及和加强，并且将它融入思想政治理论课中，使大学生能够客观、真实、全面地认识自己的国家，促使他们认真思考国家命运、民族的未来和人生的意义。

（三）加强大学生国家形象观教育是提升中国国家形象的有效路径

如前所述，由于复杂的历史与现实因素，在国际社会中，存在着对中国国家形象的错误、刻意扭曲的认识。从历史的角度进行纵向比较，中国的国际形象虽然得到了整体提升和优化，但是负面看法仍存在。政治上，“专制独裁”仍然是一些外国人的认识；经济上，中国形象仍与近百年发生的货币危机、混乱的市场秩序联系在一起，以致于中国的市场经济地位长久地得不到西方的承认；军事上，中国增加军事开支也被解读为对世界威胁的升级，中国在军事上的任何举动都能够引发外界的无限遐想等。造成这种复杂的认知困境的原因是多方面的，但是，有效沟通的缺乏成为加剧形象认知差异的最重要的因素。

大学生作为高素质高层次文化群体，既是国家形象活的载体，又是国家形象塑造的主体，能够担当建构与提升国家形象的历史重任。通过对当代大学生的国家形象观教育，赋予他们塑造国家良好形象的能动性与自觉性，促使他们深入挖掘本民族的优秀文化资源，综合运用各种策略，有力展开对外文化交流与宣传，把一个开放、富强、民主、文明、富有魅力的中国形象推向世界前台，消除外部世界对中国的疑虑与猜忌，为中国的发展创造与维护一个有利的外部环境，从而实现中国和平发展的历史重任。

（四）加强大学生国家形象观教育是爱国主义教育的重要体现

爱国主义是中华民族精神的核心，反映了个人对祖国的依存关系，是人们对自己的疆域、民族和文化的归属感、认同感、尊严感与荣誉感的有机统一。因此，爱国具体表现在爱国土、爱人民（同胞）、爱祖国的文化三个方面。爱国主义与国家形象在内涵上具有高度的一致性。具体说来，爱国主义每一个方面，都要求自觉地维护国家形象。首先，国家形象塑造是与祖国的壮丽河山紧密地联系在一起的。其次，国家形象塑造是与人民紧密联系在一起的。再次，民族文化是国家形象塑造极其重要的依托。21 世纪是文化的世纪，文化传统作为一个民族群体意识的载体，是一个民族得以延续的“精神基因”，是民族凝聚力的重要基础。爱自己的国家，首先就要爱自己国家的优秀文化，同时，以价值观念为核心的文化又是国家形象塑造的精神内核，因此，在爱国主义的大义面前保持开放包容、融会贯通的积极心态，既要弘扬我国的文化遗产，挖掘其在国家形象塑造方面的当代价值，使它与时代精神相结合，又要借鉴和吸收西方世界推动本国国民致力于灌输国家理念、树立国家形象、弘扬民族精神方面的丰富经验。总之，当代大学生要以民族性和世界性相结合的宽广视野来表现更为广阔的爱国主义，并服务于中国形象的塑造。

第六节　加强大学生的民族团结教育观

2009 年 9 月 29 日，胡锦涛同志在国务院第五次全国民族团结进步表彰大会上的讲话中指出：“我国民族团结进步事业，是中国特色社会主义事业的重要组成部分。我国各民族团结进步是中华民族的生命所在、力量所在、希望所在。”2019 年 9 月 27 日，习近平在全国民族团结进步表彰大会上的讲话指出：“实现中华民族伟大复兴的中国梦，就要以铸牢中华民族共同体意识为主线，把民族团结进步事业作为基础性事业抓紧抓好。我们要全面贯彻党的民族理论和民族政策，坚持共同团结奋斗、共同繁荣发展，促进各民族像石榴籽一样紧紧拥抱在一起，推动中华民族走向包容性更强、凝聚力更大的命运共同体。”胡锦涛、习近平同志的讲话为广大思想政治工作者在全国人民中间广泛开展民族团结教育指明了前进的方向。无疑，在思想道德素质教育中加强民族团结教育，使各民族大团结观念深入人心，对我国粉碎境内外敌对分子的分裂图谋，维护民族团结、社会稳定和国家统一，具有极为重要的现实意义。

一、在道德素质教育中加强民族团结教育的重要性和紧迫性

民族大团结是实现中华民族伟大复兴的根本保证。新中国成立 70 年来所取得的辉煌成就是我国 56 个民族在党的正确领导下共同艰苦奋斗的结晶。历史充分证明，民族大团结同巩固我国的边疆、保持社会稳定、实现国家的长治久安、推进社会主义和谐社会建设等事业息息相关。因此，我国各族人民应共同担当起维护民族团结和祖国统一的神圣义务。为了强化民族团结和祖国统一的思想意识，全面推进构建社会主义和谐社会的发展，我们迫切需要在道德素质教育中加强对全社会的民族团结教育。

首先，在道德素质教育中加强民族团结教育是防范境内外敌对势力分裂祖国图谋的迫切需要。新中国成立 70 年来，境内外敌对势力始终没有停止对我国的分裂破坏活动。尤其是近些年来，境外宗教极端势力、民族分裂势力和国际恐怖势力同境内民族分裂主义分子疯狂进行分裂中国的违法犯罪活动。境外敌对势力还在意识形态领域向我国大举进攻，并利用各种途径日益向我国境内进行思想和文化渗透。他们在我国边疆少数民族地区发展和培植民族分裂主义分子，企图把这些地区作为他们从事分裂中国活动的桥头堡。对境内外敌对势力的分裂破坏企图，我们始终不能放松警惕，必须做好反对民族分裂斗争的长期思想准备。为此，我们在道德素质教育中迫切需要加强民族团结教育，充分发挥思想道德素质教育的导向功能，打牢全国人民反对民族分裂、维护民族团结、社会稳定和祖国统一的思想基础。

其次，在道德素质教育中加强民族团结教育是加快少数民族和民族地区经济社会发展的迫切需要。新中国成立 70 年特别是改革开放 40 年来，在党的民族政策的正确指引下，民族团结进步事业蓬勃发展，少数民族地区经济社会发展取得了举世瞩目的辉煌成就。在现阶段，加快少数民族和民族地区发展是我国民族工作的主要任务，是解决民族问题的根本途径，是党的民族理论与民族政策的根本出发点和归宿，是社会主义制度的本质要求，也是加强民族团结、维护祖国统一的必然要求。只有加快发展，才能解决民族地区存在的所有困难和问题。如果民族地区不断遭到境内外敌对分子的分裂破坏活动，从而挑起民族冲突与社会动荡，则过去所取得的成就很可能就会丧失殆尽。当今，民族地区虽然经过改革开放 40 年的发展，经济社会事业取得了巨大成就，但和沿海与中部地区的发展相比，仍有较大的差距，发展的潜力还没有被充分地挖掘出来。由于自然和历史原

因以及少数民族薄弱的市场意识与致富理念，民族地区经济社会发展仍然相对滞后，维护民族地区社会稳定是民族地区经济社会发展的前提条件。只有民族团结，才能维护社会稳定；只有社会稳定，才能推动经济社会向前发展。因此，我们在道德素质教育中必须加强民族团结教育，充分发挥道德素质教育的保证功能，为民族地区经济社会发展创造良好的舆论环境。

再次，在道德素质教育中加强民族团结教育是促进民族团结，构建社会主义和谐社会的迫切需要。在我国，民族大团结事关各族人民的根本利益，维护民族团结有着特别重要的意义：其一，民族团结是国家统一的重要保证。只有实现了民族团结，才能维护国家统一。没有民族团结，必然是民族矛盾、冲突不断，导致国家四分五裂、一盘散沙。其二，民族团结是社会稳定的重要前提。只有实现了民族团结，社会才能安定和谐，人民才能安居乐业，国家才能长治久安。其三，民族团结是各项社会事业发展的重要保障。各民族只有团结一心，才能聚精会神搞建设，一心一意谋发展，使经济社会取得长足进步、各族人民生活不断得到改善。社会和谐是中国特色社会主义的本质属性，是国家富强、民族振兴、人民幸福的重要保证。社会主义和谐社会既是充满活力的社会，也是团结和睦的社会。而平等、团结、互助、和谐的民族关系，正是社会主义和谐社会的重要组成部分。因此，构建社会主义和谐社会迫切需要我们加强民族团结教育，始终坚持反对民族分裂，坚定不移地维护祖国统一和社会政治大局稳定。近些年在处理民族关系中，由于对经济利益矛盾的调处不当，或因对党的民族、宗教政策执行不力，引发了一些民族纠纷。更有甚者，一些普通的民事纠纷因境外敌对势力的挑拨与煽动而成为境内外民族分裂主义分子制造暴力事端的借口。这些民族纠纷的产生，更加警醒我们需要广泛而深入地开展民族团结教育。在思想道德素质教育中加强民族团结教育是反对民族分裂、处理好民族关系的重要举措。因为“民族关系始终是我国社会政治关系的重要方面，直接影响党和国家的全局。正确协调和处理汉族和少数民族之间的关系，巩固和发展平等团结互助和谐的社会主义民族关系，形成各民族团结奋斗、共同繁荣的局面，实现各民族和睦相处、和衷共济、和谐发展是构建社会主义和谐社会的必然要求和重要内容。”❶

二、道德素质教育中民族团结教育的主要内容

在道德素质教育中加强民族团结教育，就是要在全国各族人民中间广泛深入地加强马克思主义民族理论、民族政策、国家民族法律法规和以爱国主义为核心的中华民族精神教育，巩固和发展我国平等、团结、互助、和谐的社会主义民族

---

❶ 陈丽. 处理好民族关系构建和谐新疆. 中共伊犁州委党校学报，2008 (3):40.

关系，增强中华民族的凝聚力。

（一）中华民族的形成与“多元一体格局”

我国作为一个统一的、宪法上保障民族平等的多民族国家，各族民众对“中华民族”的高度认同，是加强民族团结、提高国家凝聚力和对外竞争软实力的最重要的基础。

在中国民族发展史上，出现过多元化的民族过程，主要有华夏诸族群聚合为汉族的民族过程，相关族群聚合为蒙古族、维吾尔族、藏族、回族、满族、壮族、瑶族、苗族、彝族等中国少数民族的民族过程，大量少数民族的人口融合于汉族的民族过程，以及部分汉族人口融合于少数民族的民族过程。所有这些民族过程在中国这个统一多民族国家的整合下形成为中华民族。无论从历史的纵向看，还是从现实的横向看，中华民族既是中国从古到今所有民族的总称，又是中国各民族缔造统一国家历史过程中逐渐形成的民族实体，这就是对中华民族“多元一体”的共识和认同。通过对中华民族形成过程的了解，加强各族大学生对国家和民族的认同，从而增强民族团结教育的实效。

（二）马克思主义民族理论教育

马克思主义民族理论是马克思主义关于民族和民族问题发展规律的论述，是无产阶级及其政党观察和处理民族问题的指导思想。中国特色社会主义民族理论体系，坚持和发展了马克思列宁主义、毛泽东思想的民族理论，是马克思主义中国化的最新成果，是中国特色社会主义理论体系的有机组成部分，是指导今后正确认识和处理我国民族问题的指南。它包括民族、民族问题、民族观和祖国观等范畴。

2005 年 5 月 31 日，中共中央、国务院颁发了《关于进一步加强民族工作，加快少数民族和民族地区经济社会发展的决定》，从六个方面对新世纪新阶段马克思主义民族理论做出了新概括：一，民族是在一定的历史发展阶段形成的稳定的人类共同体；二，民族的产生、发展和消亡是一个漫长的历史过程；三，社会主义时期是各民族共同繁荣发展的时期，各民族间的共同因素在不断增多，但民族特点、民族差异和各民族在经济文化上的差距，将长期存在；四，民族问题既包括民族自身的发展，又包括民族之间、民族与阶级、国家之间等方面的关系；五，中国特色社会主义道路是解决我国民族问题的根本道路；六，我国是各民族人民共同缔造的统一的多民族的国家，祖国统一是各族人民的最高利益，各族人民都要继承和发扬爱国主义传统，自觉维护祖国的安全、荣誉和利益。

（三）国家的民族政策教育

党的民族政策是老一辈无产阶级革命家在领导我国各族人民进行新民主主义

革命、社会主义革命和社会主义建设事业的过程中，从中国的实际出发，把马列主义普遍真理同中国实际相结合而提出的一整套解决中国民族问题的纲领、方针和政策，其本质是促进各民族平等团结、发展进步和共同繁荣，是我国政策体系的重要组成部分。其主要内容包括：民族平等和民族团结政策，民族区域自治政策，发展少数民族地区经济文化事业政策，培养少数民族干部政策，尊重和发展少数民族语言文字政策，尊重少数民族风俗习惯政策，宗教信仰自由政策等。

加强党的民族政策教育，是巩固和发展社会主义新型民族关系，加强民族团结的重要保证。新中国 70 年的实践充分证明，中国的民族政策适合中国国情，符合各族人民的根本利益，得到各族人民的拥护，是正确和行之有效的。在这一政策指引下，中国各族人民维护了国家统一、社会稳定和民族团结，开辟了一条实现各民族共同繁荣发展的光明大道。

（四）国家民族法律法规教育

《中华人民共和国宪法》序言中明确规定："中华人民共和国是全国各族人民共同缔造的统一的多民族国家。平等、团结、互助的社会主义民族关系已经确立，并将继续加强。国家尽一切努力，促进全国各民族的共同繁荣。"总纲中还明确规定："中华人民共和国各民族一律平等。国家保障各少数民族的合法的权利和利益，维护和发展各民族的平等、团结、互助关系。禁止对任何民族的歧视和压迫，禁止破坏民族团结和制造民族分裂的行为。国家根据各少数民族的特点和需要，帮助各少数民族地区加速经济和文化的发展。各少数民族聚居的地方实行区域自治，设立自治机关，行使自治权。各民族自治地方都是中华人民共和国不可分割的部分。各民族都有使用和发展自己的语言文字的自由，都有保持或者改革自己的风俗习惯的自由。"宪法以法律的形式确认了我国的多民族的现实，任何人都要维护宪法的尊严。

（五）维护社会稳定和社会主义法治的教育

稳定是福，动乱是祸，社会稳定是我们进行社会主义建设的保障，是我们推进经济社会发展的前提和基础。社会不稳定，什么事情也做不成干不好，已经取得的巨大成就也会失去，更谈不上幸福美好的生活。结合目前国际社会动荡的事实，培养学生对稳定重要性的认识。社会主义法治代表了社会主义国家全体人民的最大利益和意志，它包括立法、执法和守法三个方面，要求做到"有法可依、有法必依、执法必严、违法必究"。社会主义法制是维护社会稳定、实现人民幸福的重要保障，是各族人民共同团结奋斗、共同繁荣发展的前提和基础。社会或者学校可以通过典型事例教育使学生认识到稳定的重要性，比如拉萨"3 · 14"事件和乌鲁木齐"7 · 5"事件不仅给经济建设带来了重大的损失，而且威胁到了人民的人身安全和正常的生产生活，从而使学生认识到稳定的重要性和社会主义法制的必要性和合理性，使他们在日常生活中做知法守法的好公民。

三、在道德素质教育中创新民族团结教育的有效途径

在道德素质教育中加强民族团结教育，为维护少数民族和民族地区的稳定与繁荣提供智力支持和精神动力，是全体思想道德素质教育者义不容辞的责任，也是全面贯彻践行社会主义核心价值观最具体的表现。如何用当代马克思主义民族理论武装全国各族人民的头脑，自觉抵制境内外敌对势力的分裂破坏活动，增强民族团结意识，是道德素质教育者必须深入探索的问题。我们认为应当着重从以下几个方面入手。

（一）创新教育思想，增强民族团结教育的有效性

多年来在大学思政理论课中教师们往往采用传统的教育模式，把民族团结的内容依照课本讲授，采用填压式的灌输法，使高校学生被动地成为受教育者，在课堂上对这部分内容并不感兴趣，导致教育结果没有达到预期效果，教育目标难以实现。而且青年大学生关于民族团结教育的学习，大部分来自思政理论课一些章节中，而这些章节里面讲授的知识比较简单，同时上课方式比较单一，大学生在课上学习的积极性不高，还会失去学习的兴趣，从而教育成绩不明显。民族团结教育是一个力求获得人心的过程，对高校学子进行教导要抛开填压、灌输的方式，而采取和颜悦色、耳濡目染的方式。为了使民族团结教育取得好的成效，在对高校学子进行教导时，面对不同民族的学生应采取着重点不同的方式进行教学。汉族大学生应着重教导他们尊重各民族的风俗习惯、自觉维护民族区域自治制度，不断引导各民族大学生和平共处，对于少数民族大学生应着重教导他们尊重其他民族，增强与其他民族同学的团结，坚决抵制民族分裂，自觉维护民族团结。概而论之，对高校学子进行民族团结教育的基础宗旨是要教导他们形成正确的马克思主义观，让56个民族是一家的思想扎根于每位同学的内心，为了实现中华民族的伟大复兴的中国梦，每个大学生都应该牢牢团结起来。

（二）提升课堂教学的主渠道作用，推进民族团结

高校对大学生进行民族团结教育的主要途径是通过课堂教学，要把教育教学融会贯通到课堂中，不能只是浅尝辄止，要进行谆谆教导，推进民族团结教育进教材、进课堂、进头脑。第一，在思想上要坚定政治方向，坚持课堂讲授有纪律，郑重落实“三个离不开”和“五个认同”的重要思想。“三个离不开”和“五个认同”，是新时代更好解决民族关系应遵循的引导原则，是对高校学子进行民族团结教育的主旨。第二，在内容上进行专题教学，将民族团结教育列入思想政治理论课，

编著大学生更喜闻乐见的讲义和读物，为达到更好的教育效果提供真实的资料。讲义和读物要阐明对高校学子进行民族团结教育的深远意义与党的民族理论和政策，解答他们关心的热点问题。第三，在形式上要改良教育方式，提升教育质量。坚决接近生活和学生，把抽象的知识用经典的生活事例进行诠释，让课堂活起来，实现政治性与知识性、艺术性的统一，加强教育的有效性。第四，从范围上深挖其他学科中的民族团结教育资料，并将这些内容贯穿到各类课程中。

（三）发挥活动的育人作用，将民族团结教育渗透

在校园文化和社会实践中以民族团结教育为主题的活动是增强大学生教育实效性的又一途径。要施展校园文化和亲身实践的育人功能，默化潜移地对大学生进行教育。积极向上的校园文化，可以丰富大学生的精神世界，指导大学生不断前进，促进其身心健康发展。因此，举行以民族团结教育为核心的多种多样的校园文化活动，如征文竞赛、专题演讲、图片展出等，让整个学校形成民族团结一家亲的气氛，让高校学子从中受到感染，自发拥护，各民族大学生能够友爱相处、和谐互助。同时，要预防错误思想的渗入，加强对学术讲座及大学生社团的管理，谨防国内外民族分裂势力开展毁坏行动。开展丰富的社会实践活动。亲身实践活动对于增进高校学子认识社会、磨练意志、培育品德、加强社会责任感具备不可替代的作用。要把民族团结教育融入实践活动，参观爱国主义教育基地和民族团结进步教育基地，把课堂进修与切身实践联合起来，为高校学子提供实践民族团结的平台。

总之，在新时代加大民族团结的宣传教育，是保护祖国统一、反对民族分裂的迫切要求，是牢固民族团结进步事业的硕果、开拓中国特色民族关系新态势的需要，是凝集中华民族力量、解决日益猛烈的全球竞争的需要，是全面构建小康社会、实现中华民族伟大复兴的需要。习近平总书记指出："青年兴则国家兴，青年强则国家强。中华民族伟大复兴的中国梦终将在一代代青年的接力奋斗中变为现实"。面向大学生开展民族团结宣传教育、指导他们树立牢固的民族团结意识。在今天的中国，大多数在校的大学生，都拥有优秀的素养和崭新的风采，是可以信赖的一代。我们坚信，只要"三个离不开"的思想观念可以在大学生内心生根发芽，肯定可以结出民族大团结大发展大繁荣的累累硕果。

第七节　增强大学生国防观念

国防就是国家的防务，是指为捍卫国家主权，领土完整，防御外来侵略和颠覆，所进行的军事及与军事有关的政治、外交、经济、文化等方面的建设和斗争。国防是伴随国家的产生而出现的，是为国家的利益服务的。古往今来，国防虽依

国家的性质、制度、国力及推行的政策不同而具有不同的特征，但一切国防的共同实质，都是以捍卫和维护国家利益为核心来组织的。国家的兴衰与国防密切相关，国防强弱直接关系到国家的安全、民族的尊严、社会的发展。国防观念是指一个国家和民族对国防建设的目的、内容、途径和重要性等问题的认识，它主要包括国防忧患意识、国防目标意识、国防价值意识、国防责任意识、国防法制意识和国防献身意识。在当今时代，维护世界和平，维护国家安全、促进国家统一和发展，需要建立强大、巩固的国防。

一、增强国防观念是新时期爱国主义的重要内容

虽然和平与发展是当今世界的主流，但局部战争时有发生，世界各国都争相把国防建设摆到十分突出的位置。我国近几十年来无战事，一些人便随着战争枪炮声远去而淡化了国防观念。有的人把国防只看成是国家的事、军队的事，与自己无关，这是十分危险和可怕的认识。战争可以千日不打，观念不可一日松懈。在改革开放初期邓小平就深刻地指出，要始终把国家安全和主权放在第一位。一个国家和民族如果安全利益得不到保障，就不会有其他利益可言。北约轰炸我国驻南联盟大使馆的野蛮行径再次给我们敲响了警钟：我们必须抓紧时间加强经济建设，使自己强大起来，更要进一步加强国防建设。我们要时刻强化自身的国防观念，树立有备无患、居安思危的观念。

国防是国家生存与发展的安全保障。历史证明，国防与国家的兴衰、国民的安危密切相关。

“二战”期间，希特勒军队攻陷法国后，在瑞士东部边境部署了 50 个师团，制定了“冷杉行动”准备吞并瑞士。但最终让希特勒放弃了入侵计划。原因是 1937 年 7 月的某天，几小时之内，瑞士的男人们穿上了军装，在一个当时只有 400 万人口的国家里竟动员了 50 万人的大军。要拿下这个面积仅有 4.2 万平方公里的国家，德国军队至少要付出 100 万精锐兵力的代价，实在是得不偿失。希特勒在权衡入侵的利弊得失后，最终放弃了入侵瑞士的计划。100 多年来，处于两次世界大战中心的瑞士，居然没有发生战争，其原因何在？瑞士一位外交官说：“我们瑞士公民迈出右脚时是一个公民，迈出左脚时就是一个战士。如果要问为什么我们 100 多年没有打过仗，其主要原因就是我们随时都在准备打仗。”

二、新时代大学生是实现“中国梦”的重要国防力量

党的十九大报告指出：“青年兴则国家兴，青年强则国家强，青年一代有理想、有本领、有担当，国家就有前途，民族就有希望。”在国家民族迈向伟大复兴的道路上，新时代的青年大学生必须努力成为国防中坚力量，勇于挑起维护祖国安

全、捍卫国家利益、实现强军强国梦的历史重担。近代中国 100 多年的发展史已经反复证明，落后就要挨打、国无防不立。旧中国所遭遇的屈辱动荡根源于政治经济的落后，更归咎于当时国防武备废弛、国防意识麻木。如今，站在新时代、新起点、新征程上的青年大学生，必须清醒地看到，今天中国取得的成绩举世瞩目，但是通往未来的道路并非坦荡无阻。在当今世界和平、发展的主旋律下，我国国家安全和发展战略形势存在四方面的威胁：一是与邻国领土领海的国土之争，导致我国与周边国家至今存在很多摩擦；二是他国对我国内政的干涉和威胁；三是全球范围内的新型核威胁；四是恐怖主义、宗教分裂主义和民族分裂主义对国家安全构成威胁。同时，国家发展过程中的内部问题也不断凸显出来，一方面是经济快速增长，人们生活水平得到显著提升；另一方面是经济发展过程中不断出现各种社会问题和社会矛盾。

历史的警示和当前的形势告诉我们：“国防教育是一项长期而艰巨的事情，它事关国家安全、民族兴亡，来不得半点懈怠。国防教育的投入是长期的，国防教育效果的实现也将是长期的，而且主要是在国家出现严重安全威胁时显现的。”当代大学生必须树立居安思危的国防忧患意识、勇于担当的国防责任意识、舍我其谁的国防使命意识。“自古英雄出少年”，当代大学生是祖国未来的建设者，同时也要成为祖国安全的捍卫者。

三、大学生增强国防观念的重要意义

（1）增强国防观念，是大学生报效祖国、弘扬爱国主义精神的重要体现。爱国就要热爱祖国、建设祖国、保卫祖国。今天，尽管我们国家处于和平时期，但“天下虽安，忘战必危”，这就需要我们强烈的爱国之情、报国之心、保国之志。大学生作为社会主义事业的建设者和接班人，增强国防观念，心系国家的安危，在祖国和人民需要的时候能挺身而出，肩负起保家卫国的重任。

（2）增强国防观念，是大学生履行国防义务，关心支持国防和军队建设的必然要求。党的领导人都一贯强调要对全民进行国防教育，增强全民国防观念。毛泽东同志在抗战初期，就明确提出对人民大众进行“国防教育”和精神动员，并视其为坚决抗战的八个办法之一。改革开放以来，邓小平同志强调要加强对公民特别是青少年的国防教育，指出国防教育要从娃娃抓起。江泽民同志曾深刻地指出：“只要国家存在，就有国防，国防教育就要长期进行下去，作为公民的终身教育来抓”。他还强调：“越是在和平建设时期，越要宣传国防建设的意义，克服和平麻痹思想，增强人民的国防观念”。习近平总书记在党的十九大报告中强调：“我们的军队是人民军队，我们的国防是全民国防。我们要加强全民国防教育，巩固军政军民团结，为实现中国梦强军梦凝聚强大力量！”大学生既是社会主义现代化建设的有用人才，也是国防建设的后备人才，必须具有很强的国防观念和忧患意识，自觉关心国防并积极履行国防义务，努力为国防和军队现代化建设贡献智慧和力量。

（3）增强国防观念，是大学生提高综合素质，促进自身全面发展的迫切需要。大学生通过接受国防和军事方面的教育训练，增加国防观念，掌握基本的国防知识，不仅有助于强健体魄，磨炼意志，也有助于养成讲道德、守纪律的良好风尚，在思想、知识、技能和体质等各方面得到全面发展，从而有力地促进自身综合素质的提高，成为国家的栋梁之才。

四、加强国防教育，增强国防观念

第一，增强爱国的深厚情感。新世纪的大学生应通过多种途径，努力培养强烈的爱国主义情感，并将这种爱国主义情感发展为爱国主义情操，做到以热爱祖国、贡献全部力量建设社会主义祖国为最大光荣，以损害社会主义祖国利益、尊严和荣誉为最大耻辱。

第二，确立报国的崇高志向。大学生要在培养真诚的爱国主义情感的基础上确立报效国家的远大志向。要立报国之志，应该对祖国有正确的认识，包括对祖国的过去、现在和未来的深刻认识。知国才能爱国，知之深才能爱之切。有了对悠久历史、灿烂文化，历经劫难而不倒，始终不屈不挠进取奋斗的中华民族历史的认识；有了对在中国共产党领导下，自力更生、艰苦创业、迎接挑战，从一个成功走向另一个成功的现实中国的认识；有了对伟大祖国在全国各族人民共同努力下正在进行全面建设小康社会实践的认识，就会产生一种强烈的对祖国的热爱之情，就会形成为祖国贡献自己的智慧和力量的志向。

第三，培养建设祖国的聪明才智。青年大学生，要在振兴中华的伟大事业中有所作为，必须要掌握过硬的本领，掌握建设祖国和保卫祖国的基本才干和技能。有了报国本领，才有了实现报国之志的条件，也才能实施报国行动。

第四，坚持报效祖国的积极行动。大学生要以振兴中华为已任，必须将报国之志落实到行动中，树立主人翁观念，从我做起，从身边做起，从一点一滴做起，积极投身到建设有中国特色的社会主义伟大实践中。

第七章　提高大学生道德素质对思想政治理论课教师的要求

高等学校是思想、文化、科技资源的聚集地，是培养中国特色社会主义合格建设者和可靠接班人的重要阵地，科学发展至关重要。高等学校能否科学发展，能否为科教兴国战略和人才强国战略提供保障，能否提高培育中国特色社会主义事业可靠接班人的能力，这是高等学校在深入开展学习实践科学发展观活动中必须面对和解决的问题。要做到这一点，必须用科学发展观武装广大师生的头脑，切实解决好“培养什么人，怎样培养人”等问题。尤其高校“思想政治理论课教师是高等学校教师队伍的一支重要力量，是党的理论、路线、方针、政策的宣讲者，是大学生健康成长的指导者和引路人。进一步加强思想政治理论课教师队伍建设，提高教学水平，用中国特色社会主义理论体系武装大学生，用社会主义核心价值体系引领各种社会思潮，把他们培养成德智体美全面发展的社会主义建设者和接班人，对于全面实施科教兴国战略和人才强国战略，确保实现全面建设小康社会、加快推进社会主义现代化的宏伟目标，确保中国特色社会主义事业兴旺发达、后继有人，具有十分重大而深远的意义。”（《中共中央宣传部、教育部关于进一步加强高等学校思想政治理论课教师队伍建设的意见》2008 年 9 月）

第一节　新时期提高思想政治理论课教师素质的重要性

思想政治理论课教师是高校教师队伍的重要组成部分，是开展大学生道德素质教育的骨干力量，是大学生健康成长的指导者和引路人。提高思想政治理论课教师队伍素质，对于全面贯彻党的教育方针、加强和改进大学生道德素质教育、培养社会主义事业的建设者和接班人具有十分重要的意义。

一、新时期对高校思想政治理论课教师素质提出了新的任务和要求

世界多极化和经济全球化的趋势在曲折中发展，科技革命日新月异，综合国力竞争日趋激烈。我国改革开放进一步深入，社会经济成分、组织形式、就业方式、利益关系和分配方式日益多样化，各种思想文化相互激荡。如何引导大学生正确认识当今世界错综复杂的形势，把握国际局势的发展变化和人类社会的发展

趋势；如何引导大学生正确认识国情和社会主义建设的客观规律，增强在中国共产党领导下全面建设小康社会、加快推进社会主义现代化的自觉性和坚定性；如何引导大学生正确认识肩负的历史使命，努力成为德智体美全面发展的中国特色社会主义事业的建设者和接班人，是必须认真研究解决的重大而紧迫的课题。

当前，我国高校正处于“发展黄金期”和“矛盾凸显期”，不断增多的热点难点问题，比如考研与就业、择业与创业等问题难免会给大学生的健康成长带来一定的影响。在建设和谐社会的新形势下，加强和改进大学生道德素质教育，以理想信念教育为核心，深入进行树立正确的世界观、人生观和价值观教育，以爱国主义教育为重点，深入进行弘扬和培育民族精神教育，以基本道德规范为基础，深入进行公民道德教育，以大学生全面发展为目标，深入进行素质教育的客观需要，必须把加强思想政治理论教师队伍建设、提高教师素质放在重要位置，以帮助青年大学生适应社会发展与变化，不断调整知识结构和认知素能，尽快、更好地适应、立足社会。

二、高等教育改革和发展要求不断提高思想政治理论课教师素质

教师是教育事业的第一资源。思想政治理论课教师是加强和改进大学生道德素质教育的重要保证，直接关系到大学生的培养质量和学校的可持续发展，关系到和谐校园的建设。中国高等教育发展至现在，所面临的最紧迫的问题是如何以科学发展观为指导，使其成为更加全面、协调、可持续发展的教育。但是现在高等教育中无论是学科专业课程设置，还是培养方案方面都有明显的偏向性：偏向于科学文化教育，忽视思想道德教育；偏重于学生的知识学习，忽视学生的心理健康成长；重视对学生进行知识教育，忽视对学生如何升华对社会现状理解的教育。这些现象显示在高等教育如何全面、协调、可持续发展过程中存在着一系列教育教学指导思想上的问题。其中要改变重科学文化教育，轻思想道德教育；重学校书本知识教育，轻了解社会理解社会的教育；重视对知识层面的教育，忽视对学生思想道德心理层面的教育等现象。所以，全面推进中国高等教育的发展，需要我们有新思路。

多年来教育改革发展的事实说明，全面实施素质教育，推进教育教学改革，关键在于有一批具有实施素质教育能力和水平的高素质的教师；加强和改进大学生思想道德素质教育，关键在于有一批政治强、业务精、作风正、师德优的高素质的教师。高等院校必须明确目标，强化措施，努力建设一支德才兼备的高素质的思政教师队伍。高校思想政治理论课教师也必须明确自己的历史使命和担负的责任，不只局限于严肃、严谨、严格地对待教育教学工作，做一个不“误人子弟”的“经师”，更应追求以自身人格的魅力塑造学生的人格，以自己的德、才、情给学生以潜移默化的、终生受益的影响和感化的“人师”。只有坚持“人师”与“经

师”的结合，才能达到“教书”和“育人”的统一，才能真正做到“做经师授业一丝不苟，做人师传道诲人不倦”，才能满足高等教育改革和发展对高校思想政治理论课教师素质的要求。

三、新时代呼唤高素养的教师

党的十八大以来，以习近平同志为核心的党中央全面加强党对教育工作的领导，坚持把立德树人作为思想政治教育的中心环节，对思想政治课落实立德树人根本任务具有重要指导意义。2018 年 9 月习近平总书记在全国教育大会上指出，立德树人是教育事业发展必须始终牢牢抓住的灵魂。随着中国特色社会主义事业进入新时代，中国社会主要矛盾随之发生变化，人们在基本解决温饱问题基础上，对生活的要求越来越高，追求高品质、高质量、高品位的生活成为时代趋势，对教育质量的要求也随之水涨船高，对教师的敬业精神、专业知识、人文素养等提出了更高的要求。2019 年 2 月，中共中央、国务院在《中国教育现代化 2035》规划中着重强调，为培养德智体美劳全面发展的社会主义建设者和接班人，要建设高素质、专业化、创新型教师队伍。

2019 年 3 月，习近平总书记在京主持召开学校思想政治理论课教师座谈会上指出，办好思想政治课，最根本的是要全面贯彻党的教育方针，解决好培养什么人、怎样培养人、为谁培养人这个根本问题，并针对思政课教师提出了“六个要”的具体要求，从提高思想政治课实效的角度，提出教学方法应该坚持的“八个相统一”。习近平总书记的这些讲话，为加强思政课教师队伍建设指明了方向，是我们提高思政课教师队伍素质应遵循的基本要求。

第二节　立德树人背景下思想政治理论课教师素质要求

2019 年 3 月 18 日，中共中央总书记、国家主席、中央军委主席习近平在北京主持召开学校思想政治理论课教师座谈会并发表重要讲话。“思想政治理论课是落实立德树人根本任务的关键课程。”习近平总书记为学校思政课作出了清晰定位，同时指出，“办好思想政治理论课关键在教师，关键在发挥教师的积极性、主动性、创造性。”可以说，思政课教师肩负着立德树人，培养社会主义建设者和接班人的伟大历史使命。提高思想政治理论课教育的有效性必须提高教师自身的素质。如果从事思想政治理论的教师，自身的素质不能胜任思想政治理论课教学的要求，那么，提高思想政治理论课的有效性也就会落空。要做坚定的马克思主义者，做教书育人的表率，要坚持正确的政治方向，加强思想道德修养，增强社会责任感，不断完善知识结构，提高教育教学能力，做大学生健康成长的指导者和引路人，教师的素质提高至少包括以下四方面：

第一，具有良好的思想道德素质。思想政治理论课教师的思想政治素质对学生的世界观、人生观、价值观的形成具有重要的导向作用。思想政治理论课教师是马克思主义理论和党的路线、方针、政策的宣讲者，社会主义意识形态和精神文明的传播者，只有真正信仰马克思主义，才能讲授马克思主义；只有忠于马克思主义，才能传播马克思主义。只有不断提高马克思主义理论素养，做坚定的马克思主义者，做教书育人的表率，做大学生健康成长的指导者和引路人；坚持正确的政治方向，加强思想道德修养，坚定不移地贯彻党的教育方针，增强对事业、人民和社会责任感，不断完善知识结构，提高教育教学能力，提升敬业精神和竞争意识，加强实事求是的科学态度和严谨治学的工作作风，做到讲爱心，热爱教育、热爱学生；讲学习，刻苦求知、勇于进取；讲奉献，精于教书、勤于育人。才可能使学生受到真理、品格力量的感染，产生情感共鸣和思想提升，真正发挥思想政治课以理服人，以情感人，净化心灵，纯洁情感，提升境界的独特教育魅力。

第二，扎实深厚的理论功底，广博的知识储备，全面系统掌握学科的知识点。作为思想政治理论课教师在理论上要不断对自己提出更高的要求，要想把自己的课教好教活，具有说服力和感染力，真正做到“传道、授业、解惑”。一是有深厚而扎实的马克思主义的理论功底，这样讲课时才能引经据典，信手拈来、说理透彻、妙趣盎然，学生才能从心灵深处佩服教师，从而心悦诚服地接受教育；二是要善于对实践中遇到的新问题进行理论思考，这样才能以坚实丰厚的理论功底和令人叹服的逻辑分析去说服崇尚真理的大学生。思想政治理论课教师除了具备坚实的马克思主义理论基础以外，还必须要有比较合理和完善的知识结构。俗话说：“要给学生一杯水，教师自己必须要有一桶水”。思想政治理论课学科知识点繁多，教师要全面掌握，而不能只根据自己的兴趣爱好，有选择性地掌握。除了应当熟练掌握本专业的知识外，在经济学、文学、历史学、教育学、心理学、伦理学等领域也应当具有一定的修养，对现代自然科学知识也应略知一二。这是因为教师懂得了这些方面的知识，才能自觉地了解和把握学生思想形成、身心成长和发展的规律，增强教学针对性和教学魅力。因此，要想成为一名优秀的思想政治理论课教师，就必须全面系统掌握学科知识点，做到广闻博览，长期积累，优化自己的智能结构。这样，教师在教育教学中才能做到厚积薄发，得心应手。

第三，较强的工作能力素质。高校教师的工作能力素质主要包括组织能力、表达能力、科研能力和创新能力。组织能力主要包括教学设计能力、决断能力、指导能力、协调能力和创新能力。教学设计能力就是教师确定目标和制定实现目标的具体计划的能力；决断能力是对教学过程中突然出现的问题的应变能力；指导能力是对所教学生进行目标、知识、方法诸方面给予指导的能力；协调能力是指正确处理和解决学生中出现的各种矛盾，协调各方面关系的能力。表达能力包括口头表达能力和文字表达能力。每一位教师都要培养自己的口才，善于用内容丰富、逻辑严谨、妙语连珠、生动形象的讲课赢得学生的满堂喝彩；同时还要具备较强的科研能力和写作能力，善于用文字来表达自己的思想。创新能力是一种比较高层次的思维能力。思维敏捷，思路流畅，触类旁通，举一反三，善于在出现新情况时适应新形势的需要，迅速找出解决问题的途径，努力用新方法、新途径解决问题，在理论上进行创新。不断更新观念，深化思想政治理论课教学内容、教学方法、教学手段改革，从而不断增强思想政治理论课教学针对性、主动性、实效性。

第四，富有影响的人格魅力。孔子说君子怀德，认为做老师的自己首先要有高尚的人格，才有资格去教育学生。加里宁说：教师的世界观，他的品行，他的生活，他对每一现象的态度都是这样或那样地影响着全体学生。作为一名思想政治理论课教师，只有自身的人格高尚，深具魅力，才能使所实施的教育、所要灌输的真理通过以身作则、率先垂范的人格予以昭示，才能产生强大的说服力、感召力，有效地影响和引导学生的思想和行为。人格魅力是一个教师特别是思想政治理论课教师最基本的素质。教育教学的实践证明，教师人格影响力越大，就越能提高自己从教的自信心、自觉性，自己的威信也就越高，越能得到学生的信任和支持，从而产生强大的吸引力和凝聚力，充分调动学生的积极性、主动性，使学生“亲其师，信其道”。“感人者，莫过于情”，感情是人格力量的基础。我国教育家曾说过：“教育之没有情感，没有爱，就如同池塘没有水一样。没有水就不成为池塘，没有爱，就没有教育”。因此，热爱学生、尊重学生、了解学生、信任学生，严格要求学生是教师道德威信形成的根本保证。思想政治理论课教师只有以良好的感情，崇高的道德去关爱学生，才会激发学生积极向上的力量，受到学生的尊重与爱戴。如果思想政治课教学中忽略了这种情感的关爱，就等于抽掉了思想政治课教学的灵魂。思想政治理论课教师必须对教学充满热爱之情，具有乐于为人民的教育事业而献身的精神；必须对教育事业充满高度的责任感，兢兢业业，不图名利，甘心为教育事业献身，才能受到学生的尊重，成为学生学习的榜样。

第三节　贯彻落实立德树人根本任务，提高思想政治理论课教师素质

学校的中心工作是教学，教学质量的关键在教师，思想政治理论课教师对于学校的重要性是不言而喻的。树立立德树人发展理念还要求学校重视教师素质发展，“学高为师”，高校应帮助教师了解社会发展趋势，掌握最新的教育理念，站在学科教学的前沿，促进教师教育教学能力的全面、协调和可持续发展。

一、用中国特色社会主义理论武装思想政治理论课教师头脑，提高教师思想素质

深入学习实践科学发展观是加强党的建设、提高党的执政能力的必然要求，是努力办好人民满意的高等教育的迫切需要，是用习近平新时代中国特色社会主义理论体系武装高校广大党员干部教师的重大举措，更是提高我们教师思想政治理论水平、做好思想政治理论教育教学工作的需要。

习近平总书记在全国高校思想政治工作会议上明确提出："把思想政治工作贯穿于教学全过程，坚持教育者先受教育，努力成为先进思想文化的传播者、党执政的坚定支持者，更好担起学生健康成长指导者和引路人的责任。"对思政理论课教师来说，树立坚定的政治信仰，即马克思主义信仰，是做好一切教育教学工作的思想基础，也是从事思想政治教育工作的基石。思政理论课教师只有从思想上认识到树立坚定的政治信仰、拥护中国共产党领导、不断提高政治素养、强化政治底线思维，才能真正回答"培养什么样的人、如何培养人、为谁培养人"这个根本问题。

新时期赋予教师新的历史使命。广大思想政治理论课教师应紧跟时代脉搏，加强学习，特别要认真学习马克思列宁主义、毛泽东思想、邓小平理论、"三个代表"重要思想、科学发展观和习近平新时代中国特色社会主义思想，牢固树立正确的世界观、人生观、价值观。要着力宣传好中国特色社会主义理论体系，巩固广大师生团结奋斗的共同思想基础；着力宣传好科学发展观，增强坚持科学发展的自觉性、坚定性；着力宣传好改革开放40年的伟大成就，坚定深化改革开放的信心和决心；要在不断提高思想政治理论课的吸引力和社会主义核心价值观的感召力上下工夫；教师是知识的重要传播者和创造者，连接着文明进步的历史、现在和未来。教师要始终牢记自己的神圣职责，在深刻的社会变革和丰富的教育实践中履行自己的职责。

二、加强业务学习，提高思想政治理论课教师业务素质

思想政治理论课教师要自觉地加强学习，提高自身的业务素质和修养。"要当先生，必须先当学生"。在终身教育的学习型社会里，教师接受教育不是一劳永逸的。教师必须通过各种渠道去获取知识，深入到实践中，深入到人民中，老老实实学习，学习学习，再学习，经常地及时地获得新知识、新信息，使自己不落后时代，不远离社会，从而提高教学的实效性。为此我们主要应采取以下措施：

（1）通过多种形式培训提高教师业务素质。现代社会是学习型社会，教师知识的更新，教学方法的改进，教学水平的提高，教学艺术的精湛都需要不断学习。

因此，积极开展师资培训工作，建立分层次、多形式的培训体系，从而提高思想政治理论课教师的业务水平、学历水平和整体素质。当前，教师培训要围绕新的课程设置、新的教学基本要求进行，抓住薄弱课程和薄弱环节，结合课程建设、教材建设和骨干队伍长远建设的需要，有计划组织教师进行各种形式的培训、研修。培训方式可采取长期与短期相结合、脱产与非脱产相结合、面授与远程相结合的全方位、多渠道、多形式的立体式培训体系。其次，必须充分发挥中老年教师的传帮带作用。再次，必须充分发挥对青年教师的培养培训力度，全面提高他们的素质，充分发挥他们在教学中的生力军作用。

（2）鼓励教师走出校园开阔视野。思想政治理论教师除了学习书本理论、搞好教学外，学校要确保教师假期能外出参加一些学术会议、研讨活动及课堂教学观摩活动，通过走出校园来获取先进的教学方法，了解新的信息，走进新课程，带出新理念，同时要让外出的教师回校做汇报交流，达到开阔视野、相互学习、共同提高的目的。尤其是鼓励教师在社会不同的岗位上锻炼自己，并将理论与实际相结合。

（3）开展交流，共同进步。通过校内思想政治理论课教师间的交流与合作，发挥老教师的传、帮、带作用，达到以老带新，以新促老的目的。通过国内甚至国际会议等多种渠道，为思想政治理论教师提供交流的平台，互相沟通信息，互相学习经验，以促进思想政治理论教师队伍素质的整体提升。

三、以科研促教学，提高教师能力素质

用发展的观点，解放思想，创新思路。现在这个时代是信息文化多元的时代，在讲课的过程中，有时课本上的知识和信息量已经满足不了学生对知识的需求。因此，作为老师，如何有针对性地选择更新更具有代表性的资料来充实课堂，也是对教材、知识的更深层的挖掘，在这个过程中，运用科学的发展观就显得尤为重要了。高校思想政治理论课必须让大学生在思想政治理论方面，实现由“是什么”向“为什么”飞跃。如果我们的思想政治理论课只是重复学生已经知道的、教材中有的、媒体上讲的东西，不仅不能达到教育的目的，还会促成厌烦心理。因此，对思想政治理论课教学内容的阐述，必须具有本学科科研基础的支撑，以实际问题为中心开展教学，才能说服学生、打动学生，使学生信服。 思想政治理论课的内容就是培养大学生树立正确的世界观、人生观和价值观，只要教师深入挖掘教材内容，联系大学生的思想实际，结合生动鲜活的事例，准确把握当今社会变革中的一些重大问题，尤其是对诸如政治方向、价值取向、市场导向等方面的疑难问题，又能从学生的实际出发，准确把握学生的思想特点和心理特点，把握学生思想状况和变化趋势中出现的新情况、新特点，了解学生关注的热点和难点问题，从而做到有的放矢地进行教学，就一定能达到教育大学生树立起正确的世界

观、人生观和价值观的目的效果。

四、转变观念、改革教学方法，以增强教师的人格魅力

毛泽东在《反对党八股》一文中指出："空洞抽象的调子必须少唱，教条主义必须休息，而代之以新鲜活泼的，为中国老百姓所喜闻乐见的中国作风和中国气派"。对大学生的思想政治理论课也应如此。加强思想道德素质教育关乎大学生的理想信念，关乎大学生的身心成长和健康发展。观念上要转变认识，真正将学生的主体地位体现出来。教师要尊重学生、热爱学生，做其良师益友，而并不是以往的板起面孔教育人、教训人；以情感人、以事例激励人，将看似深奥的道理和理论以学生的思想感受能够产生共鸣为基点进行教学；及时沟通、互动交流，时常在课下、课后与学生谈心、交换意见，在网络中互相邮发电子邮件、互道节日祝贺，甚至解决学生的生活、学习、思想、交友、爱情、复读等方面的实际问题，使得教师与学生的心灵得以沟通、思想得以充分交流，真正成为学生的引路人、知心人、良师、益友。在坚持课堂主渠道的同时，可以组织大学生走出去，更好地认识自己、认识社会。可以组织丰富多彩的校园活动，建设校园文化，让同学们在活动中锻炼自己、完善自己。总之，思想政治理论课可以形式多样，也应该丰富多彩。实践证明，务实的内容、新颖的论点、鲜活的形式是吸引大学生的法宝，也是增强教师人格魅力的有效方式。

总之，作为思想政治理论课教师要站在贯彻落实党的教育方针的高度，自觉贯彻落实立德树人的根本任务，总结经验教训，转变发展观念，创新发展思路，把培养学生的创新能力作为我们的首要任务，为全面建设和谐社会提供智力支持与人才保证。只有我们用立德树人来指导和统领我们的教育教学工作，我们的教育教学工作才会取得优异的成绩，我们的学生才会成为社会有用的人才。教师用实际行动落实立德树人的发展理念，这不仅是教育发展的需要，也是构建和谐社会的需要，更是实现中华民族伟大复兴的需要。

第八章　服务社会实践导航

大学生要服务社会，这是大学发展的新功能，也是现代大学发展的新理念。大学生服务社会的实践活动是当代大学生自我完善、健康成长的必由之路，青年大学生积极参与到活动中，不仅能锻炼和提高自己的能力，还能在思想上受到深刻的教育，提升自己的综合素质，实现“受教育，长才干，做贡献”的目的，这也正是党中央、国务院《关于进一步加强和改进大学生思想政治教育的意见》的要求，青年大学生理所当然应当积极参与到服务社会的实践活动中，在为社会服务的同时提升自己的能力和素质。本导航计划旨在引导青年大学生正确认识服务社会与大学生成长成才的关系，通过多种途径积极参加社会服务活动，并撰写工作报告或心得体会，在服务他人、服务社会的过程中锻炼自己、提高自己，实现成长成才的目标。

第一节　服务社会与大学生成长成才

一、服务社会与大学生成长成才的关系

（一）大学生服务社会的内涵

我们这里说的大学生服务社会是指在校大学生利用业余时间，以受教育、长才干、做贡献为目标，结合自己的专业知识、技能、特长，通过多种方式参与社会生产、生活，为他人、社区、社会提供非盈利性、非职业化的服务。

（二）服务社会是大学生成长成才的重要手段和最终目的

由雅克·德洛尔任主席的国际21世纪教育委员会向联合国教科文组织提交的报告《教育——财富蕴藏其中》的“教育的四大支柱”指出，“学会认知”“学会做事”“学会共同生活”“学会生存”是教育的四大支柱和四大目标。通过参加服务社会活动，大学生能够把学到的知识运用于实践，服务于社会和人民，从而受到社会的认可，产生自我价值实现的成就感，这种情感将激励大学生更加努力学习，更加关注社会，最终自觉地完成社会化，成长为国家和社会需要的，能够更好地服务于社会的人。因此，服务社会既是促进大学生成长成才的重要手段，又是大学生成长成才的最终目的。

一方面，对大学生来说，服务社会是当代大学生自我完善、尽快成长的必由

之路。大学生可以体验自己学习和工作上的成功与不足，进行自我反思，不断地完善自我，进一步提高自身综合素质。“学以致用，贵在实践”，大学生必须把自己的所学应用到实践中去，在服务社会的过程中增长自己的见识和才干，体现自身价值。服务社会的活动也为大学生打开一扇窗口，使他们从中受到深刻的教育和启发，思想得到升华，社会责任感和使命感得到加强。通过服务社会，大学生可以认知自身的能力、兴趣、个性等，科学规划人生，对未来个人追求与社会发展进行合理定位，有利于大学生提高就业能力。

另一方面，服务社会本身又是大学生成长成才的最终目的。作为现代教育主体的大学生们肩负着社会发展与进步的责任和使命，他们就是未来和希望。他们素质如何，对一个民族、一个地区的发展有着十分重要的影响，不容小觑。作为当代的大学生，我们应该着眼于中国的基本国情，立足于自身的实际情况，努力学习科学文化知识，踏踏实实地打好基础。在参与实践的过程中开阔自己的视野、拓宽自己的心胸，提高自己的综合素质，特别是要提高自己的思想政治素质和人文修养，这就是在为建设中国特色社会主义、为服务广大人民做好充分的准备，从而积极投身社会经济建设，为把我国建设成为富强、民主、文明、和谐的社会主义国家，实现中华民族的伟大复兴而努力奋斗。

二、大学生服务社会的积极意义

（一）增强学生的社会责任感，完善学生的道德品格

思想政治素质是人才最重要的素质，在大学生的综合素质中具有统帅地位。人的思想政治品德不是与生俱来的，而是在后天的社会环境影响下形成的。社会环境对人的思想政治品德形成发展的影响是以人们的实践活动为中介而实现的。大学生服务社会促使学生把课堂上学到的知识应用于现实生活，学会处理实际问题，学会为社会提供积极的服务，能够体验成功、体验与社会成员合作、交流的快乐，极大地满足学生对于归属与尊重的需要。有助于大学生形成正确的价值取向，使大学生在同社会接触中内化社会的道德规范和价值准则，把自己的未来归属于社会主义现代化建设事业，并在服务社会中培养道德责任感，获得道德体验，实现道德认知与道德行为的统一，最终形成良好的品质和高尚的情操。大学生从一个消极的消费者、接受者变为服务的积极提供者，在服务中学会负责、诚实守信、关心他人，学会不让需要帮助的人失望、不打击别人的积极性，最重要的是，在服务人民、服务社会的实践中砥砺品质、陶冶情操。

当前，大学生的道德素质和责任意识已日益成为社会关注的热点问题，同时也成为人才选拔的重要标准。由于当代大学生对步入社会都抱有很高的期望，但是对国情、民情又缺乏实际的了解，使得他们以书本知识简单地衡量复杂的

现实生活，因而对社会的复杂性、艰巨性、长期性认识不足。服务社会活动的开展，会为他们了解社会打开一扇窗户，在社会交往中，他们和不同年龄、不同层次、不同职业的人打交道，能够获得关于社会方方面面的知识，有益于他们进一步加深对社会的了解。同学们可以目睹社会实际、亲耳聆听改革成果、亲身感受社会生活，从而有利于明确自己的历史使命，增强社会责任感。在此过程中，对树立怎样的价值观、人生观可以作更审慎的思考和更全面的定位。在认清自己的社会责任与时代使命的同时，对于怎样将自己的爱国热情、报国志愿转化为学习动力有了进一步认识，同时也懂得了珍惜，能自觉将个人价值与社会价值的实现相结合，自觉地将自己的前途和祖国的富强相结合，按照社会和时代的要求发展自己。

“看着他们一双双求知的眼神，感受着他们那种学习的劲头，他们的热情、单纯、可爱，让我的心中充满了快乐，觉得付出也是一种幸福……”这是一位大学生在参加“义务家教”活动后写下的感言。通过参与这样的服务社会活动，去主动帮助社会的弱势群体，无形中加深了对社会的认识和对弱势群体的了解，增强了社会责任感，使他们明白给予和奉献的快乐；同时把自己在学校学到的知识与劳动实践相结合，使他们明白什么是自立、自强和艰苦奋斗，体会劳动带来的愉悦。

（二）增强学生的综合素质，加速学生社会化进程

大学生在学校教育中虽已掌握了一定的专业基础理论知识，但如何运用这些知识解决实际问题，达到学以致用这个目的，就必须根据不断变化的社会现实进行思考，否则就很难真正在“知”的基础上达到“信”，更难以保证“行”。通过开展形式多样的面向社会的服务活动，来促使大学生的理论知识在运用中得以巩固，在服务中得以检验，在实践中得以提高。例如在进行义务维修、科技兴农、环保宣传、信息咨询等相关项目的服务活动时，同学们必须具备过硬的专业技能和一定的组织协调能力。通过进行各种形式的大学生社会服务活动使他们切身体会到“纸上得来终觉浅，绝知此事要躬行”的深刻含义，并对自身专业技能知识学习、追求的意识也有所加强。在人与人的交往过程中，掌握应付各种情况的能力，促进集体协作；在认真实践的过程中培养吃苦耐劳的精神，学会管理自己，做自己力所能及的事情；在与社会的互动中提高创新精神和实践能力，培养健全的人格和良好的个性，学会做人做事，最终实现增长知识、锻炼能力、内化素质、全面发展的目标。

当代大学生朝气蓬勃，乐于接受和探索新事物，但由于他们大多数是从校门进校门，从书本到书本，对国情了解不够，缺乏必要的社会经验，所以很容易被误导。只有让他们在社会实践中目睹拼搏在一线的广大干部群众艰辛创业、无私

奉献、勇于开拓的真实情形，才会有利于他们更好地认清形势，客观公正地对待一些重大问题。从这个意义而言，融入社会是每个大学生的必修课，而社会实践就是最为生动的课堂，也是大学生成长成才的必要途径。在这样的活动中学生们参与活动的设计与组织，直接面对社会现实和实践过程，感受和体验社会生活的复杂变化与激烈竞争，需要能够正确理解和认识社会关系、社会利益、社会规范的特定要求和特定价值，使受教育者成为学习的主体，在主动性、积极性、能动性、创造性上充分发挥自主性，在主动性学习和自我教育活动中获得健全的发展，形成积极进取的个性和高度的主体性。通过服务社会的活动来接触社会、认识社会，提高分析问题、解决问题的能力。也只有在社会实践中充分发现社会需要，才能在未来把所学知识和形成的能力有效运用到社会建设的事业中；利用知识服务社会，才能逐渐把社会的价值尺度内化为个人的价值尺度。例如，一位在校期间担任过学生干部的同学，在毕业后成为一名大学生"村官"，在参加当地选拔村干部的选拔赛中脱颖而出，她的语言表达能力和实践操作能力都是其他竞争者不可比拟的，这些能力的取得都得益于她在校期间组织并参加了很多次社会服务活动，参加的这些活动都为自己的任职之路打下了良好的基础，实践证明这位学生在任职过程中进入角色很快，工作能力也相当强，得到当地领导的一致好评。

（三）增强学生的职业意识，提升学生的就业能力

服务社会是大学生提升自身就业能力和尽快适应社会和职业角色的有效途径。培养和锻炼各种能力，这是提升就业能力的关键。通过服务社会的实践活动，大学生各方面的素质可以得到不同程度的提高。在此过程中，有助于帮助学生找到自己的兴趣、性格特征和能力素质方面的优势和特长，验证和深化基础知识，掌握实际工作技能，增强分析问题和解决问题的能力，激发自己的创新意识，强化职业心理和敬业精神，增强人际交往能力、应变能力，适应社会、融入社会的能力等。

在服务社会的过程中，大学生逐步树立正确的人才观和就业观，进而提高综合素质和能力；能够使大学生赢得必要的社会和工作体验（即职业体验），从而在竞争日趋激烈的就业市场中把握更多的机遇。可以说，大学生在校期间参与服务社会活动就是一种更为有效的就业实习或自我培训，有利于克服缺乏就业培训造成的各种不适应现象。目前大学生就业受到就业培训不足的严重影响，如某些用人单位拒绝接收没有直接或间接工作经验的大学生。在服务社会的过程中去认识社会，有利于大学生形成与社会发展相适应的成才观和就业观，避免出现因就业观念陈旧，不能适应社会发展的需要，以至于出现要人的地方没人去、想去的地方人不要的现象。

增强职业意识是大学生参与服务社会活动的基本目标，也是把社会实践与就

业紧密结合起来的重要途径和方法。大学生要在在校学习期间，充分利用节假日和大量的课余时间，走出校门，积极参加“三下乡”和“四进社区”等社会实践活动，最好能够带着具体问题，深入到城镇、党政机关、科研院所、企事业单位开展社会考察和社会调查活动，热情参与社会事务，全方位深入了解社会，尤其是社会对人才素质的要求，使他们更加了解自身的优势和存在的不足，进一步明确未来发展的道路和努力的方向，缩短就业后的适应期，为将来踏向社会做好充分的准备。

第二节　大学生服务社会实践导航的实施

为了充分发挥大学生服务社会活动在青年成长成才中的重要作用，作为大学生思想政治实践的有效载体，切实提高道德素质教育的实效性，特提出大学生服务社会成才导航，由思想政治实践课教师组织，通过实践课程的方式来指导和鼓励广大青年大学生参与服务社会，并撰写心得体会，总结提高，全面有效地促进大学生成长成才。

一、大学生服务社会的途径

当代大学生服务社会的途径非常广泛，在这里主要基于对大学生服务社会实践的实际，着眼于大学生服务社会的积极意义来对大学生能实际参与到其中的服务活动做了如下划分。

（一）大学生校园的服务社会实践活动

大学生校园丰富多彩、青春活力，是大学生学习、娱乐、交际、成长、自我展现的重要舞台。这个舞台蕴藏着丰富的社会实践资源和服务对象，应当纳入大学生服务社会实践的视野。大学生校园内的服务社会实践应该是在学校的指导和规范下，由学生自主设计、发起、策划、组织和开展的，以校园为范围，以课外时间为服务时间，以学校、老师、同学以及自身为服务对象，以学生的责任感、专业、特长、兴趣等为基础，在长期互动中形成的旨在促进学生成长成才和全面发展的一系列活动和过程。

根据大学生的成长需求和校园生活的特点，我们可以把校内的服务社会实践活动，大致分为以下五种基本方式：

（1）校园志愿服务类活动。同学们通过回报学校进而回馈社会，并从中获得满足感和成长的动力的系列活动，如“迎新志愿服务”“绿色校园行服务”“食堂义工”等。

（2）科技文化服务类活动。同学们利用自身专业或特长帮助同学们解决生活中的困难或需要，如“义务维修电脑”、书法爱好者义务为广大同学书写寝室名以及励志格言等。

（3）朋辈心理辅导服务类活动。一部分具有关爱品质并掌握一定心理健康知识的同学，以同学或朋友之间的倾听、共情、沟通来帮助、支持、引导身边的同学，主要发挥的是协助和心理支持以及信息沟通的作用，如“心理委员”“学生心理健康信息员”“学生心理辅导员”等。

（4）社会工作类活动。学生通过担任一定的社会工作职务或加入一定的社团在校园范围内进行“自我教育、自我管理和自我服务”的综合性社会实践活动，如担任校级学生干部、院系级学生干部、班级学生干部、社团学生干部、楼管会学生干部等，在服务他人、服务学校的过程中锻炼自己，提高能力。

（5）勤工助学类活动。学生在校内通过协助或服务他人而付出劳动并获取一定报酬，帮助自己顺利完成学业的实践活动，如担任办公室助理、实验室助理、“绿色回收服务中心工作员”“勤工助学报刊亭工作员”等。

（二）大学生校外服务社会实践活动

大学生校外服务社会的实践活动是人们最为熟悉、普遍接受、广泛开展、日趋成熟、长期占主导地位的类型。它是大学生理论与实践相结合，走出校园，走进社会，以服务为目的，联系群众，深入实际，了解国情社情，“受教育、长才干、作贡献”的一系列物质与精神活动过程。这是以“最社会”的方式，使大学生在参与社会服务的同时促进自身的学习、成长和社会化，是大学生直接体察社会、真正了解社会、适应社会、走进社会所不可替代的实践活动。

大学生校外社会服务实践活动，以服务社会为目的，以学生的社会化实践为主导，是大学生服务社会的最广泛平台。其实现方式大致主要有：

（1）校外志愿者服务，是学生走出校园、志愿投身社会服务的系列活动，具体如“青年志愿者扶贫接力计划”“大中专学生志愿者暑期文化科技卫生三下乡”“留守儿童关爱行动”“共建和谐社区志愿服务行动”“大型活动及社会公共活动场所志愿者服务”等。

（2）科技文化服务类活动，大学生利用业余时间依托所学专业和特长走进乡镇、走进社区开展文化宣传、文艺演出、文化辅导等文化服务活动，或运用所学专业知识，从事一些技术服务工作，调动学生学习积极性，培养学生科学精神，锻炼学生的科研能力，如科技帮扶企业、科技兴农、科技创新、技术培训、技术咨询等。

（3）社会公益类服务活动，是大学生热心公益、自觉承担社会责任的观念，在市场经济环境下形成公益意识的活动，如参加助孤助残、义务劳动、义务家教、义务献血、家电维修、环保宣传等公益性服务活动。

（4）校外勤工助学类服务活动，是指学生在校期间，利用业余时间从事有利于培养学生劳动观念、自主意识和吃苦耐劳精神以及与专业学习相结合的服务或者其他工作，并通过合法劳动服务获取一定报酬的劳动等。

二、大学生服务社会的要求

（一）服务活动应该对社会有真实意义和一定持续性

大学生们进行的服务活动可以是多样的，但必须遵守一个基本条件：服务必须能够满足学校或社会的真实需要，服务的成果应该能够被社会成员看到并认可。目前，大学生开展服务活动主要有两种类型：一种是个人本着就便、就近原则自己选择服务对象或范围，学校不统一组织，也不进行详细安排；另一种是由学校或者学院牵头，统一组织开展服务活动。后者由于有学校或学院的重视及部分经费支持，参与的同学能够认真策划实践，并积极实践；而前者刚开始参加社会服务时可能抱着满腔热情，遇到困难时却得不到关心和帮助，到头来虎头蛇尾草草了事，却并没有满足服务对象的真实需要。

大学生服务社会的活动应该与课程学习一样有一定的连续性。这样一方面可以保证服务活动的完整性，另一方面有助于大学生服务社会的意识形成巩固以及大学生们对服务社会活动意义的认可。实践经验表明，每学年至少40小时的服务社会活动对于学生来讲是必要的。

（二）服务活动应该有明确的目标并及时进行总结

学生们进行的服务活动应该与他们的成长成才有紧密的联系，能够拓展、深化或实际应用到课堂上学过的专业知识或者提升其他方面的素质和品德，因此，大学生服务社会的实践活动应该有明确的目标。这种目标可以包括两方面：一方面是满足服务对象的需要，另一方面是学生自己通过服务社会活动在知识、技能与态度等领域需要得到的提升。

服务社会的实践活动要取得长远的影响和效果，必须进行总结交流和评价激励，也是做好大学生服务社会实践活动的重要环节。一方面，通过对服务活动选择的服务内容或开展的方式方法进行总结和评价，使同学们及时发现问题，解决问题，总结经验，进一步巩固和扩大服务成果，使今后的服务活动能够开展得卓有成效、有的放矢，达到更好的服务效果；另一方面，同学们通过实践心得交流会、服务实践成果展、评优表彰大会等形式对进行服务实践成果的肯定与宣传，能够营造良好氛围，使同学们对服务社会意义的认识由感性层面上升到理性层面，还能吸引更多的同学加入到服务社会的活动中来。

第三节　优秀范例——中国大学生：在服务社会中成长

每个星期天的下午，原本安静的清华大学13号学生公寓二层就会热闹起来。原来，这里有一个房间被当作清华爱心公益协会的捐衣室。协会负责人叫金敏超，是位研究生。他说："捐衣服是我们这个学生社团的'传统项目'了。去年湖南邵阳山洪灾的时候，我们在全校的毕业生中募集了近2万件衣服送到当地。现在，我们每周日下午都会到捐衣点来，一次能收到100多件。"

■　爱心社团：为社会做一些实事

清华爱心公益协会有100多名注册会员，多为大学一年级和二年级的本科生。电子系二年级的刘畅越说："我在学校路边看到了协会在招募会员，就报了名。当时，我也没多想，就是想为社会做一些实事。"

像爱心公益协会这样的社团在清华大学还有许多，如紫荆志愿者服务队、清华大学红十字学生分会、绿色协会、笃行社和小动物保护协会等，都是很受大学生们欢迎的志愿服务组织。清华科协更是其中的一把"好手"。他们组织了21名同学到新疆库尔勒。5天时间，他们给当地的学生、老师和家长们带去了清华历史与科技普及展览，针对小学生的趣味科技比赛，与当地中学生探讨关于学习方法、人生规划和大学生活等内容的讲座。科协主席于利成说："我们还打算利用暑期以及'五一''十一'、寒假等假期时间，组织内容更丰富、形式更精彩、参与面更广的科技普及活动。"

对于参加公益活动，刘畅越觉得，在"服务社会"中耕耘，是大学生不断完善自我的过程。"我就是被'爱心公益'四个字给吸引住了。"她说。爱心公益协会会长金敏超说："许多同学参加公益活动后，都深刻体会到，我们自己能够做的事是很有限的，但通过各种活动，让更多的人了解了公益事业、参与到公益活动中来，这才是最重要的！"

■　教育扶贫：学子走出"象牙塔"

清华大学继续教育学院贴出了一份通知——学校计划组织500名在校生、年轻教师和部分美国大学生参加"清华——美国大学生暑期教学互助活动"。

这个活动是清华大学为配合西部大开发，在2002年启动的以"传播知识，消除贫困"为主旨的远程教育扶贫项目的一部分。

夏天，133名清华大学学生自愿组成了教育互助小分队到16个教育扶贫教学站。他们在两周的教学互助活动中，为贫困地区参加高考的师生和初中英语教师进行了现场辅导。

清华大学生物系二年级的高晓晖来自青海省会西宁市，在暑期扶贫活动中，她带队去了离家乡不远的青海省湟中县，陆续在湟中一中、二中等5所中学进行教学活动。她说：“湟中比较闭塞和落后，这次回去，希望能为养育了我十八载的故土做些事情。”

学校负责大学生扶贫实践的刘振江老师说：“让学生利用寒暑假、双休日等走出‘象牙塔’，开展支教、调研等活动，这更有益于他们学有所用、回报社会，学生们普遍感到收获很大。”

■ 实践基地：博士硕士初试锋芒

正在攻读博士学位的精密仪器系的倪凯、周倩两位同学，去年在河北秦皇岛一家专业从事汽车后视镜研发和生产的公司实践时，开发了“汽车开门防撞装置系统”。日前，他们同公司的技术员一起申报了“汽车多功能防盗报警器”专利。他们说：“我们有机会申请自己的专利，这与我们对我国中小型科技企业的现状有了一定了解是分不开的。在实践基地，我们有更多实际动手操作的机会，在和企业技术人员的不断探讨中，对课堂上学习的内容有了更真实和深入的理解。实践过程激发出了我们极大的热情，研发工作变得越来越有趣了！”

这是清华大学培养博士生、硕士生方面的一个改革。学校在中国各地建立了很多实践基地，基地内的企业根据生产中遇到的问题向清华大学申报实践课题，不同专业的研究生选择其中相应的课题，然后到这些基地进行攻关。这种“研究生社会实践课”攻读博士学位的研究生是必须参加的，少量硕士生也可以选修。为此，学校进行了3年的试点，于1987年纳入教学计划。

近20年来，清华大学几万名研究生完成了11400多项“短、平、快”的科研项目。仅仅在今年，学校就有近700名研究生为企业举办了360期技术培训班，培训各类人员12700余人次，撰写各类调研报告、规划设计方案上千篇，申请了3项国家专利。

——摘选自《人民日报海外版》2005年12月31日第二版